歴史学研究会［編］

ロシア・ウクライナ戦争と歴史学

目次

第2章　コサック研究とウクライナ史学……松里公孝　49

第3章　ウクライナとポーランド=リトアニア
――ポーランド近世史研究者の視角から……小山　哲　73

第Ⅱ部　歴史との対話

第Ⅲ部 戦争と歴史学への視座

ロシア
ノルウェー
スウェーデン
フィンランド
バルト海
エストニア
ラトヴィア
リトアニア
モスクワ
デンマーク
イギリス
アイルランド
オランダ
ドイツ
ポーランド
ベラルーシ
キーウ(キエフ)
ベルギー
チェコ
ウクライナ
カザフスタン
オーストリア
モルドヴァ
フランス
クロアチア
ルーマニア
アゾフ海
セルビア
黒海
イタリア
ブルガリア
ジョージア
ウズベキスタン
クルグスタン
スペイン
ポルトガル
ギリシア
トルコ
アゼルバイジャン
トルクメニスタン

モギリョフ
ベラルーシ
ロシア
ワルシャワ
ポーランド
ルブリン
チェルニヒウ
ルーツク
キーウ（キエフ）
プラハ
チェコ
リヴィウ
ハルキウ
ポルタヴァ
フメリヌィツキー
ウクライナ
ドニプロ川
ウジュホロド
スロヴァキア
ルハンスク
ドニプロ
ドネツク
オーストリア
サポロジェ（サポリッジャ）
ブダペスト
モルドヴァ
マリウポリ
ハンガリー
ヘルソン
オデーサ
スロヴェニア
ルーマニア
アゾフ海
クロアチア
クラスノダル
（エカテリナダル）
黒海
ボスニア・
ヘルツェゴヴィナ
セルビア
セヴァストポリ

凡例

＊ウクライナの地名・人名は、「ロシア式」よりも「ウクライナ式」を優先する方針とした。ただし、ウクライナの首都は、原音に近い「クィーウ」ないし「クィヴ」ではなく、現在日本で普及している「キーウ」を使用した。

＊引用文中の〔　〕は、引用者により補記である。

序章　ロシア・ウクライナ戦争と歴史学

佐々木　真

はじめに

二〇二二年二月二四日にロシアがウクライナに侵攻してから、二年が経過した。戦争は長期戦の様相を呈し、さらなる拡大の危険性もある。戦争開始以来、さまざまなメディアでこの問題が取り上げられ、ウクライナやロシアの歴史に関連した議論も多様なかたちで展開されてきた。両国の起源、近世から一九世紀にかけてのウクライナ地域の変遷、ソ連体制下でのウクライナ、冷戦の終結とソ連崩壊後のロシアとウクライナの関係、国際秩序の形成・展開と両国の関係など、我々はこの戦争に関連して、さまざまな「歴史的」知見を得ることとなった。[*1]

だが、ヴラジーミル・プーチンの歴史認識のように、政治と歴史が密接に絡み合っているため、当該地域の歴史をいかに語るのかは簡単な話ではなく、その歴史叙述にはさまざまな問題が付随している。戦争は直接的に歴史学を変えるわけではないが、国連安全保障理事会常任理事国が国際秩序を無視して他国に侵略する事態やそれへの国際社会の対応、戦争が引き起こした暴力は、歴史家にも大きな衝撃を与えた。このような事態を触媒として、歴史学そのものに関しても我々がこれまで自明としてきた概念や歴史認識の再検討が必要とされているのではないだろうか。

本書では、そのような問題意識にもとづき、歴史学や歴史を書くことに引きつけたかたちで、今般の戦争がもたらしたものについて考えてみたい。合計で九本の論考を用意したが、そのどれもが歴史学をとりまくさまざまな問題に関連している。そのため、各論考を順に紹介するのではなく、本書が提示する問題系にしたがって、各論考について触れていくことにしたい。

ウクライナ史概観

本書の各論考の理解にも資することなので、ウクライナの歴史の概略を述べておこう。[*2] 九世紀末にヴァイキングの統領オレーグ公によりキエフ・ルーシ（キエフ大公国）が建設されたことで、この地が歴史に登場することとなった。ルーシは一〇世紀には正教に改宗し、彼の地に根を下ろすが、次第に分裂し、一三世紀にはモンゴル軍に敗北して、各国はモンゴル（ジョチ・ウルス）に臣従することとなった。そのため、一方でルーシ勢力の重心が東に移動して、ヴラジーミル大公国からモスクワ大公国（一四世紀）を経てロシア（一六世紀）へと至り、ロシアが強大化していく流れができる。

他方で、現在のウクライナ地域は、モンゴル勢力の衰退とともに、一五世紀にかけてポーランド王国とリトアニア大公国が支配を拡大し、自治制を廃止して統治を強化していった。一五六九年のルブリン合同によりポーランド＝リトアニア共和国が誕生すると、ウクライナの地はポーランド王冠のもとに併合された。

この時期、ウクライナやロシアの南部ではオスマン帝国の進出が激化し、各国は辺境防衛のためにコサック制（屯田兵制）をしいた。ウクライナでは一六世紀末から一七世紀にかけてポーランドに対するコサックの叛乱が頻発し、一七世紀半ばのフメリヌィツキー叛乱によりヘトマン国家（コサック国家）が樹立された。しかし、この地の支配をめぐってロシア・ポーランド戦争が勃発し、一六六七年のアンドルソヴォ条約によりコサックのウクライナはロシアとポーランドに分割され、左岸ウクライナ（ドニプロ川の東）はロシアの支配下に入った。右岸ウクライナのヘトマン国家は一六九九年にポーランドがコサック制を廃止すると消滅し、左岸ウクライナでも一七〇九年のポルタヴァの戦いでコサック軍がロシア軍に敗れると、徐々にロシアの支配が強化された。一七六四年にロシア政府はヘトマン政府を廃止して「小ロシア省」を設置し、一七七五年にはコサックの根拠地のザポロジェ地方を併合した。さらに一七八三年にクリミア・ハン国を併合すると、ウクライナ南部に「新ロシア」を建設し、ロシア人の入植を進めていった。クリミア半島を含め、ウクライナ東南部にロシア語話者が多いことの原因である。

一七七二年からポーランド分割が開始されると、ウクライナの地はオーストリア帝国とロシア帝国の間で分割され、右岸ウクライナもロシア領となり、オーストリアはガリツィア地方を手に入れた。こうしたなか、一九世紀にはウクライナ民族主義運動が勃興することとなる。第一次世界大戦の終結とソ連の成立により、東部（旧ロシア領）はソヴィエト構成国家となり、ウクライナ・ソヴィエト社会主義共和国が成立した。西部はポーランド領となり、ここでは民族主義的な独立運動（反ポーランド闘争）が展開され、一部の勢力は進撃してきたナチ・ドイツに協力した。第二次世界大戦が終結すると、西部ウクライナもウクライナ・ソヴィエト社会主義共和国に編入され、一九九一年のソ連の崩壊とともに、独立国家ウクライナが誕生したのである。

記憶の政治

今般の戦争でとりわけ目につくのが歴史の政治的利用であろう。プーチンは二〇二一年七月一二日に「ロシア人とウクライナ人の歴史的一体性」と題する論文を発表した。そこでは、ベラルーシ人含めて、ウクライナ人とロシア人は「ヨーロッパ最大の国家であった古代ルーシの末裔である」とし、ロシア人とウクライナ人は共通の遺産と運命を共有していると主張した。二〇二二年二月二一日のドンバス二共和国を国家承認した年次教書演説と二四日の「特別軍事作戦」実施の演説で、プーチンは歴史を引き合いに出して、自身の正当化を図った。[*3]

その演説からさかのぼること一〇年、二〇一二年に「愛国主義的な価値、市民意識、そして国家への忠誠へと国を統一するために」ロシア歴史協会が設立された。翌年の四月二五日にプーチンは協会の代表の前で演説をし、「今日六五種の歴史教科書が存在することは正常なことではなく」、「歴史教科書は単一の見解と公的な視点を表明せねばならない」と述べ、国定教科書の策定に乗り出した。[*4] その後、ロシア・ウクライナ戦争が始まると、教科書統一の作業が加速され、二〇二三年九月の新学期に、中等教育課程の第六学年と最終学年（日本の高校二年と三年に相当）向けの教科書が生徒に配布された。この教科書には政府の公式見解が表明されるわけだが、戦争の状況もその内容に大きな影響を与えていた。第六学年の教科書は、独ソ戦下でのナチ・ドイツ占領地域での対独協力については、ウクライナ民族主義者組織（ＯＮＵ）とウクライナ蜂起軍（ＵＰＡ）の記述があるだけで、これらの組織のヴォウィンでのポーランド人虐殺を「ジェノサイド」と規定する一方で、当時のソ連の公式見解にしたがって、ユダヤ人に対するジェノサイドや七〇〇万人のウクライナ人が赤軍で戦ったことにはまったく触れられていない。さらに、最終学年の教科書は非常に長い章をウクライナでの「特別軍事作戦」に割いており、教科書の内容全体がここに結実する構造になっている。この作戦は、二〇〇八年の南オセチア戦争と二〇一四年のマイダン革命による親西側政権の樹立という二つの攻撃に代表される、結束した西欧による脅威と、西側が二〇一四年に樹立したウクライナの政権による脅威へ対抗した防衛戦闘と規定している。教科書の最後には殉職した一五人の「特別軍事作戦の英雄」の肖像が掲載され、「彼らの名前と活躍は、ロシアの偉大な民族史における英雄と英雄的エピソードの長い歴史の一部である！」と結ばれている。

このような歴史により政治的見解を補強する動きは、ロシアに限ったことではない。青島陽子「現代の政治的文脈におけるウクライナとロシアのネイション観」は現在のウクライナとロシアのネイション観にかかわる政治的ナラティヴを分析している。政治目標としては、ネイションの複合性を克服して国民的アイデンティティを作り出すことが不可欠であるが、両国ではネイション観の構築方法が異なっていた。ウクライナではロシアとの紛争がウクライナを「よりウクライナらしく」する役割を期待して、ロシア語やロシア文化を排したかたちでのネイション観が追求されたのに対して、ロシアでは「多民族ネイション」が強調され、かつての社会主義イデオロギーにかわる紐帯が追求されている。

記憶の政治は常に存在しているが、今般の戦争は記憶の政治の動きに拍車をかけており、それが歴史の見直しにもつながっている。石野裕子「フィンランドにおける対ソ戦争認識の変遷と現状」では、二〇二三年三月にNATOに加盟したフィンランドで、ソ連と戦火を交えた冬戦争（一九三九年一一月〜一九四〇年三月）と継続戦争（一九四一年六月〜一九四三年）の歴史解釈がどのように変遷したのかを明らかにしている。ソ連の攻撃に対する防戦である冬戦争とは異なり、継続戦争はナチ・ドイツのソ連侵攻に同調してフィンランドから仕かけた戦争であり、その歴史解釈やフィンランドの立場の説明には紆余曲折があったが、歴史教科書のレベルでは公平な記述がなされている。だが、マスコミレベルでは、ロシア・ウクライナで戦争が勃発すると、ウクライナとフィンランドを重ね合わせる報道が繰り返され、冬戦争の「記憶」の強化が発生している。

宮崎悠「変容するポーランド＝ウクライナ関係と歴史認識」は、一九四三年から四五年の間にウクライナ民族主義者らによりポーランド人が殺害された（逆もある）「ヴォウィン事件」の記憶の問題を扱っている。この事件については、ポーランド＝ウクライナ関係の複雑さを象徴するものであり、事件をめぐる社会の対応や歴史研究のあり方は、現実の両国関係とも呼応して、さまざまな方向性を呈している。

ウクライナとは何か

こうした記憶の問題とも関連して、ほぼ全論考が問題とするのが、ウクライナとは何かということであろう。青島論考が政治的ナラティヴにおける問題を扱ったのに対して、松里公孝「コサック研究とウクライナ史学」は歴史的にいつから「ウクライナ」や「ウクライナ人」の呼称が生じたのかを検討し、「ウクライナ人」という「民族」が太古より存在したとする原初主義を退ける。キエフ・ルーシを別にすると、一七世紀に樹立されたヘトマン国家は初の「ウクライナ人」の国と規定されうるが、松里はその点にも慎重な態度をとり、全ヨーロッパ的文脈で理解すると、フメリヌィツキー叛乱は決して近代的な意味での独立ではなかったとする。

こうしたことの背景には、原初主義と構築主義の問題がある。太古より「ウクライナ民族」が存在したとの原初主義は歴史学としては維持しえないが、プーチンが東スラブ三枝一体論（大ロシア人、小ロシア人［ウクライナ人］、白ロシア人［ベラルーシ人］は単一の人びとという主張）を述べ、逆にウクライナ国民史がキエフ・ルーシをもっぱらウクライナ国家の起源のように語るなど、原初主義的な思考は影響力を保ちつづけている。池田嘉郎「私にとってのロシア・ウクライナ戦争」では、遡及史的要素が広く歴史研究に偏在しており、そのことを自覚すべきだとしている。

福嶋千穂は、二〇〇〇年代半ばのウクライナ人はロシアへの対抗意識がある一方で、ロシアへの仲間意識もあり、あるウクライナ人は、ウクライナがあまりにも知られていないので、外国ではついロシア人を名乗ってしまい、そもそも「母語はロシア語で、ロシア人は外国人という気がしないし、混同されても悪い気はしない」と語られた自身の経験を披露している。[*5] また、橋本伸也は「ウクライナの前近代の歴史は近現代の創作物である」と述べる。[*6]

しかし、問題は原初主義か構築主義かということでもない。コサックの起源については、原初主義に則ってルーシとする研究者もいるが、松里論考によれば、その考えを葬り去ったのは自らが原初主義者であったムィハイロ・フルシェフスキーであり、両者の関係は簡単ではない。

歴史概念の再考

今般の戦争が、歴史学者が使用してきた概念の再検討を促すこともある。板橋拓己「冷戦後の国際秩序を問い直す」は、冷戦終結からロシア・ウクライナ戦争勃発までの約三〇年間については、さまざまな研究上の時代認識が存在しているが、それはその時期について「どこかが間違っていたのではないか」という問題意識に端を発するものだとする。そして、その問題意識の始原を突き詰めると、「冷戦の終焉とその後の国際秩序のあり方を根底から問い直す必要」があるとする。冷戦の終焉が「ゴール」や「ハッピーエンド」ではなく、今日的な問題の始まりであり、板橋はその問い直しを行なっている。歴史家は時代区分をしたがるが、今般の戦争がそのやり直しを迫ったということであろう。

中澤達哉「ロシア・ウクライナ戦争と現代歴史学の新しい課題」は、「帝国論」、「主権再編論と破砕帯論」および「ナショナリズム研究」について、今般の戦争が歴史学に突きつけた課題を検討している。

「帝国論」はソ連崩壊後にロシア帝国やソ連を検討する枠組みとして登場した。そこでは、帝国とは「諸民族の牢獄」ではなく、多民族社会を統治するある種のシステムとして理解され、権力や被抑圧ではなく、ある種の調和をもたらすものとされていた。しかし、ロシアのウクライナ侵攻は、権力中枢がはらむ暴力性を白日のもとにさらしたのであり、そこから帝国論の再検討が要請される。また、池田論考で帝国研究が「ウクライナの自律性や分離を強調する論者を過激な民族主義者のように捉えて」諸民族の主体性に関心を払ってこなかったのではないという青島の言葉を引用していることも帝国論の再検討では重要な点であろう。青島が政治的ナショナリズムで「多民族ロシア」が強調されていると指摘していることも、帝国論の議論と関連しており、現実の戦争が歴史概念の修正を迫っている。

「主権再編論や破砕帯論」では、近世史研究で主権国家の再考が議論されているなかで、この研究成果と一九世紀以降の歴史を架橋する必要性が提示される。主権再編論で主張される「対内主権の重層性」は帝国論とかかわり、「対外主権の可塑性」については、まさに主権をもつ者がめまぐるしく変化する「破砕帯」としてのウクライナ地域の歴史理解に資するとする。

このような認識・方法・課題の変化を背景に、中澤はナショナリズム研究がいかに変容していくかについての見通しを述べるのである。

前近代からの視点

中澤論考が「主権再編論と破砕帯論」で近世史研究の成果と近代史研究の架橋を述べているが、これは発生史的な考え、「つながる歴史」といった考えを一時棚上げして、近世史の独自性を考え、そこから近代へと向けて歴史をつなげていく試みである。[*7] フランス近代史における名望家論のように、[*8] この方向性は、近世史研究の成果を組み込んだ近代社会や近代国家の多様性を描くことになろう。また、中澤が指摘している帝国の遺産（残滓）もこれと関係していよう。

小山哲「ウクライナとポーランド＝リトアニア」では、近世のポーランド＝リトアニア共和国においてウクライナがおかれた状況と、それが近代以降のウクライナ史像にもたらした「記憶」のあり方をめぐる議論を紹介している。政治的文脈に規定された歴史観が優勢であったがゆえに、近世の複合国家や身分制議会の歴史的意義についてはは目が向けられてこなかったと述べる一方で、ポーランド史学とウクライナ史学の新たな対話や、近世史研究では自明視されてきた基本的概念の再検討も紹介しており、近世史研究から歴史観が刷新される可能性が考えられる。

中澤の破砕帯論とも関係するが、松里は別稿で「肥沃な黒土に恵まれ、古代以来交通の要衝であり、様々な民族移動の通過点となったウクライナ地域は、多信教・多言語空間となった。自らが凝集性を欠いた多様な地域であった上に、リトアニア、ポーランド、ロシア、オスマン帝国、ハプスブルク帝国という強力な国家に囲まれていたため、領土を強引にまとめて独立国家を作る戦略はコストが高かった。ウクライナのエリートは、既存帝国に進んで同化され、その国のエリート内部でウクライナ人脈を作り、軒を借りて母屋を乗っ取る戦略を好んだ」と述べている。[*9] この点について、小山論考が一七世紀から一八世紀の状況を紹介している。一九世紀以降の国民史の文脈では、他国と結びついたエリートは民族への裏切り者と評価されるのであり、同時代の状況を掘り起し、その状況に即して歴史を理解することは重要である。

しかし、小山が「ウクライナの歴史」を語る権利を強調し、同時に語ることの両義性を示しているように、一九世紀の実践をたんなる構築として排除することもできない。前近代の実態を前提として、一九世紀に何が起きていたのかを丹念に検証する必要がある。

多様な歴史の掘り起こし

今般の戦争の背景を歴史的に考える場合、ミクロな視点からさまざまな歴史実践を見ること、さらには、現在へとつながらなかった取り組みを明らかにすることも重要である。

板橋論考は、冷戦終焉後の安全保障秩序構想における、西ドイツ外相ハンス゠ディートリヒ・ゲンシャーの役割を重視する。ゲンシャーは東西ドイツと東西ヨーロッパという二重の東西分断を克服しようと模索した。この試みは不十分なものに終わり、そのことが今般の戦争の遠因の一つとなったわけだが、逆にゲンシャーの構想を検討することとの今日的意義を提示している。

宮崎論考は、映画『ヴォウィン』に登場するポーランド人将校のモデルとなったジグムント・ルメルについて述べている。彼はウクライナ民族主義者によるポーランド人集落への襲撃の停止を求めてOUN－UPAとの交渉に向かうがウクライナ民族主義者によって殺害されてしまう。その行動の背景には、ポーランドとウクライナの二項対立的な関係を超えようとする彼の思想があったと宮崎は結論づけ、そこにナショナル・ヒストリーを超える実践を見ている。

篠原琢「第二次世界大戦を『過去に葬る』」は、チェコで一九七七年に発表された「憲章77」に端を発した異論派知識人の議論を検討している。彼らは多大な犠牲者を出した第二次世界大戦を過去に葬ることをめざしつつ改革のプログラムを策定した。つまり、第二次世界大戦後の国際秩序を受け入れつつ、その「現状」を創造的な「祖国」に作り変え、二〇世紀の終末論的破局を決定的に過去に葬ろうとしたのである。

ロンドンの帝国戦争博物館にホロコースト展示があるように、ヨーロッパの人びとは第二次世界大戦の惨劇を記憶し、それを二度と繰り返さないようにする努力を続けてきた。しかし、ウクライナ侵攻にあたってプーチンが引用した「赤軍によるヨーロッパのナチズムからの解放」は、まさに過去の亡霊を呼び出してその努力を否定することだった。篠原論考が異論派知識人の議論を取り上げたように、戦後の平和維持の努力を歴史的に再検証することで、今般の戦争の歴史的な意味が明らかにもなろう。

歴史家の立場性

最後に問題としたいのが、歴史家の立ち位置の問題である。このことについては、池田論考がさまざまな示唆を与えている。先ほどウクライナとは何かということを述べたが、これは当然、ロシアとは何かにもあてはまる。また、歴史家として文章を残しておくことや「背景」の説明として両陣営を公平に扱うべきであることは、歴史家が自身の立場をいかに自覚するべきかという問いかけでもある。

青島論考は、ロシアとウクライナの二つのネイション観に関して、その非対称性に直面した歴史研究者がいかに学問的真摯さを維持するのかが課題だと指摘している。眼前で戦争が展開し、現実政治とその歴史認識が交差するなかで、歴史家がいかなる立場をとるのかは難しい問題だが、現実政治に翻弄されてはならないことも確かである。松里は別稿で、ロシア帝政期には東スラブ三枝一体論が有力であり、それは歴史研究の対象であるわけだが、プーチンがその歴史的事実を利用したことを受けて、「歴史研究者は三枝一体論研究を控えたり、研究成果を発表するにあたって表現に気を遣ったりすべきか」と問われればそんなことはないと指摘している。[*10] 歴史について、純粋に学問的な「実証」を求めても、それが政治的な意味をもつことは避けられないが、萎縮することも問題である。今般の戦争は、歴史家は現実と対峙しながら何を述べるべきなのか、そのなかで「学問的言説」の質をいかに保持するのかといった、歴史学の根幹にかかわることも問うてもいる。

本書の構成と今後の課題

以上、本書の各論考から導き出される問題系を紹介してきた。それを受けて、本書を三部構成とした。「第Ⅰ部　ウクライナとは何か」では、ネイションや国家を歴史的にどのように考えるのかを問題としたものとして、青島、松里、小山論考を掲載した。ウクライナとしているが、ここにはもちろん「ロシアとは何か」という問いも含まれている。「第Ⅱ部　歴史との対話」では、戦争が歴史認識にどのような影響を与えたのか、歴史上の取り組みを明らかにすることで、今般の戦争の特色や意味がいかに見えてくるのかを考える、石野、宮崎、篠原論考を掲載した。「第Ⅲ部　戦争と歴史学への視座」は、戦争が歴史学の概念や方法論、歴史家のあり方にどのような影響を与えたのか考える板橋、中澤、池田論考を掲載した。最初に述べたように、多くの論考では、各部を横断する議論が展開されていることにも留意されたい。

本書で展開された歴史学の課題を受けて、今後の歴史研究はどう進むべきだろうか。最大の課題は、ウクライナやロシアに限定されるのではなく、ある地域の歴史をいかにして書くのかということだろう。池田が日本に関しても指摘しているように、我々はある地域を所与のものとして思考する傾向があり、現存する国家の歴史を書くかぎりは、発生史的な歴史叙述から完全に逃れることは難しいかもしれない。また、因果関係の展開として歴史を描くことは、つながっていく歴史を叙述することにほかならない。

ゲンシャーや異論派知識人の議論といった、過去における可能性を視野に入れながら歴史を描くことができるのか。歴史学の新たな挑戦が求められている。

〔注〕

＊1　ここでは関連した論文・書籍を網羅することはしない。二〇二三年六月末までの出版状況をまとめたものとして、土肥有理「歴史のひろば　ロシア・ウクライナ戦争をめぐる視角と論点」『歴史評論』八八二号、二〇二三年一〇月、六三―七七頁が有用である。

＊2　ウクライナ史の概説については、小山哲・藤原辰史『中学生から知りたい　ウクライナのこと』ミシマ社、二〇二二年、黛秋津編『講義　ウクライナの歴史』山川出版社、二〇二三年、中井和夫『ウクライナ・ベラルーシ史』山川出版社、二〇二三年などがある。

＊3　両演説でのプーチンのウクライナ認識については、松里公孝「東スラブ『三枝一体』論と露ウ戦争」『歴史学研究』一〇三七号、二〇二三年七月、三七―四三頁。また、昨今の状況については、本書第2章にも説

明がある。
＊4　以下、歴史教科書については、Nicolas Werth, «Poutine professeur d'histoire», *L'Histoire*, 517, mars 2024, pp. 12-19.
＊5　福嶋千穂「ウクライナとロシア――『元祖』と『本家』の相克」『歴史学研究』一〇三三号、二〇二三年三月、六一頁。しかし、戦争開始後にこのような考えをする者が減ったのであれば、それも戦争の歴史意識への影響であろう。
＊6　橋本伸也「『ウクライナ史』とはなにか？――国民史の構築と記憶の衝突」『歴史学研究』一〇三七号、二〇二三年七月、一五頁。
＊7　中澤達哉編『王のいる共和政――ジャコバン再考』岩波書店、二〇二二年もこの方向性の重要な成果である。
＊8　藤原翔太『ナポレオン時代の国家と社会――辺境からのまなざし』刀水書房、二〇二一年、岡本託『近代フランスと官僚制――幹部候補行政官の養成一八〇〇－一九一四年』昭和堂、二〇二一年。
＊9　松里公孝「戦争に利用される歴史学――この流れを止めるにはどうしたらよいのか」『歴史評論』八八二号、二〇二三年一〇月、一四頁。
＊10　同右、八頁。

第Ⅰ部

ウクライナとは何か

第1章　現代の政治的文脈におけるウクライナとロシアのネイション観
──「帝国」と「脱植民地化」を手がかりに

青島陽子

ロシアによるウクライナ侵攻に際してヴラジーミル・プーチン政権が歴史認識を侵攻の根拠として用いたために、歴史の解釈は政治化し、現実の暴力行為やそれに対する防御とも深く連動することになった。学術的世界もまた、政治的ナラティヴとの関係性の再検討を迫られている。二〇二三年のイギリスのスラブ東欧学会、アメリカのスラブ東欧ユーラシア学会の年次大会のテーマはどちらも「脱植民地化」であり、ロシア史研究において、支配的権力側からの語りを検証しつつ、歴史研究を再構築することが課題となっている。

本章は、具体的な歴史研究の再検討とロシアとウクライナの新しい歴史的ナラティヴを展望する予備的作業として、現在のウクライナとロシアのネイション観にかかわる政治的ナラティヴを考察することを目的とする。「脱植民地化」概念自体もまた、戦時下での政治的文脈において、抵抗するウクライナの立場の表明とそれに対するロシアの自己正当化を示す象徴的な用語ともなっており、特に両国のネイション観がそこには反映されている。このネイション観は、今後、歴史研究に影響を及ぼすと予想される。そのため本章は、学術的な再考のための準備作業として、ウクライナとロシアが用いる「脱植民地化」という用語をとりまく政治的なナラティヴの磁場を粗くスケッチすることを試みる。一言でいえば、ウクライナが自らをロシアによる長年の帝国的支配の犠牲者と捉え、そこからの解放として「脱植民地化」をめざすのに対し、ロシアはそれに対抗して自らの帝国性を否定しつつ、「千年」にわたる多民族の友好的な共生空間として「歴史的ロシア」を再定義していることを示す。歴史研究者は、こうした政治的ナラティヴを認識しつつ、自らの学術的枠組みや使用する用語のバイアスを自覚せねばならないだろう。

1　ソ連崩壊後の国家アイデンティティの衝突

ウクライナとロシアは、ともにソ連を否定して誕生した新興国家である。しかし、当初は欧米型の自由主義経済と民主的国家を標榜した両国の間で、次第に国家アイデンティティの分岐が進むことになった。すでによく知られているように、この変化のプロセスは過去の記憶を動員しつつ加速した。[*1]

一九九〇年代は、両国ともソ連の経験を否定して西側志向の政策をとりつつ、主要には経済発展をめざしていた。しかし、二〇〇〇年にロシアで発足したプーチン政権は過去の再評価を徐々に進め、大国としての自意識を取り戻そうとした。プーチンは、首相時代の一九九九年にチェチェン戦争を始め、分離主義に対する苛烈な戦闘行為を続けるなかで、国家統制を徐々に強化していった。二〇〇四年三月にプーチンが大統領に再選すると、隣接するウクライナでは二〇〇四年一一月からオレンジ革命が起き、ロシアとの間に距離をおこうとする志向の強いヴィクトル・ユシチェンコが大統領に就任した。

二〇〇五年にはプーチン大統領の国家アイデンティティ政策はより積極的なものに変化した。二〇〇五年四月二五日の連邦議会へのメッセージのなかで、プーチンが「ソ連の滅亡は今世紀最大の地政学的大惨事」だと述べたことはよく知られる。プーチンはそれに続けて、このソ連崩壊の困難のなかで、ロシアのナロードは自らの「千年の歴史発展における新たなベクトル」を選択することを迫られたと述べ、ロシア連邦を「千年」の歴史的連続性のなかの新しい段階と位置づけた。しかしこのとき、国家的価値観に関していえば、まだヨーロッパ性に重点がおかれていた。ロシアは「最大のヨーロッパ・ネイション(evropeiskaia natsiia)」なのであり、自由、人権、正義、民主主義などのヨーロッパ文化が何世紀にもわたる苦難の末に勝ち取った理想は、ロシア社会の価値的方向性を決定づけてきたというのである。こうしたヨーロッパ的価値を強調した理由は、第二次世界大戦期の「ファシズム」に対する「大勝利」により普遍的な意義を付与しようとしたからでもあった。この「文明」の勝利は、当時ソ連に結集していた諸民族が「非人道、ジェノサイド、一つの民族による他の諸民族の支配」に対抗して団結したことでもたらされたものである。したがってロシアは、現在は独立国家となった旧ソ連構成共和国と、「歴史的宿命の一体性、ロシア語と偉大な文化」によっていまでも結ばれており、ともに経済発展と国際的威信強化をめざして協力することに関心をもっている。これは、「ヨーロッパ文明と世界史」の蓄積すべてを利用してなされることであり、「ユーラシア大陸におけるロシア国民(rossiiskaia natsiia)による文明化の使命」は継続されなければならない、という。[*2]

こうしたプーチンによる旧ソ連諸国への介入主義的な歴史観と現状認識は、近隣諸国の警戒心を喚起するものであった。二〇〇六年五月にはウクライナが、ポーランドの事例にならってウクライナ国民記憶院を創設し、ソ連期の人為的飢餓「ホロドモール」の犠牲の記憶を国家的記憶の中核に据えて記憶の制度化を図ろうとするなど、ソ連時代への否定的な見方を強化した。

二〇一〇年にウクライナでロシアに対して宥和的なヴィクトル・ヤヌコーヴィッチが大統領になると、記憶の対立は一時的に緩和された。しかし、二〇一一〜一二年の選挙戦をめぐるプーチンの国内的な政治的危機に際して、プーチン政権は表現の自由を制限し、文化的に保守主義を強化する方向へと大きく傾いた。さらに二〇一四年二月にウクライナで「ユーロマイダン革命」が起きると、ウクライナの新政権はEUとの連携強化を望み、ロシアに距離をおこうとした。さらにクリミア併合、ドンバスでの戦争によって、ウクライナとロシアの間の国家アイデンティティの方向性の差異は劇的に広がっていった。二〇一五年五月にはウクライナで「脱共産主義化」法が制定され、ソ連に関連する記念碑や地名を公的空間から排除することが試みられた。その一方、ロシアではプーチン政権が二〇一四年五月に第二次世界大戦にかかわる「事実の否定」や「軍事的栄光の象徴の冒瀆」に対する罰則を法制化するなど、「大祖国戦争」勝利を軸とする記憶政策をいっそう強化した。こうして、ウクライナとロシアの双方において、歴史解釈は主権の問題であり、さらには国家安全保障の問題だと捉えられるようになっていった。

2　ウクライナのネイション観と「脱植民地化」論

現在、ウクライナにおいて強化されているネイション観はシヴィック・ナショナリズムである。二〇〇二年のタラス・クジオの論考によれば、シヴィック・ナショナリストとは、独立国家の領域内の住民全体を包摂するネイションを志向する人びとで、この集団が独立後の政治的スペクトラムにおいては圧倒的多数を占める。他方で、「ウクライナの民族的ナショナリスト」といった場合は、排他的なウクライナ民族ナショナリストとともに、ロシア・ナショナリストやソヴィエト・ナショナリストも含まれるという。[*3] アンドリイ・ポルトノフによれば、こうしたソ連やロシアのナラティヴに親近性を感じる集団が存在していることが、たとえばポーランドとは異なるウクライナ独自の状況である。[*4] ニコライ・コポソフによれば、ロシア連邦のナショナリストやロシア政府は、こうした集団を結集させるために、ウクライナは深刻な「分断国家」（あるいは「破綻国家」）であって、ウクライナにはロシア語話者の東とウクライナ語話者の西があるという「二つのウクライナ」というイメージを増幅させ、ウクライナ社会の分断状況を創出・維持しようとした。[*5] シヴィック・ナショナリズム強化プロジェクトは、こうしたロシアからの介入に対する一つの対応であるともいえる。

二〇〇一年の国勢調査によれば、民族的属性のうえでウクライナ系の住民が約七八％、ロシア系の住民が約一七％、双方合わせて全体の約九五％を占める。確かにウクライナには多数の民族的マイノリティ集団が居住するが、数的規模からいってウクライナ系とロシア系の住民の関係が重要となる。ソ連期において民族は先祖から受け継がれる固定的属性だとみなされ、公的身分証には民族籍が明示されていた。しかし、ヴォロディムィル・クルィクによれば、ウクライナは、独立後、ソ連期の民族政策とは異なり、民族的指標を重視しない政策をとってきた。公的身分証への民族籍の記載は廃止され、さらに二〇〇一年以降、国勢調査が行なわれていないために、民族にかかわる公式データ自体が欠如している状態にある。また、クリミア半島を例外として、領域的自治は認められず、マイノリティに対して文化的自治の権利が与えられるとされたものの、その権利は明確に制度化されてはいない。一九九六年の憲法は民族的マイノリティの多様な権利を認めつつも「すべての民族のウクライナ市民」に宛てられており、公的な制度における民族への言及はますます減少した結果、民族性は民族文化的な諸協会の活動に限定されるようになったという。[*6] ＥＵ加盟をめざすウクライナは、クリミア・タタール、ハンガリー系、ルーマニア系、ロマなどの多様な民族的マイノリティ集団に対する権利保護の法的枠組みを強化するよう欧州委員会から求められているが、ウクライナにとってこの問題の対応を困難にしているのはロシア語・ロシア文化の扱いである。[*7] ロシア語・ロシア文化はロシアからの影響の回路となりうるため、政治的紛糾を引き起こすイシューでありつづけてきた。そうした事情もあり、ウクライナは言語問題をはじめとするマイノリティの権利一般を明確には制度化しておらず、クルィクによれば、二〇一二年から二〇一八年に存在した少数言語に地域語としての地位を与える地域言語法はウクライナ言語政策のなかではむしろ例外である。こうした曖昧な政策や実践の結果として、ウクライナ系・ロシア系住民間の民族的アイデンティティの境界は流動化しはじめているという。現在においても、住民の大多数はソ連期の考え方を引き継ぎ、民族帰属を世襲のものと認識しているが、「ユーロマイダン革命」以降は自分をロシア人だとみなしていた人の間で、ウクライナ性をシヴィックな意味で捉え直し、ハイブリッドなアイデンティティ、さらにはウクライナ・アイデンティティへと移行する人が増加しつつあるという。[*8]

ウクライナ独立後の六人の大統領は、それぞれ政治的な傾向は異なるものの、民族的区分を重視しないということでは一致してきたという。ヴォロディムィル・ゼレンスキーは二〇二〇年の新年の挨拶で、「私は誰だろうか」と問い、「皆ウクライナ人なのだ」と答えた。その際、多様な地域の多様な職業に就いている人びとを列挙しつつ、民族には言及せず「母国語を話す〇〇地域の住民」などのかたちで、あくまで言語を基盤とした文化的アイデンティティの差異として多様性を表現した。[*9] オルガ・オヌフとヘンリー・E・ヘイルのグループは、ウクライナはよくいわれるように「分断国家」などではなく、とくにゼレンスキーのもとで、こうした文化的差異を超えた「シヴィック・ナショナル・アイデンティティ」が強化されていたと主張する。そしてこのことこそが、ウクライナ人がロシアからの侵略に対抗して頑強に抵抗しえた理由であるという。彼らによれば、ゼレンスキー自身が南東部出身者で、同地域のロシア語話者の間でもウクライナ愛国主義を喚起することに成功したが（『ゼレンスキー効果』）、当のゼレンスキーもまた「シヴィックなネイションの帰属意識」に満ちた、独立後の「ウクライナの政治文化の産物」（「独立世代」）だという。[*10]

こうした「シヴィック・ネイション」としてのアイデンティティ強化プロジェクトは、二〇一四年の連合協定において「ヨーロッパの選択」が示されて以来、一貫してウクライナが主張してきた「ウクライナ国民のヨーロッパ・アイデンティティと欧州大西洋路線」という国家アイデンティティと密接に関連している。こうしたヨーロッパ性の強調は、逆にロシア性の否定としても強力なかたちで現れることとなる。二〇二三年の新年の挨拶でゼレンスキーは、二月二四日にウクライナ人は「別のウクライナ人になった」と述べ、明確な「敵」に対抗して結集する新しい包摂的なウクライナ人のイメージをより鮮明に出している。[*11] 戦争開始直後の二〇二二年三月一日、歴史家のヤロスラフ・フルィツァクはウクライナ・プラウダ誌上でクリミア・タタール系ジャーナリストによるインタビューに答えて、自由市場はあるが政治的自由がない「権威主義」国家のロシアに対して、ウクライナは最終的に「民主主義」的な「西側を選択」したと述べている。フルィツァクによれば、今後のウクライナの歴史家の主要な課題は、「ウクライナの歴史をロシア国家の影から引き離す」ことであるという。ウクライナ人を規定する歴史的なウクライナ・アイデンティティとは、限定された中央政府と自治、近代ではナショナリズムと社会主義といった「西側の思想の強い影響下」で生まれたものであり、ウクライナ人はもともとロシア人とは異なる文化的、政治的伝統をもっていた。その意味で、クリミア・タタールもまた、地元のギリシアやビザンツの植民地、イタリアやドイツの交易所に至るまで、都市文化やヨーロッパ文化を吸収してきたのであり、ウクライナ人が「正教世界において最大の西側の選択」をなしたとすれば、クリミア・タタール人は「イスラーム世界において最大の西側の選択」をしてきたのであり、その意味で、ウクライナ人とタタール人の親近性は高いという。[*12] こうしたフルィツァクの見方は今後、ウクライナ史の一つの核をなすことになるだろう。

ウクライナの解放への闘争は、二〇一五年の「脱共産主義化」法を超えてさらに過去へと延びている。二〇二三年四月二一日にゼレンスキーは、「ロシアの帝国政策のプロパガンダ」への非難とその禁止、および地名の「脱植民地化」に関する法に署名をした。そこでは、「ロシアによる何世紀にもわたるウクライナの土地の支配」において、「ウクライナ民族の同化、ウクライナの言語と文化の禁止と根絶、その伝統、精神文化、民族的独自性の破壊とともに、組織的で集団的な弾圧が行なわれ、その結果、何百万もの人が殲滅された」のであり、この人びとは「ウクライナにおけるロシアの帝国的支配の犠牲者」であると述べられている。この法によって、すべての「ロシアの帝国政策」は犯罪であると認識され、そのプロパガンダとシンボリズムが禁止されることになった。この法により、地方自治体や軍政当局は六か月以内に、公共空間からロシア帝国支配にかかわる記念碑や記念標識を解体し、道路などの名称を変更することが求められることになった。ウクライナ国民記憶院の前所長で現国会議員のヴォロディムィル・ヴィヤトロヴィッチはこの法を「ウクライナを『ロシア世界』の標識から解放する体系的文書」であるとし、「スヴォーロフやクトゥーゾフ、プーシキンやブルガーコフ、ロシアの都市や征服に捧げられたような名前やイメージは、ウクライナからなくなる。貴重な記念碑は博物館に移されるだろう」と述べている。[*13]

ロウェル・バーリントンが述べているように、ロシアとの紛争がウクライナを「よりウクライナらしく」する役割を果たしつづけているとしても、ウクライナの将来の安定は、包摂的な国民的アイデンティティがどれだけ定着するかにかかっている。[*14] しかし、ロシア語やロシア文化は、ロシアがウクライナ侵略を進めるうえでの宣伝のツールとなっているうえに、のちに述べるように、それを核とする「歴史的ロシア」の強化が侵攻の背景にあることから、安全保障上の意味をますますもつことにもなり、二〇二三年六月にはゼレンスキーはロシア語出版物の輸入と流通を規制する法に署名をした。[*15] ドミニク・アレルが二〇一八年に述べているように、ロシア語が一定以上の広まりを見せていることを考えると、公共空間におけるロシア語の扱いは今後も政治的な議論の対象になりつづけるだろう。多様な民族的マイノリティの包摂とともに、二〇一四年以前から領域的な自律性が高かったクリミア半島や、「キエフに見捨てられたという感覚」からくる分離主義への支持が比較的強固であったドンバスなどの包摂もまた今後の課題となるだろう。[*16] これらの諸地域に関しては、歴史の分野においても、ウクライナの土地の一部としてのクリミア半島やドンバスの歴史の位置づけが議論されることになろう。「脱植民地化」と「欧州大西洋路線」が強く過去へ投影されるため、ウクライナとヨーロッパの関係性については集中的に研究が深められるだろう。しかし、フルィツァク自身が述べているように、ウクライナの過去にはイスラームの影響も含む「多くの文脈」がある。クリミアやコサックの歴史のなかに息づくテュルク文化やユーラシアのステップ文化との関係も注目される。こうした意味で、ウクライナの土地を起点として東西に延びる新しい世界史を構想することも重要となるだろう。

3 ロシア「千年の歴史」における「多民族国家」のアイデンティティ化

プーチン政権は、二〇〇〇年代半ば以降、新たな国家アイデンティティを模索するなかでロシア「千年の歴史」という歴史観を前面に出し、ロシア帝国、ソ連という大国の過去を自らに吸収することで自国のイメージの強化を図った。この段階では数世紀にわたるヨーロッパ的価値基準への準拠を主張するなど、ヨーロッパ志向が維持されていた。しかし、二〇一一〜二〇一二年におけるプーチン自身の政治危機を経ると、ロシアの国家像はヨーロッパから距離をとりつつ、文化的に保守主義を強化する方向へとさらに進んだ。しかし、ヨーロッパとは異なるロシアの独自性とは何であるのか、その点は模索の過程にあった。

二〇一二年一月に発表した「民族問題」と題する論考のなかで、プーチンは、ヨーロッパで「多文化主義」が失敗していると主張し、その背景には民族的アイデンティティにもとづくネイション・ステイト・モデルそのものの危機があると指摘した。これに対してプーチンは、「千年の歴史」を構成する一貫した「歴史的ロシア」が存在すると主張したうえで、その特質を、単民族国家や多様な文化の併存国家（アメリカ的人種のつるぼ）ではない、独自の「多民族国家」であると論じた。この「独特な文明の織物」を束ねている軸はロシア文化であり、「国家形成」民族たるロシア・ナロードである。しかし、その担い手となるのは民族的ロシア人だけではなく、民族に関係なくこのようなアイデンティティをもつすべての人びとである。このとき、プーチンは「『ナショナルな』、単民族国家」を批判するが、それは、一方では、ソ連崩壊時に起こったロシア連邦内における多様な民族の自治権強化への動きと「分離主義」を、他方では、ロシア人自身が自らの単民族国家を構築しようとする傾向を警戒するためである。これらの考えは、プーチンによれば、「私たちの千年の歴史」と相容れないものであり、住民それぞれの民族的・宗教的特殊性を考慮に入れたうえで、「市民的愛国心」にもとづく民族政策の戦略を構築しなければいけないのだという。[17]

このようにプーチンもまた自国を「共通の文化規範」としてのロシア語とロシア文化を紐帯とする、ある種のシヴィック・ネイションだと主張しているともいえるが、そこでは個々の民族集団の独自性を維持した状態で一つのネイションとして団結する「多民族社会」のイメージが強調されている。実際、ウクライナ同様に、ソ連期の公的身分証への民族籍の記載はなくなっているものの、ウクライナとは異なり、民族にかかわる制度や言説は堅固に維持されている。ロシア連邦には連邦構成共和国・自治州・自治管区などの民族的区域が制度的に存在するほか、二〇〇二年、二〇一〇年、二〇二〇年（二〇二一年実施）に行なわれた国勢調査でも民族を尋ねる項目があり、多様な場面で民族的所属に関する言説が根づいている。[18]プーチンのいう「多民族国家」は、言い換えるならば、ソ連の伝統を引き受けつつ、「多文化主義」やシヴィック・ナショナリズムなどのヨーロッパ的概念を吸収し、またそれに対抗するなかで、「千年の歴史」の要素として「多民族性」を再概念化したものと考えられるだろう。

このプーチンの論文に合わせて、「二〇二五年までのロシア連邦国家民族政策戦略」が策定され、さらに、大統領直属の協議・諮問機関として民族間関係評議会が設立された。[19]この評議会設立の主要な目的はロシア連邦の国家安全保障であり、特にロシアにとっての「深刻な脅威」として、ユーゴスラヴィアやソ連に見られるような「民族間の不安定化の可能性」が言及されている。具体的な任務としては、第一に北コーカサス情勢の安定化、第二に移民問題への対応があげられており、この段階ではロシア連邦内の民族問題の懸案は北コーカサス問題と「イスラーム原理主義」の浸透であった。[20]

二〇一二年のプーチンの論考「民族問題」における民族政策の原型は、一九九六年六月一五日にボリス・エリツィンが発布した大統領令「民族政策の概念」にある。この大統領令は、ロシア連邦を「世界最大級の多民族国家」と捉える。「ロシア領域」内に住む諸民族は個々に文化的特性を有しながら、それぞれ「ロシア国家形成に歴史的役割」を果たしてきたとしつつ、ロシア・ナロードが統合をもたらす役割を担ってきたために「独自の統一」が維持されてきたのだという。こうしたエリツィン期の「多民族国家」概念自体は、プーチンにそのまま受け継がれている。しかし、エリツィン期には、ソ連期の「全体主義体制、大規模な強制移住と抑圧、多くの民族文化的価値の破壊」がロシア人を含むすべての民族に打撃を与えたことを認識しつつ、人権・市民的権利を基盤に多民族・多宗教の市民の平等と、それにもとづく「民族文化自治」を重視することに主眼がおかれていた。[*21] プーチンは、諸民族の権利に関して、人権・市民的権利の保護というよりは、「民族国家」形成の否定と「民族文化自治」に限定した発展に力点をおきつつ、諸民族間の緊張の阻止を目的とする「多民族国家としてのロシアの安全保障」問題として「民族問題」を再提示したのである。

プーチンは、多民族国家における多様な信仰の問題にも目を向けている。二〇一二年の論考「民族問題」のなかで、「市民的愛国心にもとづく民族政策戦略」を策定する作業において、個々の宗教がもつ特性も考慮されなくてはならないとし、この問題についての対話に、「ロシアの伝統的諸宗教」の積極的な参加を期待したいと述べている。というのも、プーチンによれば、正教、イスラーム、仏教、ユダヤ教は、それぞれの特性はあれども基本的な共通の道徳的、倫理的、精神的価値観にもとづいているのだから、教育と啓蒙、社会活動、軍隊において、「ロシアの伝統的諸宗教」の活動を歓迎し、支援すべきだというのである。二〇一二年の民族間関係評議会に関する大統領令でも、その任務のなかに「ロシア国家の伝統的な精神・道徳的諸価値の維持と強化」を含めている。[*22]

この「ロシアの伝統的諸宗教」の扱いもまた、エリツィン期の「良心の自由と宗教団体に関する連邦法」(一九九七年九月)に起源をもつ。この法によれば、ロシア連邦は世俗国家であることを基盤に、良心および信教の自由と法の前での平等を原則とする。そして、ロシアの歴史、その精神性と文化の形成・発展における正教の特別な役割を認めつつ、キリスト教、イスラーム、仏教、ユダヤ教、およびロシアの諸民族の歴史的遺産の不可欠な一部を形成するその他の宗教を尊重する。[*23] プーチンは、こうしたエリツィン期の個々の信仰者の権利を保障する法もまた、多民族国家の安全保障の枠組みのなかで捉え直したといえよう。

このように、多民族・多宗教の住民の権利を保護しつつ、全体の統合を調整しようとするエリツィン期の民族政策構想は、プーチンによって「市民的愛国心」と国家の安全保障という問題として再提示された。しかし、二〇一〇年代の間は、「民族政策戦略」は十分に練り上げられることはなかった。

4 「現代ロシア・モデル」としての「多民族ナロード」

二〇二三年になるとロシアではウクライナへの侵略とウクライナ南東部の一方的併合によって、新たに「民族政策戦略」のアップデートが検討されることになった。二〇二三年五月一九日にプーチンは、ウクライナ南東部四州の統合戦略をつくり、「外部からの挑戦と脅威」に対応して二〇一二年の「民族政策戦略」の修正を行なうため、民族間関係評議会の会議を開催した。議論の主軸の一つをなすのは、「脱植民地化」であった。この会合の冒頭でプーチンは、「敵対勢力」がロシアの多民族性をその弱点とみなし、ロシアを分裂させるために諸民族共同体を挑発して社会政治団体を形成させ、「いわゆるロシアの脱植民地化」の必要性を喧伝している、と危機感を露わにした。他方、プーチンにとって植民地政策の推進者は、西側諸国である「敵対勢力」自身である。彼らこそがかつて植民地を所有し、今日では「ネオ植民地主義」を推進してロシアを従属させようとしている。この「ネオ植民地政策」とは、諸民族を等級に分けて扱う「人種差別的」アプローチであり、これは「西側のイデオロギー的テンプレート」なのだという。

プーチンは、西側諸国はロシアの多民族性を弱点であると決めつけているが、これこそがロシアの強みなのだ、と反論する。というのも、この「多民族ナロード」は、千年かけて形成されきた「諸民族のロシア家族」であり、どの家族もそうであるように諍いや矛盾はありつつも、「独自の多民族・多宗教文化」を形成してきたのである。このように、「多民族ナロード」の宿命性は家族のメタファーによって強化され、したがって「事実上すべての民族」による「特別軍事作戦」への参加が不可避であり、それを通じたさらなる団結が成し遂げられるという理屈へとつながる。「全ロシア市民」としてのアイデンティティは、第一に「ロシア市民」、次に特定の民族というかたちで階層化されており、現在のロシア連邦への「制裁」や「中傷」のなかで、「ロシア市民」の自覚が強化されているという。[*24]

こうした「多民族の調和という価値観」を核とするネイション観は、ここでは独特の「現代ロシア・モデル（sovremennaia rossiiskaia model'）」と呼ばれている。ロシア科学アカデミー・ロシア史研究所所長のユーリー・ペトロフによれば、このモデルでは強力な国家権力の役割が重要であり、その力によって領土が維持され国の発展が可能になったと説明される。こうしたロシア国家は、西側諸国がいうように「悪の帝国」などではない。ロシアの歴史家たちによれば、併合された諸民族はロシア統治下にいた期間を植民地時代とはみなしておらず、彼らは敵の侵略からの保護、近隣諸国に収奪された地の奪還、経済封鎖の打破、海洋への自由なアクセスのために「自発的に」ロシアの一部となったのである。したがって、ロシアは西側の海洋帝国とは異なり、植民地帝国ではなかったのだという。ロシア人は他の民族に対していかなる特権ももたず、民族的・宗教的寛容の雰囲気が優勢であった。こうした「ロシア・モデル」は、全世界の模範であり、ロシアに道徳的リーダーシップを与えているという。[*25]

このようにプーチンは、ロシアにおける民族間の信頼と相互援助を自賛し、団結の重要性を「誰もが感じ理解している」と強調する。しかし、にもかかわらず、プーチンは政府に対して、紛争を未然に防ぐために、民族間・宗教間の関係を「モニタリング」するための国家情報システムの機能をチェックするよう求めている。「ロシアの新地域」（併合ウクライナ南東部四州）の社会経済的発展のためのプログラムには、市民的アイデンティティの強化や民族間・宗教間の調和を促進するあらゆる活動が含まれ、その諸活動は、「民族政策戦略」の目標と結びつけられながら、民族文化団体の代表者と当局とのあらゆるレベルでの相互関係を通じて行なわれなければならないとされている。こうした対話を実践する場となるのが「ロシア諸民族総会（Assambleia narodov Rossii）」である。この組織はもともと、前節で紹介した一九九六年の大統領令「民族政策の概念」を実現するために設立された「全ロシア社会組織」としての「ロシア諸民族総会」を起源とする。[*26] しかしこの組織は、二〇二〇年一一月に大統領令によって「全ロシア社会・国家組織」として再編された。[*27] さらに、戦争のなかで民族間関係の国家的な監視ネットワークとして再組織化され、二〇二三年末までにウクライナ南東部四州を含むロシア（が主張するところの）連邦八九の構成主体すべてに地方支部が設立されることになったのである。

ロバート・コールソンの記事によれば、プーチンの統治体制は、第二次チェチェン戦争の「民族的分離主義への恐怖」にもとづいており、それが抑圧的政府とその正当化の基盤になっているという。二〇二〇年の憲法改正では「国家形成」民族としてのロシア人のアイデンティティとロシア語の優位性を強調することで、実質的には諸民族の文化は劣位におかれた。[*28] 地方の民族ナショナリズムの指導者は抑圧されており、少数民族は戦争のなかで不平等な扱いを受けているともいわれる。アダム・レントンによる二〇二二年四月の記事において、ウクライナ戦争では、経済的不況に苦しむ地域の少数民族の死亡率が高いと論じられている。たとえば、アストラハン州では民族的非ロシア人は三二％を占めるが、確認された死者数のなかでは八〇％を占めている、というように。こうした情勢のなかで、地方のエリートたちは、各地域における少数民族の権利の擁護者としての役割と、モスクワへの物理的・イデオロギー的支援の提供者としての役割の間のバランスをとるという困難な役割を強いられているという。[*29]

5　「多民族ナロード」の紐帯

「多民族ナロード」の中核をなすのはロシア語とロシア文化である。ソ連期には社会主義イデオロギーもまた多民族の社会に対する求心力として想定されていたが、その普遍的イデオロギーを欠いた現在、ロシア語とロシア文化以外に、何が多民族を結びつける役割を果たしうると考えられているのだろうか。

まず、ウクライナで進行中の戦争それ自体が、「多民族ナロード」の結束をもたらすと喧伝されている。先に紹介した二〇二三年五月の民族間関係評議会の会議では、プーチンの演説に呼応するかたちで、さまざまな地域の代表者たちがそれぞれメッセージを発した。「統一ロシア」幹部でダゲスタン共和国首長を務めたこともあるヴラジーミル・ヴァシーリエフは、「ロシア諸民族総会」のネットワークの再編とその活動について報告をし、それに続いて「ロシアの多民族ナロードの団結」を強調したのち、「ロシア連邦英雄」勲章受与者のなかには「二〇の民族を代表する一六八名の特別軍事作戦参加者」がいると指摘して、その一人であるブリヤート人バルダン・ツィディポフを紹介した。ツィディポフは、「特別軍事作戦」に参加する人はみな「現代の英雄」であり、この作戦は「我らが多民族ナロード」を一つにするものだ、という。彼らはみな、塹壕のなかで「異なる言語で異なる神々に祈りを捧げる」が、一つのこと、つまり「共通の勝利」を祈っている。だから敵にとって私たち――ブリヤート人、チェチェン人、トゥヴァ人、ロシア人、ヤクート人――はみなロシア兵なのであり、それは「私たちにとっての名誉」なのだという。続いてアブハジア出身の「ピャトナシュカ」国際旅団のアリアス・アヴィヅバは、多様な民族が戦場で互いの命を救い合っているとし、平時に存在した民族間の不和や憤懣はいまや取るに足らない問題となったという。「戦争は浄化する」のであり、ロシアはこの状況を脱したとき、より強固に団結しているだろう、と述べた。このように、民族的マイノリティは多民族の調和というイデオロギーにもとづいて実際の戦闘行為に動員されているだけではなく、そのイデオロギーの正当性の演出にも利用されている。

さらに、この「多民族ナロード」を統合するイデオロギーとして重視されているのが、「伝統的価値」である。この概念もまた、戦争のさなかに刷新されることになった。二〇二二年一一月九日に、プーチンは大統領令「ロシア国家の伝統的な精神・道徳的諸価値を維持・強化するための国家政策の原則」に署名をした。この原則とは、「国家安全保障」分野における戦略計画の重点をなすものである。そこにおいて「伝統的価値」とは、「ロシア市民の世界観を形成」するものであり、「ロシアの多民族ナロード」の精神的・歴史的・文化的な独自性を示すものだという。具体的には、多少のリベラルな価値観も含みつつも、おおむね保守的な価値観が列挙されている（人権と自由／愛国心、公民性、祖国への奉仕、堅固な家族、物質的なものより精神的なものの優先、集団主義、歴史的記憶と世代の連続性、ロシアの諸民族の団結など）。そのなかでも特に重視されたのは宗教であり、それについては基本的に二〇一二年一月の論考「民族問題」の考え方が踏襲されている（諸宗教は、信者・非信者の市民に共通する伝統的価値を形成しており、そのなかでも正教は特別な役割を果たす）。しかし、この大統領令によれば、こうした伝統的価値は、現在、深刻な脅威にさらされている。というのも、特定のマスメディアや「アメリカ合衆国やその他の非友好的な諸外国の行動」、「多くの多国籍企業や外国の非営利団体」、ロシアの特定の組織や個人の活動によって、ロシア社会にとって異質な「破壊的イデオロギー」が押しつけられているためである。この脅威として、歴史的真実や記憶の歪曲・破壊、兵役や公務全般に対する否定的態度の形成、非伝統的な性的関係の促進による伝統的家族の破壊などがあげられている[*30]。

その直後の二〇二二年一二月五日に、プーチンは「ロシアにおける非伝統的な性的関係、ペドフィリア、性転換のプロパガンダの禁止」法に署名をした[*31]。ＬＧＢＴの問題が最初に連邦レベルで法制化されたのは二〇一三年の「子どもの健康と発展にとって有害となる情報から子どもを守る法」であり、その禁止対象の一つに「非伝統的な性的関係のプロパガンダ」が含められることで実現した[*32]。このプロパガンダの禁止を子どもだけではなく、すべての国民に拡大したのが二〇二二年一二月の法である。すでに紹介した二〇二三年五月の民族間関係評議会においても、宗教間の調和や相互援助などに加えて、ＬＧＢＴにかかわる問題も言及されている。チェチェン共和国科学アカデミーのジャムブラト・ウマロフは、西側諸国はロシアの資源の収奪だけではなく、歴史の書き換えや精神的・道徳的遺産の否定を試みてきたが、最近は「伝統的家族」、すなわち「正教徒、ムスリム、その他の男女の間の法的な婚姻」にもとづくあらゆる家族を攻撃していると主張する。こうした攻撃に関し、ウマロフによれば、「我が国」は、「悪魔主義に粘り強く抵抗する信念と力と意志をもつ、ほとんど唯一の国家であり社会である」という[*33]。

こうした伝統的宗教観と「非伝統的な性的関係」の否定は、多産という問題とも深く連動している。二〇二三年六月には、「親の栄誉」勲章授与家族（七名以上の子どもを養育する親）との面談の席でプーチンは、ロシアの「千年の歴史」にもとづく国民性においては多子家族が伝統であったと説明する。親族の絆と世代の継承性という高尚な道徳的価値は、ロシア国家のすべての伝統的諸宗教の基盤にある。そして、こうした大家族への社会的支援に取り組むこと、すなわち、住宅ローン優遇措置の延長、ソ連期の「英雄母」名誉称号の復活、報奨金提供などを約束している。この面談には特別軍事作戦参加者の家族が呼ばれていたり、家族的価値の称揚がドンバスからロシア国内に連れてきた子どもたちの里親家族の斡旋と連携して行なわれたりするなど、大家族、多産の奨励もまた侵略や戦争と深いかかわりのなかで制度化されつつある。[*34] 二〇二三年一一月には、正教会のキリル総主教がヴャチェスラフ・ヴォロジン下院議長にロシア国内の民間クリニックでの中絶禁止を議論するよう要請したと伝えられている。このとき、キリルは人口危機の問題であるとして法案の起草を健康管理委員会ではなく、安全保障委員会に任せるよう提案したという。[*35]

こうした伝統的家族の価値観の推進に大きな影響を与えていると考えられるのが、ロシア宗教間評議会である。この組織は、一九九八年一二月に、ロシアの正教会、イスラーム、ユダヤ教、仏教の各宗教団体の長による合同会議で設立された。評議会の名誉議長を務めるのは総主教のキリルであり、組織の目的は、宗教間・民族間の平和の強化や伝統的な道徳的価値の促進である。その主張によれば、評議会は、社会問題に対する伝統宗教の共通の立場（反薬物・反ギャンブル、家族と子どもの権利保護、中絶の反対、民族対立扇動の抑制など）を表明し、提案してきた。さらに、新しい祝日である一一月四日の「民族統一の日」の導入（二〇〇五年）や、二〇二〇年のロシア憲法修正で、「神」という語の明記を支持して、国家政策における伝統的価値の確立への展望を開いたことなども成果としてあげている。[*36] エリツィン期に設立された宗教間の対話のための組織は、政権との相互作用のなかで保守的イデオロギーを下支えするだけでなく、それを積極的に構築し、提供する役割をも果たすようになっているようである。この宗教保守的イデオロギーの推進においては、正教会が指導的役割を担っている。二〇二三年一一月二八日には、プーチンとキリル総主教は第二五回世界ロシア人民本議会でともに演説をした。プーチンは、二〇二四年を「家族年」とすると述べたのち、「ロシア・ナロードの維持と拡大」こそが「ロシア世界の未来であり、千年の、永遠のロシアの未来」であると主張し、そこで伝統的宗教が果たす役割を強調した。また、キリルは「ロシア世界」は民族的概念ではなく、そこには異なる宗教に属するすべての民が含まれると述べ、ロシアにおける多様な宗教の団結を訴えた。[*37] こうしたキリルの呼びかけに、政権に協力的な正教以外の宗教指導者も積極的に応対している。二〇二三年一二月八日のロシア宗教間評議会の記念会合において、ムスリム中央宗務管理局議長タルガト・タジュッディンは、ロシアにおける伝統的な宗教間の交流の歴史的な深さを強調しつつ、現代は「伝統的な精神・道徳的価値観を中心にロシアとイスラーム世界が団結」するという画期的な転換点として人類の歴史に残るだろう、と語った。タタルスタン・ムスリム宗務管理局議長カミリ・サミグッリンは、中絶のおもな原因は婚外関係にあり、近年、社会では貞操観念が破壊されているので、改善が必要だとの考えを示した。[*38] 政権に近い「ロシアの伝統的諸宗教」の指導者たちは、伝統的価値観を軸に諸民族・諸宗教の団結を訴え、それを「多民族国家ロシア」のイデオロギーの中核に押し上げようとしているともいえるだろう。

このように、現在、「ロシアの多民族ナロード」を結びつける共通の価値に、それぞれの民族・宗教集団の伝統的価値がおかれつつある。マルレーヌ・ラリュエルによれば、「民族保守的」な価値観はロシアの大多数の人びとに支持され、彼らを結束させているという。[*39] さらに、二〇二三年五月の民族間関係評議会でロシア科学アカデミー学術評議会ヴァレリー・ティシュコフは、ロシア式の「多様性のなかの統一」は独自の文明としての意味をもつが、同様の状況は多民族・多宗教国家であるインドや中国にもあてはまるだろう、と述べ、このモデルがある種の国際的な普遍性を備えていることを示唆している。ロシアの政治研究者のなかには、多くの西欧市民が「左派リベラルの価値観」のイニシアティヴに不快感を抱き、「オルタナティヴ右派」(ポピュリスト的運動)がそれに対抗しているので、伝統的価値へのコミットメントを通じてならば、「西ヨーロッパ(部分的には東ヨーロッパ)の右派保守勢力」を「ロシアの自然な同盟者」だと考えうると述べている者もいる。ロシアはこうした宗教保守的な伝統的価値にもとづく「多民族ナロード」という新しいネイション観を、国内統合のみならず、国際戦略のイデオロギーへと発展させようとする可能性もある。

おわりに

「脱植民地化」をキーワードにしながら、ウクライナとロシアの対立するネイション観の諸相を見てきた。ウクライナは、自らをヨーロッパと親近性のあるシヴィック・ネイションだと理解し、ロシアとの違いを強調するだけではなく、何世紀にもわたってロシアからの帝国的抑圧の犠牲となってきたと捉える。他方でロシアは、ロシア帝国とソ連という過去の大国の歴史を体内に呑み込んで大国としての地位と意識を復興させようとしており、「千年の歴史」の連続性のなかに自らを位置づけようとしている。この「千年の歴史」のなかで、ロシアは抑圧的な「帝国」などではなく、諸民族が団結する独自の「多民族ナロード」であったとし、逆に、植民地的支配の元凶は西側の諸国家だと訴えている。この「多民族ナロード」を結びつけるのは、かつての社会主義イデオロギーではなく、宗教保守的な伝統的価値である。

こうした現在のネイション観をめぐる対立的な政治的ナラティヴは、過去の理解に影響を与えていくことになろう。ロシア連邦大統領補佐官のヴラジーミル・メジンスキーは国のエリートが歴史的記憶に一貫した影響を及ぼすことは主権の行使だと述べている。[*40] ナショナル・ヒストリーの構築は主権の保護であり、安全保障の問題であるとすれば、歴史研究者は、現在進行形の戦争のなかで、互いに対立するネイション観にもとづく政治的ナラティヴとそれに影響を受けて強化されるナショナル・ヒストリーのナラティヴに対して、どう対応すべきなのか。単一の指針は存在せず、個々の歴史家はこうした政治的状況を十分に意識しながら、研究史と資料に向き合い、自らの答えを出すほかはない。

ただ、二つの対立するネイション観は、たんに並置されているのではない。現実の世界において、二〇一四年のロシアによるクリミア併合、それに端を発するドンバスでの戦争、二〇二二年のロシア軍の全面的侵攻によって、ウクライナはロシアとの著しく不均衡な関係のなかで、継続する暴力に晒されている。歴史研究者にとっては、こうした非合理な非対称性に直面しつつ、どう学術的な真摯さを維持するのかという点が大きな課題となる。「脱植民地化」には、大国ロシアを中心とする現在の教育・学問の制度自体が、ロシアの行為の正当性を直接的・間接的に、時に無意識に擁護することになっていなかったかどうかをも検討するという、学術的な反省も含むはずである。まずは、ロシアとウクライナのナショナル・ヒストリーの伝統の差異を認識し、さらにその差異が現在の政治的ナラティヴに影響されながら強化されることを理解したうえで、自らのバイアスを意識しつつ、その二つの歴史観、二つのナショナル・ヒストリーとの対話を続けるということが必要である。

〔注〕

＊1　たとえば以下を参照。Uilleam Blacker, Alexander Etkind, and Julie Fedor (eds.), *Memory and Theory in Eastern Europe*, New York: Palgrave Macmillan, 2013; Julie Fedor, Markku Kangaspuro, and Jussi Lassila (eds.), *War and Memory in Russia, Ukraine and Belarus*, New York: Palgrave Macmillan, 2018; Nikolay Koposov, *Memory Laws, Memory Wars: The Politics of the Past in Europe and Russia*, New York: Cambridge University Press, 2018; Uladzislau Belavusau, Aleksandra Gliszczyńska-Grabias, and Maria Mälksoo, "Memory Laws and Memory Wars in Poland, Russia and Ukraine," *Jahrbuch des öffentlichen Rechts der Gegenwart*, Neue Folge (JöR), 69(1), June 2021, pp.95–116; Georgiy Kasianov, *Memory Crash: Politics of History in and around Ukraine, 1980s–2010s*, Budapest: Central European University Press, 2022; 浜由樹子「『歴史』をめぐる相克——ロシア・ウクライナ戦争の一側面」塩川伸明編『ロシア・ウクライナ戦争——歴史・民族・政治から考える』東京堂出版、二〇二三年、二四三—三〇三頁。

＊2　**«Послание Федеральному Собранию Российской Федерации». Президент России.** 2005.04.25. (http://www.kremlin.ru/events/president/transcripts/22931) russkii は「ロシア民族の」という意味が強いが、rossiiskii

は「ロシア国家の」というニュアンスをもつ。

＊3 Taras Kuzio, "Nationalism in Ukraine: towards a new theoretical and comparative framework," *Journal of Political Ideologies* 7(2), June 2002, pp.133–161.

＊4 Andrii Portnov, "The Holocaust in the Public Discourse of Post-Soviet Ukraine," in Fedor, Kangaspuro, Lassila and Zhurzhenko, (eds.), *War and Memory*, pp.347–370.

＊5 Koposov, *Memory Laws, Memory Wars*, chap. 4.

＊6 Volodymyr Kulyk, "Is Ukraine a Multiethnic Country?" *Slavic Review* 81(2), October 2022, pp.299–323.

＊7 Tárnok Balázs, "Minority rights–Gateway for Ukraine to the EU," Ludovika: The Scientific Platform of Ludovika University of Public Service. 2023.12.04. (https://www.ludovika.hu/en/blogs/the-daily-european/2023/12/04/minority-rights-gateway-for-ukraine-to-the-eu/) 以下、ウェブサイトの最終閲覧日はすべて二〇二四年三月二七日。

＊8 Volodymyr Kulyk, "National Identity in Ukraine: Impact of Euromaidan and the War," *Europe-Asia Studies* 68(4), June 2016, pp.588–608; Volodymyr Kulyk, "Shedding Russianness, recasting Ukrainianness: the post-Euromaidan dynamics of ethnonational identifications in Ukraine," *Post-Soviet Affairs* 34(2–3), March 2018, pp.119–138; Lowell Barrington, "A New Look at Region, Language, Ethnicity and Civic National Identity in Ukraine," *Europe-Asia Studies* 74(3), March 2022, pp.360–381.

＊9 "Zelensky's New Year address: Everyone should answer the question: who am I?" UNIAN. 2020.01.01. (https://www.unian.info/society/10816211-zelensky-s-new-year-address-everyone-should-answer-the-question-who-am-i.html)

＊10 Olga Onuch and Henry E. Hale, *The Zelensky Effect* (New Perspectives on Eastern Europe and Eurasia), London: Oxford University Press, 2023.

＊11 "New Year greetings of President of Ukraine Volodymyr Zelenskyy," President of Ukraine. 2022.12.31.

（https://www.president.gov.ua/en/news/novorichne-privitannya-prezidenta-ukrayini-volodimira-zelens-80197）

＊12 **Ярослав Грицак. «Україна стане новим центральноєвропейським тигром». Українська правда.** 2022.05.01.（https://www.pravda.com.ua/articles/2022/05/1/7343225/）

＊13 “Ukraine adopts law that condemns Russian Imperial policy and decolonizes toponyms,” Euromaidan Press, 2023.04.23.（https://euromaidanpress.com/2023/04/23/ukraine-adopts-law-that-condemns-russian-imperial-policy-and-decolonizes-toponyms/）

＊14 Barrington, “A New Look,” p.378.

＊15 同法は二〇二二年六月に提出されていたが、ゼレンスキーは欧州委員会からの少数民族権利保護に関する勧告を懸念して署名をしていなかった。それに対して文化人などから多くの請願が出されていた。**Марія Кабацій. «Зеленський підписав закон, що забороняє книжки з Росії». Українська правда.** 2023.06.22.（https://life.pravda.com.ua/culture/2023/06/22/255005/）

＊16 Dominique Arel, “How Ukraine has become more Ukrainian,” *Post-Soviet Affairs* 34(2-3), March 2018, pp.186–189. オレグ・ジュラヴリョフとヴォロディムィル・イシュチェンコの二〇一九年の論考は、「ユーロマイダン革命」後のシヴィック・ナショナリズムは何らかの政治的理念ではなく「ユーロマイダン革命」参加という特定の共通経験から生まれた「出来事的ナショナリズム」という、いわば偶発的な現象であり、結局、ウクライナとロシアの民族的ナショナリズムの境界を強化し正当化する排他性をもつことになったと主張している。二〇一四年から続く戦争状態のなかで「排他性」をどう学術的に議論するのかは難しい問題である。さらに、こうした議論がドンバス住民に対する民族的な差別が実際に存在するという政治的ナラティヴに与えた影響も検討する必要があるかもしれない。Oleg Zhuravlev and Volodymyr Ishchenko, Exclusiveness of civic nationalism: Euromaidan eventful nationalism in Ukraine,.” *Post-Soviet Affairs,* 36(3), April 2020, pp.226–245.

*17 Владимир Путин. «Россия: национальный вопрос». Независимая газета. 2012.01.23. (https://www.ng.ru/politics/2012-01-23/1_national.html)

*18 以下も参照。櫻間瑛「現代ロシアにおける民族理解についての一考察——タタルスタン共和国における2010年全露国勢調査を事例に」『ロシア・東欧研究』第四〇号、二〇一一年一月、三四–四九頁。

*19 以下も参照。ムヒナ・ヴァルヴァラ「ソビエト連邦解体以降のロシアにおける民族政策と帰属意識について——『我々』と『他者』の境界線を巡って」『上智大学外国語学部紀要』第五二号、二〇一八年三月、四一–六五頁。

*20 «Совет по межнациональным отношениям: главная цель, с которой создается Совет – поддержание национальной безопасности Российской Федерации». Парламентская газета. 2012.06.13. (https://www.pnp.ru/opinions/2012/06/13/sovet-po-mezhnacionalnym-otnosheniyam.htm)

*21 «Указ Президента Российской Федерации от 15.06.1996 г. № 909: об утверждении Концепции государственной национальной политики Российской Федерации». Президент России. (http://www.kremlin.ru/acts/bank/9571/page/1)

*22 二〇〇〇年代の宗教と国家の関係について、以下も参照。Kimitaka Matsuzato and Fumiko Sawae, "Rebuilding a Confessional State: Islamic Ecclesiology in Turkey, Russia and China," *Religion, State and Society* 38(4), November 2010, pp.331-360.

*23 «Федеральный закон "О свободе совести и о религиозных объединениях" от 26.09.1997 N 125-ФЗ (последняя редакция)». КонсультатнПлюс. (https://www.consultant.ru/document/cons_doc_LAW_16218/)

*24 «Заседание Совета по межнациональным отношениям». Президент России. 2023.05.19. (http://kremlin.ru/events/president/news/71165) 多民族国家としてのロシア像と侵攻の関係について、以下も参照。浜由樹子「ウクライナ侵攻のイデオロギー——5つの構成要素とその背景」『ロシア・東欧研究』第五一号、二〇二二年三月、四一–五六頁。

＊25　二〇二三年一一月三〇日にはロシア連邦議会上院において「国際地政学的空間における民族間平和のロシア・モデル」というテーマで決議がなされている。«Решение на тему "О российской модели межэтнического мира в международном геополитическом пространстве"» Совет Федерации Федерального Собрания Российской Федерации. 2023.11.30.（http://council.gov.ru/media/files/DRLOA1Ee0oUgz3T9K35ygxQJpKEkbIQX.pdf）

＊26　«Описание». Ассамблея народов России.（https://dobro.ru/organizations/164981/info）

＊27　«Указ о создании Общероссийской общественно-государственной организации "Ассамблея народов России"». Президент России. 2020.11.13.（http://www.kremlin.ru/acts/news/64412）

＊28　Robert Coalson, "Russia's 2021 Census Results Raise Red Flags Among Experts and Ethnic-Minority Activists," Radio Free Europe/Radio Liberty. 2023.02.05.（https://www.rferl.org/a/russia-census-ethnic-minorities-undercounted/32256506.htm）

＊29　Adam Charles Lenton, "Who is dying for the «Russian World»?" Riddle Russia. 2022.04.26.（https://ridl.io/who-is-dying-for-the-russian-world/）

＊30　«Указ Президента Российской Федерации от 09.11.2022 г. № 809 "Об утверждении Основ государственной политики по сохранению и укреплению традиционных российских духовно-нравственных ценностей"». Президент России.（http://kremlin.ru/acts/bank/48502）二〇二三年七月七日には、ロシア連邦議会上院において「新しい地政学的情勢におけるロシア国家の伝統的宗教道徳的価値の維持と強化という焦眉の諸問題」というテーマで上院付属民族間関係および宗教団体との協力に関する評議会の決議が出されている。«Решение на тему "Актуальные вопросы сохранения и укрепления традиционных российских духовно-нравственных ценностей в новой геополитической обстановке"» Совет Федерации Федерального Собрания Российской Федерации. 2023.07.07.（http://council.gov.ru/media/files/RfSjTfLbS8LyyKTyQiP7BwWarIB8rpNt.pdf）

＊31　«Путин подписал закон о полном запрете ЛГБТ-пропаганды». Ведомости. 2022.12.05.（https://www.

vedomosti.ru/society/news/2022/12/05/953804-putin-podpisal-zakon)

＊32　«Совфед ужесточил наказание за пропаганду гомосексуализма Совет Федерации одобрил закон, ужесточающий ответственность за пропаганду нетрадиционных сексуальных отношений среди несовершеннолетних». РБК. 2013.06.26.（https://www.rbc.ru/society/26/06/2013/57040b3c9a7947fcbd44a87a?from=copy）

＊33　正教会の性的マイノリティに対する態度については、以下も参照。高橋沙奈美『迷えるウクライナ――宗教を巡るロシアとのもう一つの戦い』扶桑社新書、二〇二三年、一一五－一一三頁。

＊34　«Встреча с семьями, награждёнными орденом "Родительская слава"». Президент России. 2022.06.01（http://kremlin.ru/events/president/news/68548）.

＊35　プーチンは中絶を深刻な問題だと認めたが、いまのところ、いかなる禁止も支持していない。二〇二三年一一月にロシア連邦議会上院議長のヴァレンチナ・マトヴィエンコは中絶禁止に反対を表明した。«Борьба за «народосбережение». Патриарх Кирилл попросил Госдуму запретить аборты в частных клиниках». BBC NEWS русская служба. 2023.11.13（https://www.bbc.com/russian/articles/cmlpnl0zw72o）; «Чем обернется запрет абортов в частных клиниках». Ведомости. 2023.12.14.（https://www.vedomosti.ru/society/articles/2023/12/14/1010973-chem-obernetsya-zapret-abortov-v-chastnih-klinika）

＊36　«Выступление Святейшего Патриарха Кирилла на юбилейном заседании Межрелигиозного совета России». Межрелигиозный совет России. 2023.12.07.（http://interreligious.ru/news/news-council/news-council_693.htm）

＊37　«Президент России В.В. Путин и Святейший Патриарх Кирилл выступили на пленарном заседании XXV Всемирного русского народного собора». Межрелигиозный совет России. 2023.11.28.（http://interreligious.ru/news/news-council/news-council_688.html）

＊38　«Юбилейное заседание Межрелигиозного совета России». Межрелигиозный совет России. 2023.12.08.（http://interreligious.ru/news/news-council/news-council_692.html）

＊39　ウクライナにおいては、二〇一二年一二月にはロシア同様に、メディアや公的領域において同性愛への言及を犯罪とする法案が国会で議論されていた。しかし、ヨーロッパ志向を強めるなかで、ＥＵや国際機関からの批判を受け、二〇一四年には本法案審議は国会の議題から外された。逆に二〇二三年には、シヴィル・パートナーシップ法案の議論の審議が進められており、ウクライナ市民も徐々にＬＧＢＴコミュニティを受け入れるようになったといわれる。キエフ国際社会学研究所の調査によれば、ＬＧＢＴに否定的態度をとる人は、二〇一六年の六〇・四％から二〇二二年には三八・二％に減少した。**Яна Осадча. «Як в Україні змінилося ставлення до ЛГБТ» Українська правда.** 2022.06.01. (https://life.pravda.com.ua/society/2022/06/1/248914/)

＊40　Владимир Мединский Культурная политика и национальная идея, Москва: Книжный мир, 2017. С.3–8.

第2章　コサック研究とウクライナ史学

松里公孝

二〇二四年二月九日、タッカー・カールソンがヴラジーミル・プーチン露大統領に行なった約二時間のインタビューがX（旧ツイッター）に公表された。カールソンは、アメリカ共和党に近いといわれるフォックス・ニュースの看板キャスターだったが、二〇二三年四月に解雇された。その直接の理由は、二〇二〇年の大統領選挙において投票集計機に不正があったと報道して、同機を生産する企業からフォックス・ニュースが訴えられ、後者が巨額の和解金を払う羽目になったことだった。しかしカールソン支持者は、ウクライナ、NATO拡大問題など、彼の反体制的な言動ゆえに解雇されたと信じている。

かつて私は、フォックス・ニュースでのカールソンの直言を楽しく視聴していた。記憶のかぎりでは、次のような報道が特に傑作だった。二〇二一年一一月のCOPグラスゴー・サミットに各国要人が自家用ジェット機と特別機で乗りつけたため、スコットランド地域の温室効果ガスの数か月分の排出量を一日で叩きだしてしまった。これに対しカールソンは、「政治家の自家用ジェットは法的に禁止すべきだ」と主張した。

ロシア・ウクライナ戦争の開始後、「犠牲者数（当時）では第二次カラバフ戦争（二〇二〇年）のほうが大きかったではないか。あなたは第二次カラバフ戦争中に何かしたか。人道危機ということではイエメン内戦のほうがずっと大きいではないか。あなたはイエメン内戦に対し何かしたか。そのあなたがウクライナについてだけ、なぜ急に騒ぎはじめたのか」と述べた。

二〇二二年一二月、合衆国議会において、ウクライナ大統領ヴォロディムィル・ゼレンスキーが戦争支援を求める演説を行なった。例によってTシャツ姿だったことを「ストリップ・クラブの支配人のような格好で、外国議会で演説するな」と揶揄した。

フォックス・ニュース退社後は、検閲のないイーロン・マスクのXに自分のプラットホームを立ち上げ、ドナルド・トランプへのインタビューでは二億件以上のアクセスを得た。私個人は、スマートフォンというものを日本では所持したことがないのでソーシャルメディアには疎く、カールソンの毒舌を懐かしく思っていた。

上述のインタビューにおいて、プーチンは二時間の面談時間のうち最初の約三〇分間をキエフ・ルーシから現代に至るルーシ地域の歴史の説明にあてた。東スラブ人は歴史的に一体だったこと、ウクライナの分離主義はポーランドやオーストリア・ハンガリーによって外から植えつけられたこと、ソ連形成期においてヨシフ・スターリンなどの自治化論を退け、構成主体が主権・分離権をもつ連邦制を導入したのはヴラジーミル・レーニンだったことなどについて滔々と語った。

ロシア・ウクライナ戦争、NATO拡大など焦眉の問題について切り込もうと思っていたカールソンは面食らい、何度か遮ろうとしたが、結局プーチンの歴史趣味に押し切られ、最初の三〇分間、プーチンが話したいように話させることになった。

ロシア大統領は、二〇二二年二月二一日にドンバスの分離政体を国家承認するテレビ演説において、約一時間の演説時間の半分を歴史の講義にあてた人物である。[*1] 数億人の視聴者を得るであろうカールソンとの面談の四分の一を歴史講釈にあてたとしても不思議はない。

しかし、「歴史は領土要求を正当化しない」ということは国際法の鉄則である。もし何世紀も前の歴史が現代国家の領土要求を正当化するのなら、ドイツは、西部ポーランドだけではなく、エストニア、ラトヴィア、メメリ（クライペダ）、ケーニヒスベルク（カリーニングラード）などを自国領と主張することができるだろう。

大国の大統領が歴史を熱心に勉強しているのは結構なことである。しかし結局アマチュアである。視聴者が現代政治や外交についてのロシア大統領の見解を求めているときに、なぜアマチュアの歴史講義を聞かなければならないのか。私と同様、ロシアの歴史家も、プーチンが気持ちよく歴史の講義を始めるときは、気恥ずかしい思いをしているだろう。

ところが、これはどうも職業的歴史家特有の感覚らしい。カールソン自身は、「プーチンが歴史の話を始めたときは論点逸らしかと思ったが、真剣に、ロシアの政策を歴史にもとづいて構築しているのがわかった。アメリカの政治家は、歴史といってもせいぜい二〇世紀の出来事しか知らないのに、九世紀から話を始める知性はすごい」（抄訳）などと感想を述べていた。日本でも、及川幸久、原口一博などの論客、政治家が同様の意見である。確かに、メモも見ずにルーシ千年の歴史を滔々と語る記憶力は、齢七十を超える老人としては凄い（メモを見ないので、ところどころ不正確なところはある）。

しかし、ロシア大統領が歴史と現実政治を直結したがる性向には、負の副産物もある。今日のロシアでは、歴史的ウクライナに関する史料集や研究書は、出版が事実上停止されている。幸いロシアには検閲制はまだないのだが、科学アカデミー上層部や出版社の自粛で出版が延期されるのである。出版がさえぎられている作品の内容を見ると、むしろプーチンの歴史認識に合致しているものが多いようである。一九世紀までのロシア帝国の公論においては、東スラブ三枝一体（東スラブ人は単一）論のほうがウクライナ民族独自論よりもずっと強かったので、自然にそうなるのである。しかし、自国の政権にとって有利な研究・史料集でも、自分（当該研究所や出版社）に火の粉がかかるのを防ぐため、「念のため」出版を差し止めてしまうのである。日本と同様、ロシアでも自己検閲は検閲制よりも恐ろしい。

本章の目的は、「歴史研究は現代の政権の政策を正当化も否定もしない」という原則を再確認することである。そのために、①「ウクライナ」、「ウクライナ人」概念の歴史的変遷についてのフョードル・ガイダ・モスクワ大学教授の研究、②一七世紀のコサック叛乱についてのウクライナ史学の見解の変遷について紹介したい。

1 「ウクライナ」、「ウクライナ人」概念の誕生と変遷

近代民族主義は、民族の原初化と不可分である。ギリシア人、ユダヤ人、アルメニア人など古代からの集団名がいまでも通用している民族は多くない。これは民族主義者にとって都合が悪い。そこで、民族主義的な歴史家は、「民族というものは、自己意識、集団名にかかわらず、古くから客観的に存在していた」という前提で歴史を書くのである。この立場に立てば、たとえばウクライナ人、ウズベク人、アゼルバイジャン人のようなソ連邦から名称をもらった民族でも、名前がなかっただけで民族そのものは存在していたのだから、自前の古代史・中世史を有するということになるのである。

しかし、一般に集団を形成しようとするプロジェクトにおいては、集団の名称が重要である。アーネスト・ゲルナーにならって、民族を「当該集団と領域国家を一致させようとする集団」と定義すれば、民族概念の適用は近代史・現代史に限定される。[*2] それ以前の集団形成プロジェクトは、民族概念ではなく、当該集団の名称（自称・他称）、運動の意図・期待に則して分析されるべきだということになろう。

同時代人の意識に注目すれば、たとえば一七世紀のウクライナ・コサックは、自らを「正教徒のルーシ人」、「リャヒ（ポーランド人の蔑称）、カトリック、合同教会への抵抗者」と認識していた。[*3] これがどれだけ二〇世紀以降のウクライナ人意識と合致するかは疑わしい。たとえば現代のウクライナ人意識は、近代民族主義全般と同様、当該人の宗教的帰属には無関心である。逆に、ウクライナ人意識の提唱者は、宗教

を民族形成の道具としか考えていない節さえある。

ロシア・ウクライナ戦争の開始以来、日本各地でウクライナ史について講演すると、「ウクライナ人」という「民族」が古くから存在し、隣接大国の度重なる支配にもかかわらず、独立をめざして闘ってきたと考える受講者が多いのに驚かされる。これは、ウクライナについて日本語で書かれてきた認識の反映である。

私は、一九世紀以前のウクライナ地域の歴史は、「ルーシ」、「ルーシ人」という当時の地名、集団名にもとづいて叙述されるべきだと考える。この地名・集団名は、九世紀から一三世紀にかけて栄えたキエフ・ルーシの時代に生まれた。モンゴルの来襲によりルーシは東西に分断され、東ルーシではロシア専制国家が成長し、西ルーシは、リトアニア大公国とポーランドの支配下で正教とカトリックの境界領域になった。ロシア帝国は西ルーシをカトリック世界から奪還したが、ロシア帝国内でも西部諸県（旧西ルーシ、つまり右岸ウクライナ、リトアニア、ベラルーシ）におけるポーランド人とカトリックの優勢は続き、地主土地所有が廃止されるロシア革命までその状況は変わらなかった。[*4]

このような私の見方は、前出ガイダの『面と境界線——「ウクライナ」と「ウクライナ人」の概念とその歴史的発展』（二〇一九年）[*5]と共鳴するところ大きいので、本節では同書の内容を紹介する。ガイダによれば「マロルーシ（小ルーシ）」という地名がルーシで初めて使われたのは、一三〇三年、正教のコンスタンチノープル世界総主教座がキエフ・小ルーシ府主教座をハルィチ－ヴォルィニ大公国の首都であったリヴィウに開設した際だった。

モンゴルの来襲後、キエフ・全ルーシ府主教座は、荒廃し危険なキエフを嫌って、北東ルーシ（ザレシエ、森の向こう）のヴラジーミル、やがてモスクワに移転してしまった。西ルーシ（リトアニアやハルィチーヴォルィニ大公国）にとっては、このような府主教座は遼遠で連絡が難しく、正統性もあまり感じなかったので、ハルィチーヴォルィニ大公が世界総主教座に懇願して、西ルーシ独自の府主教を叙任してもらったのである。

ここでいう「小ルーシ」というのは、ビザンツ人（ギリシア人）の古代以来の用語法で、古代においてギリシア本土を小ヘラス、ギリシア植民地を大ヘラスと呼んだのと同じである。つまり世界総主教座（ビザンツ人）は、今日でいうところのウクライナをルーシの中心部、大ルーシ（今日のロシア）を後背地・辺境とみなしていたのである。[*6] 日本では、いまだに「小ルーシ」をウクライナの蔑称だと考えている人がいるが、とんでもない話である。

他方、「ウクライナ」という地理名称は、一三世紀に出現した。しかしそれは、「国境地帯」を意味するスラブ語の普通名詞であり、ルーシの中心部から見たハルィチナ、ヴォルィニ、トランスカルパチア、ポーランド人の目から見た（ポーランド編入後の）ハルィチナ、モスクワ国家にとってのシベリア、明・清にとっての台湾やアムール地方などを指して使われた。[*7]

それに対応して、「ウクライナ人」という言葉も、「国境地域で防衛任務に就く人びと」という意味であった。したがって、当時のモスクワ国家にとっての「ウクライナ人」はリャザンやトゥーラの住民であり、今日のウクライナとは関係がなかった（一六世紀まで、モスクワ国家の領土はそこまで到達していなかった）。おもしろいことに、ネルチンスク条約締結に至る過程で、ダウールなど清の辺民が、ロシア語では「ウクライナの人びと」と訳されている。[*8]

一六世紀、モスクワ国家とリトアニア大公国においては、コサック制の普及に伴って、辺境防衛者という意味での「ウクライナ人」は、「コサック」に置き換えられたか、あるいは同義語として使われるようになった。

ポーランドではこの置き換えが遅れ、一七世紀に入っても、「国境地帯のシュラフタ」という意味で「ウクライナ人」が使われた。その結果、一八世紀においてさえ、「ウクライナ人」と「コサック」が血で血を洗う関係にあるという、現代から見れば奇妙な文章が綴られることになった。「リャヒ（ポーランド人）がウクライナ中に手紙を送った。ウクライナ人がいるから、ウクライナ人がいるから、何も恐れることはない。たくさん、ピャチゴル（山の名）にコサックを吊るした（絞首刑にした）[*9]」。

カトリック教会と正教（世界総主教座西ルーシ府主教座）のブレスト合同（一五九六年）以降、ウクライナにおける正教会とカトリック・合同教会間の闘争が激化し、一七世紀半ばのコサック叛乱に連なる。その際、正教住民のアイデンティティを表現する集団名は、キエフ・ルーシの改宗以来、正教と深く結びついた「小ルーシ人」、「ルーシ人」しかなかった。[*10] 一七世紀から一八世紀初頭にかけてのイワン・マゼッパ時代でさえ、「小ルーシ人」という名称に圧倒されて、コサックという意味での「ウクライナ人」は、あまり使われなかった。

マロルーシで「ウクライナ人」概念が廃れたかわりに、ヨーロッパでヴォルテールなどが「ウクライナ人」という言葉を使いはじめた。ガイダは、「ウクライナ人」という言葉を居住地名でも身分名でもなく、初めてエスニック集団名として使ったのは、一七九五年にパリで本を出したヤン・ポトツキであるという。[*11] ロシア帝国内で「ウクライナ人」という言葉を、はっきりと民族名として使いはじめたのは、一八四〇年代のキリルーメトディウス兄弟団の活動家であったヴァシーリー・ベロゼルスキーであった。ベロゼルスキーが「小ルーシ人」や「南ルーシ人」ではなく、「ウクライナ人」に白羽の矢を立てたのは、「ロシア」を連想させる言葉をなるべく避けたかったことに加え、スロヴェニア人（イタリアのウクライナ人）や低地ソルブ人（ドイツのウクライナ人）のように、居住地の辺境性をエスニシティに転化することに成功した前例があったからである。[*12]

しかし、「ウクライナ人」を民族名で使う例は一九世紀半ばにおいてはごく少数派であり、同じく兄弟団の参加者であった詩人のタラス・シェフチェンコもこの言葉を使わなかった。パンテレイモン・クリシュは三枝一体論者だったし、歴史家のニコライ・コストマロフにとっては、小ルーシ人も大ルーシ人も居住地を表す言葉で民族名ではなかった。それでも、「ウクライナ人」が民族名としての色彩を帯びるにつれ、ロシア帝国の右派は、「ウクライナ人」というのは民族名ではなく党派の名称だと主張するようになった。

一九〇五年革命後は、「ウクライナ人」概念の民族化はいっそう進んだ。ウクライナ民族史学の確立者でのちに中央ラーダ（ロシア革命時に臨時政府と対立したウクライナ政権）の首班にもなるムィハイロ・フルシェフスキーが、「ウクライナ人」という言葉を一七世紀に遡及的に投影しはじめた。それまでのフルシェフスキーは、古い時代については「ウクライナ人ールーシ人」と書いていたのに、「ウクライナ人」とだけ表記するようになったのである。これは、「当該集団の歴史的自称・他称が何であったかなど関係ない。ウクライナ人は客観的に存在していたのだ」という原初主義の考え方である。

このような変化にもかかわらず、中央ラーダ政権が四回発したウニヴェルサル（憲法的宣言）には、「ウクライナ人」という言葉は二回しか出てこないとガイダは指摘する。しかもそのうち一回は民族名ではなく、居住地名である。[*13] 結局、「ウクライナ人」が民族名として定着するのは、ウクライナ・ソヴェト社会主義共和国が創立されて以降のことだった。ハルィチナで同じことが起こったのは、一九三九年にソ連に併合されたあとだった。

以上がガイダの著書の内容だが、私見を付加すると、帝政末期に「ウクライナ人」という呼称が一定の広がりを見せたのは、社会民主党や人民主義者などの左派の伸長と無縁ではないと思う。第一に、左派は正教会の権威を毀損することに成功した。既述のとおり、「小ルーシ人」という呼称は、正教と深く結びついていた。

第二に、左派はマルクス主義の階級論を民族論に持ち込んだ。「プロレタリアートは客観的に存在するのだが、なかなか階級意識をもてないので前衛党が階級意識を注入しなければならない」というレーニン的な議論を民族論に持ち込んだのである。この考えからは、「民族は集団プロジェクトにほかならず、集団プロジェクト間に貴賤はない」という構築論は唾棄される。そのかわり、「三枝一体論などを信じている者は民族意識が未熟であるか虚偽意識に囚われている者なので、そうした人びとには正しいウクライナ民族意識を注入しなければならない」という行動指針が生まれる。「ウクライナ民族」の存在は客観的事実なのだから、物理や数学の公式と同様、公権力や公教育を使ってそれを普及しても、人権上、何ら問題はないということになる。私見では、これが帝政末期から現代に至るウクライナ民族主義のライトモチーフである。

2 プロト・ウクライナ民族としてのコサック？

ウクライナ史学においては、一七世紀のウクライナ・コサック[*14]叛乱がウクライナ民族形成上の決定的な里程標であったと解釈されている。この点では、原初主義者であるセルヒー・プロヒー[*15]と構築主義者であるナタリヤ・ヤコヴェンコ、ヤロスラフ・フルィツァクの間に違いはない[*16]。フルィツァクは、近代民族成立の契機としてベネディクト・アンダーソンらが認める学校教育や出版産業がヘトマン政体にはあり、（ロシアの）ドン・コサックにはなかったことをもって、ウクライナ・コサックが将来民族を生み出し、ドン・コサックが民族には転化しなかったことの理由としている[*17]。

本当だろうか。一九九〇年代にロシア連邦が解体し、ウラル共和国（スヴェルドロフスク州）が独立国家になっていたとしたら、ヤイク・コサック（ウラル・コサック）がウラル独立国の先行形態として称賛されることになったのではないか。これは突飛な例えではない。一八八二年にコーカサス総督に任命されたアレクサンドル・ドンドゥコフ・コルサコフ中将は、就任に伴う視察旅行の一環としてエカテリノダル

（現クラスノダル）でクバン・コサックを閲兵した際、次のように演説した。

本日、アレクサンドル三世陛下の即位一周年という全ロシアにとってのめでたい日に、かつてのザポロジェ・コサック、その後の黒海コサック、再編されてのクバン・コサックの輝かしい軍功・偉業に対して歴代皇帝から賜りましたレガリヤに囲まれ、軍旗のもとにあることは、私にとってとりわけ心地よいことであります。[*18]

ここでザポロジェ・コサック、（現在の沿ドニエストルを本拠としていた）黒海コサック、クバン・コサックが列挙されているのは、一七七五年にザポロジェ・コサックがエカテリナ二世によって解散させられたのち、特権を失いたくないその残存部分は、政府の勧めにしたがって、左岸ウクライナから沿ドニエストルへ、沿ドニエストルからクバンへと、帝国のより辺境に移住しながら、コサックの社団と身分を保ったことを指している。

コサック制とは屯田制であり、国家が辺境自由民に土地保有、免税などの点で内地農民・農奴からすれば破格の待遇を認めるかわりに軍役・辺境防衛義務を課す制度である。国家にとっては、当該地域が辺境性・安全保障上の優先度を失ったのちに、このようなコストの高い制度を維持する理由はない。

大北方戦争（一七〇〇～一七二一年）勝利後のロシア帝国において左岸ウクライナは辺境性を失った。しかしオスマン帝国との闘争が続いていたので、ロシア政府は、ピョートル一世がいったんは奪ったウクライナ・コサックの自治を回復した。ロシア帝国がオスマン帝国に勝利し、南ウクライナを獲得すると、エカテリナ二世は、ウクライナ・コサックに対して、ロシア帝国の官僚・将校になるか（これは上層コサックに限定）、ウクライナにとどまって農民に降格するか、北コーカサスなどより辺境に移住してコサック身分を保つかという三者択一を迫ったのである。

「コサックの特権を保ちたいのなら辺境に移住せよ」というロシア政府の要求は、コサック自身にとって不利なものではなかった。自分が住んでいる地域の辺境性が失われたということは、コサックにとっての最大の収入源である傭兵業務の注文が減るということである。減収を補うために遊牧民や新規移民に対して略奪遠征を行なうと、先方も武装しているので、相当の犠牲を被る。エカテリナ二世が推奨していたセルビア人など東欧から南ウクライナへの移民は、コサックにとって縄張りの減少を意味している。現在の居住地にとどまったのではジリ貧である。

ここで注目すべきは、一八八二年のドンドゥコフ・コルサコフ総督にとって、ザポロジェ・コサックの軍功はロシア帝国主義の輝かしい記念碑だったということである。この言説は帝政期にはありふれたものだったが、当然ながらソ連期を生き延びることはできなかった。他方、ウクライナ民族主義のコサック観は、ソ連特有の民族解放思想により増幅されて、ソ連後のウクライナ史学に手渡された。一七世紀のコサック叛乱は、現代のウクライナ国家の正統化根拠になってしまったのである。

このように政治的要請によって歴史研究が右往左往する有様は、そもそもコサック史研究の方法に欠陥があったことを示している。それは次のような点である。

①世界史的な観点がないこと。ボフダン・フメリヌィツキー叛乱は、当時、世界的に展開されていたカトリックの反宗教改革とプロテスタント・正教・前カルケドン教会の間の宗教戦争の一環であった。フメリヌィツキーとオリヴァー・クロムウェルが同世代人であることは注目されなかった。

②近世における非国家的暴力集団というコサックの本質を見逃していること。

③一七世紀半ばにコサックがポーランドからロシアに移ってからの時期についていうと、ロシア帝国全体の制度論的視点がないこと。ウクライナのコサック史の専門家がロシアのコサックについて何も知らないということはよく見られる現象である。逆もまた然り。

3　全欧的文脈におけるコサック

上記のうち①つまり国際的視角の欠如は、現代ウクライナ史学によってかなりの程度克服された。ヤコヴェンコもフルィツァクも、フメリヌィツキー叛乱が全欧的な宗教戦争の一環であったこと、清教徒革命との同時代性を強調する。[*19]

フルィツァクによれば、一六世紀の地理上の発見により景気がよくなり、食糧価格が高騰し、東欧では農奴制が拡大した。まさにこのタイミングで、ルブリン合同（一五六九年）によりポーランド＝リトアニア国家（ジェチポスポリタ）が成立した際に、リトアニア大公国はポーランドにウクライナを手渡した。ウクライナは、地味・気候的にポーランドよりもはるかに恵まれた同地に領地を獲得しようとするポーランド貴族層にとって草刈り場となった。彼らは、リトアニア大公国においては自由民だったウクライナ住民を農奴化しようとしたので、当然にも激烈な社会紛争を生むことになった。[20]

一七世紀コサック叛乱の専門家にとっての謎は、なぜコサック指導者がウクライナの独立を志向しな**かった**かということである。叛乱の緒戦で圧勝した際、フメリヌィツキーはポーランド政府からウクライナ解放に向けた、より大きな譲歩を獲得することができただろう。しかし、フメリヌィツキーが要求したことは、おもに登録コサック（ポーランド政府が認定するウクライナ支配層）の人数を増大することのみだった。これに幻滅した庶民的な叛乱参加者は、その後はコサック指導層の呼びかけに応じなくなった。

一九世紀後半の歴史家ヴラジーミル・アントノヴィチは、叛乱初期におけるフメリヌィツキーのポーランド王への妥協志向につき、彼がまだ自分の歴史的使命を自覚しておらず、そのため人民の要求を汲み取れなかったと説明した。[21] ヤコヴェンコもまた、叛乱開始時のフメリヌィツキーの目標はジェチポスポリタの改革以上ではなかったという[22]。アントノヴィチがポーランド人対コサック（小ルーシ人）というエスニックな対立だけではなく、ウクライナ社会内の階級対立に目を向けたのは、当時の歴史学の視点を反映したものだった。なお、「ウクライナの上層が人民を裏切った、そのためウクライナは解放されなかった」という非難は、コサックだけでなく、リトアニアやポーランドに協力してシュラフタ化していったウクライナの歴史的エリート全般にも向けられるようになり、ウクライナ史学の常套句になった。

マゼッパの裏切りについても、カール一二世の敗色が濃厚になり、自分についてくるコサックがごく少数になってからスウェーデンに乗り換えたのはなぜかが問われるのである。[23] 大北方戦争でコサック兵力が消耗する前に、ヘトマン政体が繁栄していたときに、ピョートル一世にせめて距離をとればよかったではないか。

フルィツァクは、フメリヌィツキーはじめコサック指導層の生まれが卑しかったので(せいぜい小貴族)、ウクライナの独立を宣言しても、生まれつつあった欧州主権国家体系に席を得ることも、ポーランド＝リトアニア連合国家をポーランド＝リトアニア＝ルーシ三者連合国家に改組することもできなかっただろうという。結局、宗主国－付庸国という枠組みのなかで戦略を選択するしかなかった。宗主国をポーランド、ロシア、オスマン帝国のいずれにするかのみが選択肢だったのである。[*24]

さらにフルィツァクは、マゼッパに至るコサック自治運動の最終的な敗北を、全欧的な、近世等族国家の絶対主義国家への敗北の文脈で説明している。マゼッパの敗北から間をおかずに、ポーランド自身も、ドイツ神聖ローマ帝国も滅亡してしまったではないか[*25]と彼はいう。この議論は、オレスト・サテルニーの古典的名著を想起させる。[*26]

4 ポーランドとコサック

一九世紀、アントノヴィチ、クリシュなどのウクライナ史学の創始者たちは、ウクライナ・コサックのキエフ・ルーシ起源説をとっていた。モンゴルの侵入によりキエフ・ルーシの政治制度が衰退し、ルーシ初期の従士制などプリミティブな制度が再現した。そうした原始的共同体がタタールなどと戦うなかで武装し、コサック組織が生まれた。ヘトマン（統領）、ラーダ（総会）などは、外来語で呼ばれるようになったかつての公（クニャージ）やヴェーチェ（民会）だというのである。このルーシ起源説は強力だったので、たとえば二〇世紀初頭にロシアで出版された『陸軍省百年史』（第一一巻がコサック軍制にあてられている）にも影響した。同書では、リトアニア大公国時代のウクライナにすでに多数のコサックがいたかのように書かれているので驚く。[*27]

このルーシ起源説を実証的に退けたのがフルシェフスキーだった。ロシアでそうだったように、ウクライナでも辺境自由民、逃亡農民がコサックの起源なのである。[*28] さらにフルシェフスキーは、デファクトに発生したコサックの共同体と、それがジェチポスポリタ（ポーランド）の軍事政策に組み込まれて成立した本来のコサック制を区別する。

その転換点になったのは、一六世紀末から一七世紀初頭にかけてのジェチポスポリタの膨張政策であった。この頃のジェチポスポリタは飛ぶ鳥を落とす勢いであり、リヴォニア連盟解散後のバルト地域の覇権をめぐってスウェーデンと戦い、ロシアの大動乱に介入して傀儡政権を立てた。

しかし、国家予算はセイム（議会）によって厳格に統制されている。正規軍や通常の傭兵に頼っては、君主の望みのままに遠征し、戦うことはできない。そこで、つけで戦争をしてくれるコサックに頼らざるをえなくなるのである。兵士に給料を払わなければ正規軍は動かなくなるし、通常の傭兵なら勝手に陣を解いて帰省してしまう。コサックは現地住民を略奪しながら戦いつづけるのである。

しかし、これは現地住民にとっては恐ろしいことである。上述のリヴォニア戦争中、ラトヴィア人は酷い目にあったし、コサックが補給地、休養地として利用したベラルーシの状況も悲惨であった。フルシェフスキーが引用する旅行者の手記によれば、コサックはリヴォニアの家々を焼き、徹底的に略奪し、そのうえで、結局住民を殺害した。また、ベラルーシでのコサックの所業があまりに酷かったのでポーランド王室は視察官をモギリョフに派遣したが、ある町人は、凌辱されて瀕死の六歳の娘を抱きかかえて視察官に見せた。*29

ジャニス・トムソンが指摘したように、近世国家は、海賊、傭兵、植民地会社などの非国家的暴力組織を利用した。正規軍を使わないほうが安上がりだし、関係国とトラブルが起きたときに政府は頬かむりをできるからである。一九世紀になると、さすがに非国家暴力は下火になった。これは、マックス・ウェーバー的な近代国家の暴力独占原則によってもたらされたものではなく、非国家暴力を野放しにすることの不都合を感じた諸政府が、国際条約により実現したことだった。*30

コサックも近世における非国家暴力であるが、トムソンの考え方をコサックに適用したのは、管見では、ドン・コサックを研究したブライアン・ボックのみである。*31 ウクライナ・コサックの形成において暴力が果たした役割を強調したのはフルシェフスキーが（おそらく最初で）最後であり、この点では現代史学は後退している。

コサックを国家独立をめざす勢力とみなすと、彼らはポーランドやロシアの潜在的ライバルだったということになる。それではフメリヌィツキーやマゼッパの実力に見合わない屈従姿勢を説明できないのではないか。制度的には、近世国家と非国家暴力はライバルではなく、唇歯輔車の関係にあった。

5　ロシア帝国下のコサック

フメリヌィツキー叛乱ののち、ロシア・ポーランド間のアンドルソヴォ和約（一六六七年）と永遠の和約（一六八六年）により、ロシアは左岸ウクライナとキエフをポーランドから獲得した。コサックのヘトマンも左岸と右岸で別々に選出することになった。しかし一七世紀後半の右岸はポーランドとオスマン帝国＝クリミア・タタール間の争奪戦の対象となってしまい、人口は激減し、コサック制も衰退した。[*32]ポーランドはカルロヴィッツ条約でポドリヤからオスマン勢力を追い出し、コサック制も廃止してしまった。しかしこれは、コサック制衰退という現実を追認したにすぎなかった。

ロシア支配下に移ったコサックについていうと、まず登録制が廃止された。ロシア政府は、コサック内の身分関係の固定化に関与するのはやめたのである。ロシア軍は、正規軍と非正規軍に分かれている。非正規軍には、コサックと異族軍がある。異族軍とは、まだ貨幣経済が普及しておらず徴税が難しいような発展段階にあるエスニック集団を軍事身分に組み込んで国家に奉仕させる制度である。典型的にはバシキール軍がそれにあたる。

先進的なスウェーデン軍と戦ったピョートル時代、クリミア戦争敗北後などロシアで軍の近代化が唱えられた時期には、身分軍であるコサックは時代遅れとして批判の対象になった。しかし、コサック制は帝政の最後まで存続した。その最大の理由は、ロシア帝国の長大な国境と辺境地帯を正規軍だけで防衛するのは財政上無理だからだった。

ウクライナのコサック制は、エカテリナ二世の治世において廃止された。一七六四年にヘトマン政体が、その翌年にはスロボダ・ウクライナのコサック軍が、一七七五年にはザポロジェ・セチ（自治組織）が廃止された。ヘトマン政体の廃止には確かにイデオロギー的な要因があった。官房学の影響を受けた女帝は、全国均質な行政制度を導入したかったのである。しかし、既述のとおり、左岸ウクライナが辺境性を失って、コサック制を維持する意味がなくなったことが大きかったと思う。

コサックが役に立つかぎり、たとえ政治的な問題があっても、ロシア政府はそれを使いつづけた。マゼッパの裏切りへの懲罰としてピョートルはヘトマン選挙を廃止したが、オスマンとの闘争が続いていたため、ピョートルの死後、ロシア政府は選挙制を再導入した。ザポロジェ・コサック廃止後も、（クリミア併合の結果として）新たな露土戦争が始まったため、グリゴリー・ポチョムキン元帥は、その残党を集めてコサック部隊を編成した。その際の軍功に応え、ザポロジェ残党の転職先として、元帥が女帝に勧めて、一七八七年に黒海コサック軍を創立させたのである。

まとめ

本章は、「ウクライナ」、「ウクライナ人」の概念の発生と変遷を扱うガイダの研究を紹介した。ウクライナという地名が公式のものとして出現するのも、ウクライナ人が公式の民族名になるのもロシア革命後の話である。言葉の使用実態についていうと、「ウクライナ人」のほうが「ウクライナ」よりも遅く普及した。これは、「ルーシ人」、「小ルーシ人」という言葉が正教徒というニュアンスをもっていたからだった。

次に本章は、ウクライナ・コサックをめぐる研究史を一九世紀後半から現代まで概観した。現状において最も発展可能性がある研究視角は、宗教戦争としてのコサック叛乱、近世における非国家暴力としてのコサックという二点である。ところがこの二点について最も詳細な研究を行なったのはフルシェフスキーなのである。[*33] 百年たって、我々は彼に追いついていない。一七世紀のヘトマン政体がウクライナ国家の先行形態であるかどうかなどという議論には学問的な意味はあまりないので、フルシェフスキーが始めた仕事を発展させたほうがよい。

原初主義者のフルシェフスキーにとって、コサックのルーシ起源説のほうがウクライナ史の人的連続性が強調できてよかったはずである。しかし、ルーシ起源説を葬り去ったのは彼である。

ウクライナの自立性を追求するフルシェフスキーにとって、コサックを騎士道精神あふれる戦士として描いたほうが都合がよかったはずである（最近のウクライナ史学はそうしている）。しかし、コサックの暴力性と残虐性を忌憚なく描いたのは彼である。

〔注〕

＊1　松里公孝『ウクライナ動乱――ソ連解体から露ウ戦争まで』ちくま新書、二〇二三年、四四二―四四五頁。

＊2　Ernest Gellner, *Nations and Nationalism,* Oxford: Basil Blackwell, 1983, p. 1.

＊3　**Наталя Яковенко, Нарис історії України з найдавніших часів до кінця XVIII століття. Київ: Генеза, 1997. С. 179–181.**

＊4　松里公孝「ルーシの歴史とウクライナ」塩川伸明編『ロシア・ウクライナ戦争――歴史・民族・政治から考える』東京堂出版、二〇二三年。

＊5　**Федор Гайда, Грани и рубежи: понятия «Украина» и «украинцы» в их историческом развитии. М.: Модест Колеров, 2019.**

＊6　**Гайда, Грани и рубежи. С. 105–107.**

＊7　**Гайда, Грани и рубежи. С. 9–21, 28–29.**

＊8　**Гайда, Грани и рубежи. С. 29.**

＊9　**Гайда, Грани и рубежи. С. 38.**

＊10　**Гайда, Грани и рубежи. С. 109–111.**

＊11　**Гайда, Грани и рубежи. С. 53.**

＊12　**Гайда, Грани и рубежи. С. 65.**

＊13　**Гайда, Грани и рубежи. С. 94–95.**

＊14　簡略化のため本稿では「ウクライナ・コサック」と呼ぶが、正確には、ヘトマン政体、ザポロジェ・セチ、スロボダ・コサックの三社団があった。

＊15　Serhii Plokhy, *The Gates of Europe: A History of Ukraine*, 2017, p. 97.

＊16　**Яковенко, Нарис.** С. 177-178; Yaroslav Hrytsak, Ukraine: *The Forging of a Nation,* London: Sphere Publishers, 2023, pp. 103–104, 106–107. なお、ウクライナ史学での原初主義、構築主義の対照については、拙稿「戦争に利用される歴史学――この流れを止めるにはどうしたらよいのか」『歴史評論』八八二号、二〇二三年一〇月参照。

＊17　Hrytsak, *Ukraine*. pp. 114–115.

＊18　Сборник статей и сообщений газеты «Кавказ», касающихся деятельности на Кавказе Генерал-Адъютанта Князя Александра Михайловича Дондукова-Корсакова. Вып. 1. Тифлис, 1882. С. 27.

＊19　Яковенко, Нарис. С. 179–180.

＊20　Hrytsak, *Ukraine*, pp. 99–100.

＊21　Владимир Антонович, Исторические деятели Юго-Западной России в биографиях и портретах. Гетманы Украины от Петра Сагайдачного до Петра Дорошенко.（Репринт）М.: URSS, 2015. С. 16–17.

＊22　Яковенко, Нарис. С. 183.

＊23　Михаил Долбилов, Алексей Миллер, ред., Западные окраины Российской империи. М.: Новое литературное обозрение, 2007. С. 52.

＊24　Hrytsak, *Ukraine*, pp. 118–119.

＊25　Hrytsak, *Ukraine*, p. 127.

＊26　Orest Subtelny, *Domination of Eastern Europe: Native Nobilities and Foreign Absolutism 1500–1715* Kingston-Montreal: McGill-Queen's University Press, 1986.

＊27　Столетие Военного министерства. 1802-1902. Том 11. Главное управление казачьих войск. СПб, 1902. С. 18–20.

＊28　Михаил Грушевский, История украинского казачества до соединения с Московским государством. Том 1（до начала XVII века）. СПб и Киев, 1913. С. 93–97.

＊29　Михаил Грушевский, История украинского казачества до соединения с Московским государством. Том 2（первые десятилетия XVII века）. СПб, М. и Киев, 1914. С. 93–97.

＊30　Janice E. Thomson, *Mercenaries, Pirates, and Sovereigns: State-Building and Extraterritorial Violence in Early Modern Europe*, Princeton: Princeton University Press, 1994.

＊31　Brien J. Boeck, *Imperial Boundaries: Cossack Communities and Empire-Building in the Age of Peter the Great*, New York : Cambridge University Press, 2009.

＊32　Владимир Антонович, Последние времена казачества на правой стороне Днепра по актам с 1679 по 1716 год. Киев, 1868.

＊33　フルシェフスキーによる正教史研究については、稿をあらためて論ずる。

第3章　ウクライナとポーランド＝リトアニア
――ポーランド近世史研究者の視角から

小山　哲

概して、歴史というものは、それを否定したり抑圧するよりも、探求するほうがよいものだ。
エドワード・サイード

1　ヨーロッパの東方の二つの戦争

二〇二二年二月のロシアの軍事侵攻によって本格化したウクライナでの戦争は、終結の展望が見えないままに、三年目を迎えた。パレスチナでは、二〇二三年一〇月のハマスによるイスラエルへの越境攻撃に対するイスラエル軍のガザへの侵攻によって、すさまじい破壊と殺戮が続いている。ヨーロッパから見れば、東方に位置する境界域で二つの戦争が同時に進行する事態が生じている。

ＮＡＴＯを中心とする欧米諸国においては、この二つの戦争は、現時点での国際関係上の同盟と対立の構図のなかで関連づけられ、国家の外交政策のレベルでは、ロシアの侵攻に対してはウクライナを支持し、ガザをめぐってはイスラエルを支持する立場が優勢である。ウクライナのボロディムィル・ゼレンスキー大統領も、ハマスの攻撃の当日にイスラエルの自衛権を支持する声明を発表した（ただし、その後、グローバル・サウス諸国の支持を失うことを恐れて、軌道修正が図られた）。他方で、イスラエル軍によるガザへの攻撃がジェノサイドにあたるとして南アフリカが国際司法裁判所に提訴したことが示すように、国際社会の世論はイスラエルの軍事行動に対して厳しい目を向けつつある。

私のように、より古い時代のヨーロッパ東部の歴史を研究している立場から見ると、ウクライナとパレスチナで起こっている二つの戦争の間には、国際関係論的な文脈で前提とされているものとは異なる次元の連関が存在しているように思われる。ただし、その連関は、ヨーロッパ東部の近世から近・現代に至る歴史のなかで繰り返し生じてきた逆説に満ちた状況の連なりであり、その全体について一貫性をもった体系的論述として言説化することは、いまの私には難しい。以下の文章が、論証が不十分な断章を連ねたものとなること、また、考察の素材がポーランド語による（あるいは、ポーランドに関連する）情報源からのものに偏っていることをお許しいただきたい。

2　三つの国歌をつなぐもの

現在のポーランド、ウクライナ、イスラエルの国歌には、いずれの歌詞にも「いまだ滅びず（失われず）」という意味の表現が現れる。

【ポーランド国歌】
ポーランドいまだ滅びず、我らが生きているかぎり

【ウクライナ国歌】
ウクライナの栄光も自由もいまだ滅びず

【イスラエル国歌】
我らの希望、失われず
二千年の希望とは
自由の民として生きること
シオン、エルサレムの地において

ポーランドとウクライナの国歌では、この歌詞によって、近世に存在した国家――前者の場合は分割前のポーランド＝リトアニア共和国《ジェチポスポリタ》、後者の場合はコサックのヘトマン国家――が消滅しても民族は滅びない、という信条が表現される。[*1] イスラエル国歌の場合には、「シオンの地で自由な民として生きる希望はなお失われていない」というシオニズムの理念が歌われる。いずれの国歌においても、国民の形成は、

かつて存在したものを回復する過程であり、その過程は、過去から現在を経て未来へと続くプロジェクトであることが含意されている。その根底には、このプロジェクトに不断にコミットする集団的主体としての「我ら」がいなければ、国民は、過去にそれが起こったように、いつでも消滅する可能性をはらんだ存在であるという感覚が潜んでいる。誤解を避けるためにあえて付言すれば、私がこの点に触れるのは、これらの歌詞に対する心情的ないし理念的な共感や反発からではなく、客観的に見て共通する歴史的事象として考察したいがゆえである。

近代以降に構築されたネイションにおいては、その存在を正当化するためにしばしば歴史への参照が行なわれる。その際に、過去の輝かしい栄光（偉大な祖国）や、かつては存在した肯定的な価値（この場合には、自由）への言及がなされることはめずらしいことではない。上記の三つの国歌に共通する「いまだ滅びず（失われず）」という表現は、近代的ネイションに見られるこのような一般的な傾向から説明することもできるであろう。

しかし、これら三つの国歌の歌詞が成立した経緯に立ち返ってみると、中・東欧の歴史に根ざした、より具体的な文脈が浮かびあがってくる。ポーランド国歌「ドンブロフスキのマズレク」の原曲は、第三次ポーランド分割による国家の滅亡の二年後、独立回復を求めて戦うポーランド軍団の歌として一七九七年に成立した。ウクライナ国歌「ウクライナは滅びず」の原曲は、ウクライナの詩人で民俗学者でもあったパヴロ・チュブィンスキーが一八六二年に作詞し、翌六三年に曲が付けられた。イスラエル国歌「ハティクヴァ」は、西ウクライナ出身のナフタリ・ヘルツ・インベルが一八七七年に書いた詩に、モルドヴァ出身のサミュエル・コーエンが作曲したものが原曲である。

つまり、この三つの歌はいずれも、「長い一九世紀」（一七八九〜一九一四年）に複数の帝国の支配のもとにおかれた中・東欧で、自立と解放を希求する「国家なき民族」の歌として生まれたのである。さらに、「いまだ滅びず（失われず）」という歌詞については、時期的に先行する「ドンブロフスキのマズレク」から「ウクライナは滅びず」と「ハティクヴァ」への、より直接的な影響も指摘されている。[*2]

三つの国歌の関係は、ポーランド、ウクライナ、シオニスト、それぞれの民族運動の形成・展開の過程それ自体が、相互の連関のなかで捉えられなければならないことを示唆している。さらに、三つの歌が生まれた時代の東中欧が複数の帝国の支配下にあったことをふまえれば、これらの歌を生み出した民族運動の歴史的な意味を正確に理解するためには、諸帝国間の関係とその推移、それぞれの帝国の統治構造のもとでの個々の従属的民族の位置づけと民族問題の争点化に伴う統治政策の変化、そして、分断統治の手法を駆使する帝国権力によって編制された政治空間のもとでの諸民族運動間の競合・対立・模倣・連携の諸相、さらには、帝国の境界を越えて広がる民族運動のネットワークの形成とその機能、といった重層的な次元と複合的な要因を視野に入れた考察が必要とされるであろう。[*3]

3　地域の歴史としての「ウクライナの歴史」

二〇二二年二月のロシアの軍事侵攻後まもなくして、日本のメディアや出版物におけるウクライナの地名の表記が、いっせいにロシア語からウクライナ語に切り替わった。地名の表記の問題は、地理的な空間の認識だけでなく、歴史的な時間の認識にも深くかかわっている。ロシアの軍事侵攻をきっかけとして、日本でも、戦争の舞台となったウクライナの歴史への関心が、急速に高まった。古代のスキタイ人の時代から、あるいは中世のキエフ・ルーシの時代から、現代までつながったかたちで語られる「ウクライナの歴史」に、この機会に初めて触れたという人も多かったのではないだろうか。私自身が、オンライン上の講演や出版物を通してそのような事態の進展にコミットしてきたので、客観的な立場から書くことが難しいが、「ウクライナの歴史」という語り《ナラティヴ》の存在が日本の言論空間において認知されたことは、学術的にも社会的にも肯定的な意味があったと考えている。ただ、大規模な侵略戦争がそのきっかけとなったことは、たいへん不幸なことであった。

このように書くと、近代以降の歴史叙述における「国民史《ナショナル・ヒストリー》」の恣意的な構築性と政治性を明らかにする研究が積み重ねられてきた現段階で、「ウクライナの歴史」というもう一つの国民史の構築を容認するのか、という批判を受けることが予想される。「ウクライナの歴史」に限らず、歴史の認識や叙述の枠組みと実在するネイションとの関係のあり方は、「ポーランドの歴史」を研究してきた私にとって、悩ましい問題でありつづけてきた。この問題をめぐっては、私のなかに二つの論点が、矛盾と緊張を含んだかたちで存在している。

論点の一つは、ポーランド史やウクライナ史を、民族や国家の歴史ではなく、地域の歴史として捉えるという考え方である。かつて「ポーランド学」の入門書への寄稿を求められたおりに、人文学をネイション単位で分節化することへの疑問を感じ、私は次のように書いた。

「国民国家」を前提とする歴史叙述は、しばしば近代以降の「民族」のイメージをそのまま過去に投影して歴史を語りがちである。〔……〕近世の「貴族の共和国」の時代も、「ポーランド民族」の歴史の一部として叙述される。しかし、〔……〕近世のポーランド・リトアニア国家は〔……〕多民族・多言語・多宗教国家であった。加えて、現在、かつての「貴族の共和国」の領域を継承しているのは、ポーランド人だけではない。近世の共和国は、リトアニア人やベラルーシ人やウクライナ人にとっても自国の歴史の一部であり、二十世紀にこの地域からイスラエルに移住したユダヤ人にとっても彼らの「祖国」なのである。

こうした事情をふまえて、私は、「ポーランド」と呼ばれる地域（それ自体、固定的なものではなく、歴史のなかで伸縮する空間である）を舞台に、さまざまな民族・宗教・言語が出会い、交錯する、開かれた歴史として「ポーランドの歴史」を考えることを提案した。[*4]同じ考え方にもとづいて、『中学生から知りたいウクライナのこと』（藤原辰史と共著、ミシマ社、二〇二二年）では、私は、「ウクライナの歴史」を、民族や国家の歴史ではなく、地域の歴史として通史的に語ろうとした。とはいえ、そもそもウクライナ史の専門家ではない私の語りに、偏りと限界があったことは否定できない。[*5]

4 「ウクライナの歴史」を語る権利

私の念頭にあるもう一つの論点は、「ウクライナの歴史」についても、「語る権利」をめぐる闘いという側面があるのではないか、という問題である。

エドワード・サイードは、「語ることの許可」と題したエッセイのなかで、「パレスチナ人やイスラエル人のような状況では、ナショナル・アイデンティティの探求を手放して、いきなり歴史を超越した普遍的合理主義へと向かうことは、ほとんど考えられない」と指摘し、この二つの共同体《コミュニティ》が自らの起源や苦難の歴史に向ける関心をそれぞれのナショナル・アイデンティティの構成要素として認めること、それらを事実にもとづかないイデオロギーとして退けるのではなく、それらを和解させることが自分に課せられた課題であると述べている。[*6] これはいっけん中立的な立場からの発言のように見えるが、このエッセイが一九八二年のイスラエル軍のレバノン侵攻がもたらした状況をふまえて書かれたことを考えれば、イスラエル側が圧倒的なヘゲモニーを握る言論空間において「語る権利」を抑圧されてきたパレスチナ人が、自らの歴史を、イスラエル人と対等な資格で、ナショナル・ヒストリーとして語る権利を要求した文章として読むべきであろう。

サイードは、「物語は、植民地化された人びとが、みずからのアイデンティティとみずからの歴史の存在を主張するときに使う手段ともなる」と指摘する。[*7] 帝国的な統治構造のもとで従属的な立場におかれた社会集団にとって、自らの歴史を主体として語る権利を主張し、それを実践することは、解放を求める闘いの重要な手段となりうるのである。ナショナル・ヒストリーが一般に「我ら」と「彼ら」を差別化し、前者を同質化しつつ後者を他者化する語りとして成立することは否定できない。しかし、そのような語りの要求が、どのような歴史的な状況のもとで、いかなる主体によって発せられているのか、そのような語りが抑圧されるとすれば、そこにどのような力が働いているのか、といった問題については、個々の文脈に即して具体的に見極める必要がある。

「ロシア・ウクライナ・ベラルーシ共通の始祖であったはずのキエフ・ルーシをもっぱらウクライナ国家の起源のように語る」ウクライナの国民史に対する橋本伸也の批判は[*8]、ナショナル・ヒストリーにおける「起源の語り」につきまとう問題点を正しく衝いている。しかし、そうであればこそ同時に、ロシア史・東欧史の研究者には、キエフ・ルーシを「ロシア・ウクライナ・ベラルーシ共通の始祖」として位置づける歴史の語りがどのようにして成立し、それがロシア帝国、ソ連、プーチン体制のそれぞれの時代に地域支配を歴史的に正当化する言説としてどのように機能してきたのか、そのことが、ウクライナを含めて、バルト海と黒海の間に位置する諸民族・諸集団の「自らの歴史」を語る権利をどのように抑圧してきたのかを、正面から問い直す作業が求められるであろう[*9]。

5　近世の共和国とウクライナ史の再考

ウクライナの国民史に対する批判は、キエフ・ルーシよりものちの時代の捉え方にも向けられている。橋本は、二〇二二年以降に「西側」に流布したウクライナ史像には「『モンゴル支配のためにアジア的性格を深めた専制的ロシア』と、『西方教会の影響を受けて自由と民主主義を尊ぶヨーロッパ文明に属するウクライナ』との差異を本質化する、原初主義的でオリエンタリズムの気配さえ湛えた言説」が見られ、「この理屈だと、ベラルーシもウクライナ同様に振る舞うべきだろうに、そのことを問う反省的思考は欠如している」と厳しく指摘する。[*10] これもまた状況を的確に射抜いた批評であるが、ウクライナが「西方教会の影響を受けた」時代である近世[*11]の歴史を研究している私のような者からすると、ここで取り上げられている問題は、一瞥して通り過ぎるには、あまりに重大である。

近世のポーランド＝リトアニア共和国においてウクライナがおかれた状況と、それが近代以降のウクライナ史像にもたらした「記憶」のあり方をめぐっては、ウクライナ史学とポーランド史学の双方から議論が続けられているが、[*12] ここでその全体を見渡すことはできない。以下、近年の動向のなかで私の目にとまったいくつかの論点を紹介するにとどめる。

近世の共和国の統治構造と政治文化を理解するうえで重要な制度の一つは、身分制議会である。ポーランドの議会制度のウクライナへの導入が現地の社会に及ぼした影響に関する実証的な研究は、ようやく一九九〇年代に始まった。ソ連時代には、ポーランドの近世史研究者がウクライナで自由に史料を調査することができなかったためである。ポーランド側の研究者カロル・マズルは、一六世紀後半から一七世紀前半にかけてのウクライナの地方議会で用いられた語彙を分析することによって、ポーランドで支配的な人文主義的・共和主義的な政治モデルが、ウクライナの在地貴族に広範に受容されたことを明らかにした。[*13] ヤロスワフ・ストリツキの最近の研究が詳細に論じたように、ウクライナ・コサックによるヘトマン国家の成立とツァーリへの臣従によってドニプロ川左岸がモスクワ大公国の支配下に編入された一七世紀後半になっても、この地域に所領をもつ貴族たちがポーランド王国領内で「亡命地方議会」（sejmiki egzulanckie）を開催しつづけたことは、議会制度の存在を前提とする政治意識が、ウクライナ中東部に基盤をもつ貴族層にも深く浸透していたことを示している。[*14]

他方、ウクライナ側では、ポーランド＝リトアニア合同とウクライナ地域への近世の議会制度の導入をめぐる一九世紀以降の研究史の見直しが始まっている。[*15] そこから浮かび上がってくることは、帝政期のロシア史学、ウクライナ民族史学、ソ連史学のいずれにおいても、それぞれの背後にある政治的文脈に規定された歴史観（帝国史観、コサック史観、階級闘争史観）ゆえに、近世の複合国家や身分制議会の歴史的意義には目が向けられてこなかった、という史学史的な問題である。ウクライナ・コサックについても、「記憶」の次元を含めた史学史的な見直しが進められる一方で、[*16] ポーランド貴族（シュラフタ）とウクライナ・コサックの間に生じた双方向的な政治的・文化的影響関係に光があてられつつある。[*17] このような視点は、近世ウクライナのエリート層を共和国を映し出す「鏡の裏側」と表現するウクライナの近世史家ナタリャ・ヤコヴェンコの研究からも読みとることができる。[*18] 貴族連合的な複合国家を前提とする政治意識がコサックの指導層の一部にも共有されていたことは、ルブリン合同（一五六九年）によって成立したポーランドとリトアニアの「二国民の共和国」を、ルーシを加えた「三国民の共和国」に組み替えようとしたハジャチ合同（一六五八年）の構想をめぐる福嶋千穂の研究からも明らかである。[*19] 北方戦争中にモルダヴィアに逃れたコサック集団が策定した「ザポロジェ軍の法と自由に関する諸協定」（一七一〇年）は、指導者と交渉して統治契約を結ぶ政治的主体としての意識が、彼らのなかに定着していたことを証言している。[*20]

他方で、ウクライナのエリート層に共和国の「政治的市民」としての意識が生まれたにもかかわらず、なぜ一七世紀中葉にウクライナの現地社会で不満が爆発し、「貴族の共和国」から離脱する方向に向かうのか、という問題については、共和国への統合のベクトルを重視する研究だけでは説明がつかない。この問題を説明するためには、ウクライナ社会の統合が植民地的な拡大として進められたことに対する問題意識が不可欠である。近世のポーランド側の言説には、共和国の東方に広がる空間をポーランド人にとっての「もう一つのインド」とみなす論調が見られた。[*21] ポーランド貴族によるウクライナの植民地化は、言説のレベルにとどまるものではなく、実際に一六世紀から一七世紀前半にかけてウクライナへの入植が進んだ。[*22] マリウシュ・ロベルト・ドロズドフスキの最近の研究が再確認したように、ポーランド王国の貴族層の大勢は、ウクライナ・コサックを身分的に劣位にある従属集団とみなし、一七世紀中葉のウクライナ農民・コサックの叛乱後も、コサック集団を共和国の国政に対等に参加する主体として自国の身分制秩序のなかに位置づけ直すことができなかった[*23]。フランスのウクライナ史家ダニエル・ボーヴォワは、このような「植民地的状況」を念頭におきながら、近世の共和国における「政治的市民」の一体性や平等性を強調するポーランド史学界の傾向を、「ネオ・シュラフタ史観」として批判する[*24]。

注目されるのは、このような批判にポジティヴに呼応するポーランド側の研究者の発言が見られることである。文化論の研究者ヤン・ソヴァは、イマニュエル・ウォーラーステインの世界システム論もふまえながら、近世の共和国の周辺的《ペリフェラル》な地位と植民地的性格をあらためて直視するべきであると主張する[*25]。また、ポーランドの近世史研究を代表する歴史家の一人であるウルシュラ・アウグスティニャクは、近世の共和国の文化を「ポーランド文化」とみなすのは文化帝国主義による記憶の横領であると指摘し、近世の文化を「古ポーランド文化」として語ることはやめるべきであると提案する[*26]。ポーランドの歴史意識におけるオリエンタリズムの問題についても、ヤン・キェニェヴィチやトマシュ・ザリツキを中心に、領域横断的な議論が重ねられてきた[*27]。近世の植民地的共和主義をめぐる一連の批判的な議論は、ポーランド史学における「平民論的転回」——シュラフタ史観の批判的見直し——とも連動しながら展開されている[*28]。

こうしたポストコロニアルな視角もふまえたポーランド=リトアニア近世史の再検討が、新しいウクライナ史像の創造とどのように結びついていくのか、現時点で見通すことは難しい[*29]。ただ、少なくとも今日のポーランド史学とウクライナ史学との対話が、全体として原初主義とオリエンタリズムの澱みに沈みこんだ状態で行なわれているわけではないことは、ここで指摘しておいてもよいであろう[*30]。

一六・一七世紀にバルト海と黒海の間に位置する地域に存在した近世的な秩序は、一八世紀に新たに台頭した勢力がこの地域に進出することによって、解体された。ロシアの保護下で自治を認められていたウクライナ・コサックのヘトマン国家は一七六四年に廃止され、ドニプロ川左岸はロシアの直轄領に組み込まれた。さらに、ロシアによるクリミア・ハン国の併合（一七八三年）と、ポーランド分割による共和国の滅亡（一七九五年）によって、バルト海から黒海にかけての地域は、三つの強国――プロイセン（一八七一年からはドイツ帝国）、オーストリア、ロシア――によって分割支配されることになった。「長い一九世紀」にこの地域を支配のもとにおいたこれらの国家・帝国と、その支配に従属する状況のもとで成長したポーランド、ウクライナの民族運動は双方ともに、近世までの歴史的経験の記憶を常に遡及的に参照しながら、そして同時に、同時代の他の帝国や諸民族が構築する歴史像を互いに（しばしば敵対的・対抗的な姿勢で）参照・模倣し合いながら、それぞれの政治的正統性を主張する論理を構築していった。そのような状況のもとで、帝国的支配からの自立と解放を求める民族運動のなかから、自らの強国化と帝国的拡張を要求する思想もまたしばしば生まれてきたのであり、従属的な地位におかれた諸集団の歴史を研究する者は、「語る権利」を求める多様な声にていねいに耳を傾けると同時に、自己決定権を求める声のなかから強権的な主張が生み出される政治的・社会経済的・文化的な契機と、その歴史的帰結にも、目を閉ざしてはならないであろう。*31

帝国と植民地の問題は、たとえそれが近世の時代のものであっても、それを論じる研究者のスタンスや視座のおき方が問われるテーマである。近世のポーランド＝リトアニア共和国を植民地国家的な帝国として捉えることができるか、という問題をめぐるポーランド史学界の近年の議論も、政治的な磁場から絶縁された空間で行なわれているわけではない。[*32] 他方で、新たな研究方法の開発によって、「賦役農場制（folwark pańszczyźniany）」のような、近世史研究でこれまで自明視されてきた基本的な概念の再検討が求められている状況もある。マテウシュ・ヴィジュガは、データの数量化とマッピングの手法を駆使することによって、近世のクラクフ周辺地域の農民が、従来想定されていた以上に出生地を離れて移動する生涯を送っていたことを明らかにした。[*33] 農民の土地への緊縛の強化と賦役日数の増大を前提とする東欧の農奴制に対する理解――それが近世の共和国の植民地的状況を認識する前提ともなってきた――が、近世社会の実態に即したものであったのかが、あらためて問われているのである。

ポーランド、ウクライナの近世史を研究する者にいま求められることは、新しい研究動向が生み出す成果の良質な部分と対話しながら、共和国の時代の特質を、始原から存在する本質の発現として発生史的に捉えるのではなく、また、現在の状況から安易に遡及して起源を探し求めるのでもなく、当時の文脈のなかで、地域社会を構成する多様な社会集団のその都度の主体的な選択と相互の交渉の連鎖として認識し、叙述することではないだろうか。

〔注〕

＊1　ポーランドとウクライナの国歌の共通点については、別稿で触れたことがある。小山哲「ポーランドからみた『ウクライナ侵攻』――ふたつの『民族』、ふたつの『難民』」『世界』二〇二三年三月、一一九－一二〇頁。両国の国歌の「いまだ滅びず」を手がかりとするもう一つの考察の例として、石川達夫「序　国歌は何を示唆するか?」石川達夫編『ロシア・東欧の抵抗精神』成文社、二〇二三年、一一－一八頁を参照。

＊2　ウクライナも含めて中・東欧のスラブ諸民族への影響については、梶さやか『ポーランド国歌と近代史――ドンブロフスキのマズレク』（ポーランド史叢書 3）群像社、二〇一六年、八四−九〇頁。「ウクライナは滅びず」との関係については、Serhii Plokhy, *The Gates of Europe: A History of Ukraine*, London: Penguin Books, 2015, p. 147をも参照。「ドンブロフスキのマズレク」と「ハティクヴァ」との関係については、Łukasz Tomasz Sroka, Mateusz Sroka, *Polskie korzenie Izraela:uprowadzenie do tematu. Wybór źródeł*, wyd. II, Kraków-Budapeszt-Syrakuzy: Austeria, 2022, s. 111-112を参照。ちなみに、ロシア帝国が定めたユダヤ人居住地域の東限は、近世のポーランド＝リトアニア共和国の領土が最大であった時代の共和国の東の国境とほぼ重なっていた。

＊3　近代以降の民族運動についてそのような考察を行なう能力と準備は、私にはない。シオニズムについては、次の研究が、ここで述べたような探究のかたちに最も近い。鶴見太郎『ロシア・シオニズムの想像力――ユダヤ人・帝国・パレスチナ』東京大学出版会、二〇一二年。同『イスラエルの起源――ユダヤ・ロシア人が作った国』講談社、二〇二〇年。

＊4　小山哲「多民族の共和国――ポーランドの歴史のもうひとつの側面」渡辺克義編『ポーランド学を学ぶ人のために』世界思想社、二〇〇七年、二一頁。

＊5　地域としての歴史の語りにも、方法論上の問題は存在する。「ウクライナ」という地名の由来や解釈それ自体が学問的・政治的な論争の対象であり、この地域名が成立する以前の時代に遡及的に用いることにも問題がある。地域名が歴史的・政治的な負荷を帯びているという問題は、「ポーランド」についても同様である。

＊6　Edward Said, "Permission to narrate", *Journal of Palestine Studies*, 13(3), 1984, p. 47.

＊7　E・W・サイード（大橋洋一訳）『文化と帝国主義』1、みすず書房、一九九八年、三頁。

＊8　橋本伸也「『歴史』の書かれ方と『記憶』のされ方――人々はなぜ過去をめぐって諍いを起こすのか」『歴史評論』第八七八号、二〇二三年一〇月、一二−一三頁。

＊9　この問題がウクライナ史学の側からどのように見えているかについては、たとえば、Serhii Plokhy, *Ukraine and Russia: Representations of the Past*, Toronto-Buffalo-London: University of Toronto Press, 2008 および Id., *Lost Kingdom: A History of Russian Nationalism from Ivan the Great to Vladimir Putin*, London: Penguin Books, 2017. を参照。一八・一九世紀のロシアにおける帝国的な歴史叙述の成立と発展をめぐるポーランド側からの研究の例としては、Katarzyna Błachowska, *Narodziny Imperium:rozwój terytorialny państwa carów w ujęciu historyków rosyjskich XVIII i XIX wieku*, Warszawa: Wydawnictwo Neriton, 2001; Id., *Wiele historii jednego państwa:obraz dziejów Wielkiego Księstwa Litewskiego do 1569 roku w ujęciu historyków polskich, rosyjskich, ukraińskich, litewskich i białoruskich w XIX wieku*, Warszawa: Wydawnictwo Neriton, 2009; カタジナ・ブワホフスカ（小山哲訳）「歴史をめぐる論争／同時代をめぐる論争――一九世紀のロシアとポーランドの歴史家の解釈にみる旧リトアニア大公国領」『東欧史研究』第三五号、二〇一三年三月、三―二四頁。この問題について、今後の探究と議論の出発点となる研究が刊行された。栗生沢猛夫『キエフ・ルーシ考　断章――ロシアとウクライナの歴史家はどう考えてきたか』成文社、二〇二四年。

＊10　橋本「『歴史』の書かれ方と『記憶』のされ方」一二―一三頁。

＊11　近世ウクライナにおける東西教会の合同については、福嶋千穂『ブレスト教会合同』（ポーランド史叢書1）群像社、二〇一五年を参照。この研究は、原初主義やオリエンタリズムにもとづくものではないことを付言しておく。

＊12　ウクライナ史学における近世史への参照については、ロシア革命期に限定されてはいるが、「民族問題」の言説化と歴史研究との関係を取り上げた研究として、村田優樹「革命期ロシアのウクライナ問題と近世ヘトマン領――過ぎ去った自治と来るべき自治」『史学雑誌』一三〇編七号、二〇二一年七月、一―三九頁を参照。ウクライナ国民史学の祖とされるミハイロ・フルシェフスキーのポーランド（史）認識については、Łukasz Adamski, *Nacjonalista postępowy: Michajło Hruszewski i jego poglądy na Polskę i Polaków*,

Warszawa: Wydawnictwo Naukowe PWN, 2012 を参照。

＊13　Karol Mazur, *W stronę integracji z Koroną: sejmiki Wołynia i Ukrainy w latach 1569-1648*, Warszawa: Wydawnictwo Neriton, 2006, s. 226–255, 407–410.

＊14　Jarosław Stolicki, *Sejmiki województw ukrainnych podczas wygnania 1648-1700*, Kraków: Towarzystwo Wydawnicze „Historia Iagellonica", 2023.

＊15　Witalij Michałowski, „Od Krewa do Lublina. Unie w ujęciu Rusi i ich prezentacja w historiografii ukraińskiej"; Olga Morozowa, „Ustrój parlamentarny Rzeczypospolitej Obojga Narodów i tworzenie parlamentaryzmu na ziemiach ukraińskich". それぞれ Wacław Uruszczak i inni（red.）, *Unie międzypaństwowe: parlamentalizm: samorządność. Studia z dziejów ustroju Rzeczypospolitej Obojga Narodów*, Warszawa: Wydawnictwo sejmowe, 2020〔以下、本論集を *Unie międzypaństwowe* と略記〕, s. 91–110 および s. 275–290 に収録。

＊16　Serhii Plokhy, *The Cossack Myth: History and Nationhood in the Age of Empires*, Cambridge: Cambridge University Press, 2012; Andrzej Czyżewskiego i innych（red.）, *Mity i stereotypy w dziejach Polski i Ukrainy w XIX i XX wieku*, Warszawa-Łódź: Instytut Pamięci Narodowej, 2012 など。

＊17　Teresa ChynczeskaHennel i Natalia Jakowenko（red.）, *Między sobą: szkice z historyczne polsko-ukraińskie*, Lublin: Instytut Europy Środkowo-Wschodniej, 2000; Wiktor Brechnenko, „Od „ojczyzny miłej" do protektora Hetmańszczyzny: obraz Rzeczypospolitej w świadomości Kozaczyzny", w: *Unie międzypaństwowe*, s. 15–27; Zenon E. Kohut et al.（eds.）, *Eighteenth-Century Ukraine: New Perspectives on Social, Cultural, and Intellectual History*, Edmonton; Toronto: McGill-Queen's University Press, 2023.

＊18　Natalia Jakowenko, *Druga strona lustra:z historii i idei na Ukrainie XVI-XVII wieku*, Warszawa: Wydawnictwa Uniwersytetu Warszawskiego, 2010; Id., *Historia Ukrainy do 1795 roku*, Warszawa: Wydawnictwo Naukowe PWN, 2011.

＊19　福嶋千穂「「ハジャチ合同」（一六五八～五九年）にみるルテニア国家の創出」『史林』九三－五（二〇一

〇年)、三二―六四頁。

＊20 Iaroslav Lebedynsky, *La «Constitution» ukrainienne de 1710: La pansée politique des élites cosaques d'Ukraine,* Paris : L'Harmattan, 2010.

＊21 小山哲「リトアニア・ポーランド支配の時代――十四～十八世紀の近世ウクライナ地域」黛秋津編『講義ウクライナの歴史』山川出版社、二〇二三年、八三―八六頁。

＊22 Henryk Litwin, *Napływ szlachty polskiej na Ukrainę 1569-1648,* Warszawa: Wydawnictwo Naukowe Semper, 2000.

＊23 Mariusz Robert Drozdowski, *My o nas i o innych: szlachta Rzeczypospolitej wobec Kozaczyzny Zaporoskiej w latach 1648-1659,* Białystok: Instytut Badań nad Dziedzictwem Kulturowym Europy, 2015.

＊24 Daniel Beauvois, *Trójkąt ukraiński: szlachta, carat i lud na Wołyniu, Podolu i Kijowszczyźnie 1793-1914,* Lublin: Wydawnictwo UMCS, 2005, s. 49–73.

＊25 Jan Sowa, *Fantomowe ciało króla: peryferyjne zmagania z nowoczesną formą,* Kraków: TAiWPN Universitas, 2011.

＊26 Urszula Augustyniak, „„Kultura staropolska" czy „kultura dawnej Rzeczypospolitej"?", w: Ada Arendt i inni (red.), *Długie trwanie kultury staropolskiej: ustanowienia, praktyki, rekonstrukcje – szkice ofiarowane Profesorowi Markowi Prejsowi,* Warszawa: Wydawnictwo Neriton, 2022, s. 35-53.

＊27 Jan Kieniewicz, *Spotkania Wschodu,* Gdańsk: Novus Orbis, 1999; Id., *Ekspansja, kolonializm, cywilizacja,* Warszawa: Wydawnictwo DiG, 2008; Id., *W kręgu mitologii ojczystych,* Warszawa: Wydawnictwa Uniwersytetu Warszawskiego, 2023; Tomasz Zarycki (red.), *Polska Wschodnia i orientalizm,* Warszawa: Wydawnictwo Naukowe Scholar, 2013; T. Zarycki, *Ideologies of Eastness in Central and Eastern Europe,* London; New York: Routledge, 2014.

＊28 Paweł Ryś, „„Zwrot plebejski" we współczesnej polskiej humanistyce i debacie publicznej", *Historia:*

interpretacja : reprezentacja, 3, 2015, s. 307-317; Zachary Mazur, "Was there ever a Polish peasant? Historical imagination and the people's history of Poland", *Acta Poloniae Historica*, 126, 2022, pp. 155–180.

*29　グローバル・ヒストリーのなかにウクライナ史を位置づけるヤロスラフ・フルィツァクの新しい通史の試みに、一つの方向性を読みとることができるかもしれない。私が参照したポーランド語訳は、Jarosław Hrycak, *Ukraina: wyrwać się z przeszłości*, Kraków: Międzynarodowe Centrum Kultury, 2023. 英語訳はテキストが短縮されており、タイトルも原著のもの――『過去の克服――ウクライナのグローバル・ヒストリー』――とはニュアンスが異なる。Yaroslav Hrytsak, *Ukraine: The Forging of a Nation*, New York: PublicAffairs, 2023.

*30　ベラルーシ史学については、貴族共和政の影響やベラルーシ・ネイションの形成を研究する一部の歴史研究者が、研究機関を追放されたり、国内での活動ができない状態におかれていることにも目を向けるべきであろう。そのような研究がポーランド側で出版された例として、Hienadź Sahanowicz, *Historia Białorusi: od czasów najdawniejszych do końca XVIII wieku*, Lublin: Instytut Europy Środkowo-Wschodniej, 2002; Oleg Łatyszonek, *Od Rusinów Białych do Białorusinów:u źródeł białoruskiej idei narodowej*, Białystok: Wydawnictwo Uniwersytetu w Białymstoku, 2006 を参照。

*31　ガザで進行中の集団虐殺は、差別と迫害からのユダヤ人の解放と自立を求めるシオニズムが、入植による植民地的支配の強権的な拡張を正当化する思想に転化したことがもたらした、現時点での帰結である。両大戦間期のポーランドで流布した「強国化」の思想については、Lech Wyszczelski, *Polska mocarstwowa: wizje i koncepcje obozów politycznych II Rzeczypospolitej*, Warszawa: Bellona, 2015, ウクライナ民族運動のなかに出現した「帝国」思想については、Marek Wojnar, *Imperium ukraińskie: źródła idei i jej miejsce w myśli politycznej ukraińskiego nacjonalizmu integralnego pierwszej połowy XX wieku*, Kraków: Wydawnictwo Arcana, 2023 を参照。

*32　Hieronim Grala, "Was the Polish-Lithuanian Commonwealth a Colonial State?", *The Polish Quarterly of*

International Affairs, 4, 2017, pp. 125–150; Andrzej Nowak, *Dzieje Polski*, Tom 5: *1572-1632. Imperium Rzeczypospolitej*, Kraków: Biały Kruk, 2021（特に s. 439–467）.

*33 Mateusz Wyżga, *Homo movens: mobilność chłopów w mikroregionie krakowskim w XVI-XVIII wieku*, Kraków: Wydawnictwo Naukowe Uniwersytetu Pedagogicznego, 2019.

第Ⅱ部

歴史との対話

第4章　フィンランドにおける対ソ戦争認識の変遷と現状
――ウクライナ侵攻との関連で[*1]

石野裕子

はじめに

二〇二二年二月二四日に始まったロシアのウクライナ侵攻以来、フィンランドでは第二次世界大戦期にソ連が国境を越えて侵略してきた冬戦争に注目が集まっている。

第二次世界大戦中、フィンランドはソ連と二度戦火を交えた。フィンランドでは第一次ソ連・フィンランド戦争を「冬戦争（talvisota 一九三九年一一月三〇日～一九四〇年三月一三日）」、第二次を「継続戦争（jatkosota 一九四一年六月二五日～一九四四年九月一九日）」と呼ぶ。二度の対ソ戦争に敗北したフィンランドは占領こそ免れたものの、ソ連に国土の一〇分の一を割譲し、多額の賠償金を課せられるといった代償を払った。この敗北経験がのちに「リアリズム」と評される冷戦期のフィンランド政治を形作ることになる。[*2]冷戦期、フィンランドは中立政策を掲げながらもたびたびソ連からの内政干渉に甘んじてきた。そのようなフィンランドの態度は諸外国からソ連の衛星国化の表れとみなされ、「フィンランド化」という用語で時に揶揄されることもあった。しかし、フィンランドは度重なるソ連側の要求にただしたがっていたわけではなかった。フィンランドが共産主義化することなく、ソ連との友好関係を築き上げていったことがその証拠であろう。同時に、アメリカなどの西側諸国ともバランスをとりながら、フィンランドは東西対立の狭間で自国の安全保障を担保していったのである。

本章ではこのようなリアリズム政治を体現するようになるフィンランド政治の転換点となった二つの対ソ戦争がフィンランドでこれまでどのように解釈され、認識されてきたのかをあらためて考察し、ウクライナ侵攻の報道に見られる冬戦争の描写と比較する。その際、継続戦争との認識の違いを明らかにすることでフィンランドの冬戦争認識、ひいては歴史認識の現状の一端を浮き彫りにすることが本章の目的である。

本章でははじめに第二次世界大戦期の二つの戦争の経緯を概観する。次に戦後フィンランドの歴史学界における両戦争の歴史解釈をめぐる論争の要点をまとめ、高校の歴史教科書[*3]を事例として「公的」な歴史解釈の現状に注目する。最後にメディアのなかでも新聞（ウェブ版）[*4]におけるウクライナ侵攻報道における冬戦争の描写を分析することで上記の目的を果たしたい。

1　冬戦争と継続戦争の経緯

第一次ソ連・フィンランド戦争である冬戦争は、ドイツがポーランドに侵攻し、第二次世界大戦が勃発した約三か月後の一九三九年一一月三〇日に始まった。

その前月である一〇月にソ連は相互援助条約締結、さらには領土交換をフィンランドに要求する。ソ連は同様の援助条約を九月二八日にエストニアと締結していた。[*5] 同条約は「援助」という名称がついているものの、ソ連軍による各国の主要港の使用やソ連の進駐承認を含む内容とされた。ソ連はフィンランドに対しても同様の条約を締結することで「緩衝地帯」を設けようとした。実際、八月二三日に締結された独ソ不可侵条約に付随した秘密議定書でフィンランドはバルト三国とともにソ連の勢力下におかれることが独ソ間で確認されていたことからも、ソ連にとってフィンランドは地政学的に重要な位置を占めていた。これに先んじて前年の一九三八年、ソ連はフィンランドに対してバルト海に浮かぶオーランド諸島の再要塞化を非公式に提案していた。しかし、一九二二年に制定された自治法によって非武装化されていたオーランド諸島を再び要塞化するこのソ連側の提案はフィンランドにとって受け入れられるものではなかった。

話を戻すと、フィンランドはモスクワに代表団を送り込み、ソ連側と交渉、条約締結を拒否した。すると、ソ連はフィンランドにソ連領カレリア（ロシア・カレリア）の譲渡を持ちかけ、かわりにヘルシンキ近郊に位置するハンコ岬の三〇年間租借、フィンランド湾東部の譲渡などの領土交換を要求した。この地はフィンランドでは「東カレリア」とも呼ばれ、フィンランド民族文化揺籃の地とみなされてきた歴史があった。[6] ソ連はフィンランドに対して譲歩した交換条件を提示したのである。

代表団の帰国後、フィンランド政府はこの提案を拒否する決断をした。フィンランドがなぜソ連との条約締結を行なわなかったかについては、チェコスロヴァキアの二の舞になるのを恐れていた、スウェーデンの軍事支援があることを期待した、またソ連が開戦前に別途最後通牒を出すだろうとフィンランド側が考えていたなどが理由にあげられる。[7] 交渉決裂から一〇日後の一一

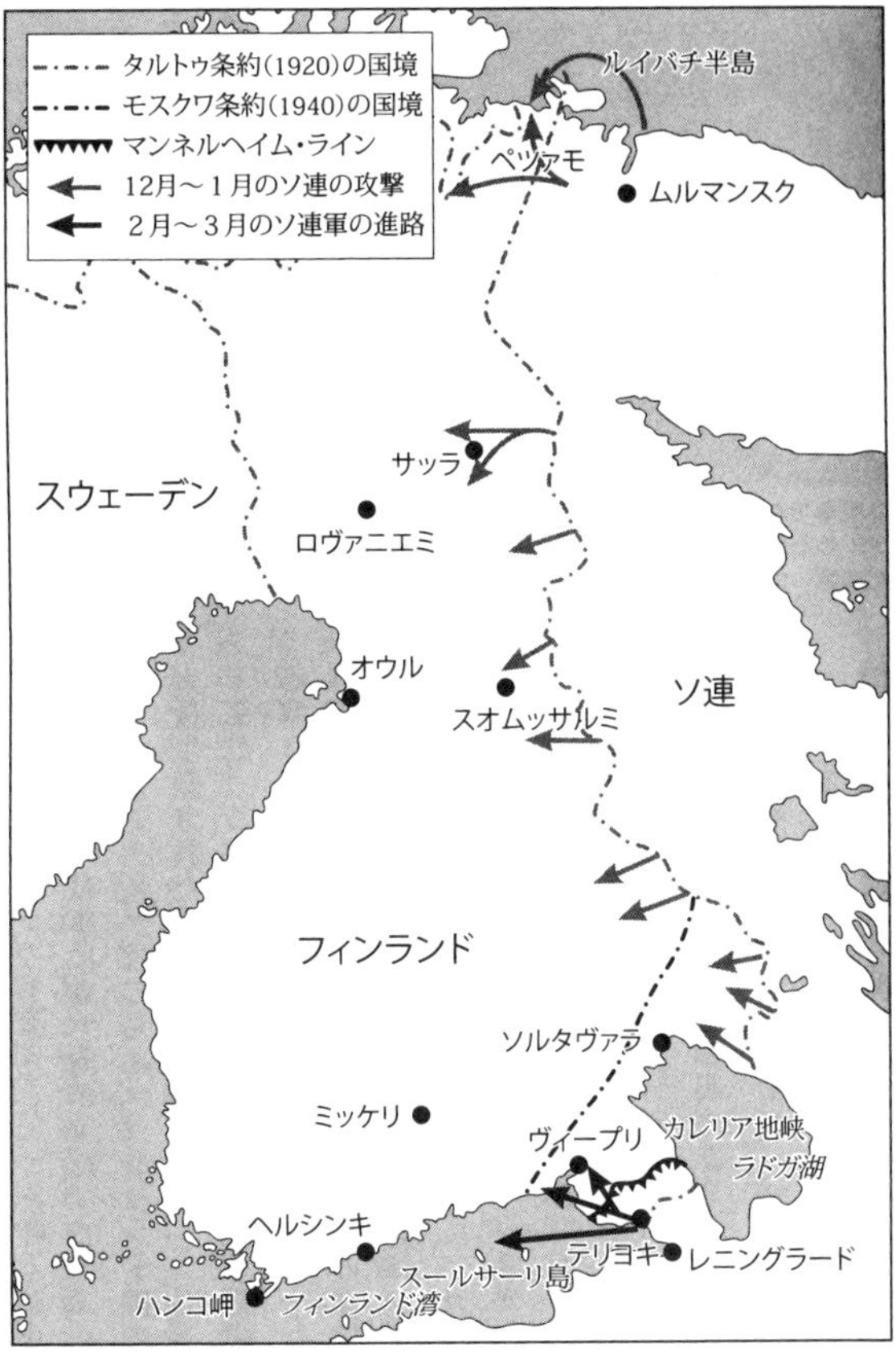

図1　冬戦争
出典：石野裕子『物語フィンランドの歴史――北欧先進国「バルト海の乙女」の 800 年』中公新書，2017 年，157 頁。

月二六日にフィンランド軍がソ連領カレリア地峡のマイニラ村で発砲したとされるマイニラ事件[*8]が勃発し、それを理由に三〇日にソ連軍はフィンランドに侵攻し、冬戦争が勃発した。

戦争勃発当初、四五万ものソ連軍に対してフィンランド軍は二八万強と圧倒的に不利であった。また戦争当初、フィンランド軍の戦車はわずか一〇両、飛行機が一一四機、大砲四二〇門だったのに対し、ソ連側は戦車二〇〇〇両、飛行機が一〇〇〇機、大砲七〇〇〇門と軍備も大きく異なっていた。[*9]ソ連軍は一か月以内にフィンランドを占領する計画を立案していたが、フィンランド軍の猛攻撃にあい、苦戦した。実際、フィンランド軍はトルヴァヤルヴィ、スオムッサルミ、ラーテなどいくつかの局地戦で勝利を収め、「冬戦争の驚異」と形容された。しかし、一九四〇年二月にソ連は六〇万もの増兵、四〇〇〇もの大砲の追加などの軍備を増強した。対して、フィンランド軍は二万五〇〇〇人ほどしか増員できなかった。

諸外国はフィンランドに同情的であり、侵攻したソ連を一二月一四日に国際連盟から除名した。しかし、具体的な軍事支援は行なわれなかった。隣国スウェーデンは中立政策をとっていたために、軍を派遣することはなかったが、フィンランドに対して八万丁の小銃などの軍事物資を提供した。[*10]また、スウェーデンから八二六〇人、デンマークから一〇〇〇人もの義勇兵がフィンランド側で戦った。イギリスは軍事支援を計画したものの、戦争終結まで実行することはなかった。

戦争の長期化を避けたかったソ連はフィンランドの和平交渉に応じ、一九四〇年三月一二日にモスクワ講和条約が締結され、翌日に戦争は終結した。同条約でカレリア地峡をはじめ国土の一〇分の一を割譲するなど、フィンランドは前年にソ連が要求した以上の条件を受け入れざるをえなかった。四二万ものカレリア地峡の住民が避難民となってフィンランド国内に流入するなど社会の混乱も生じた。冬戦争の死者はフィンランド側で約二万七〇〇〇人に対して、ソ連側は約一二万六〇〇〇～二〇万人とソ連側の犠牲者数が圧倒的に多かった。[*11]

冬戦争が三か月強の期間で終結したのに対し継続戦争は三年あまり続くなど期間は異なり、またその性質も異なった。冬戦争はソ連の侵攻に対して防衛を主軸とした戦争だったが、継続戦争は冬戦争で失った旧領土の奪還にとどまらず、フィンランド軍が旧国境を越えて侵攻し、ソ連領の一部を占領した点、ドイツ軍と軍事協力した点が大きく異なる。

一九四〇年四月、ドイツはデンマーク、ノルウェーに侵攻を開始し、両国を占領した。一方、六月にソ連はバルト三国を併合した。そのような状況下、八月にノルウェー北部を占領していたドイツ軍がフィンランドに領内通過の許可を求めたのをきっかけとして、ドイツから食料支援を受けるなど両国は接近した。独立を維持するために、フィンランドはドイツとの関係を築いていった。独ソ戦勃発前月の一九四一年五月、ドイツ軍がソ連に侵攻する際にはフィンランド軍も動員することが同意された。[*12]六月初旬にドイツ軍は北部フィンランドに進駐するなどソ連との戦闘準備を整えていった。

継続戦争は、独ソ戦が勃発した三日後の一九四一年六月二五日にソ連軍によるフィンランド諸都市への空爆で始まった。ドイツは独ソ戦開始後、フィンランドと同盟したことを公言したが、フィンランドはそれを否定していた。継続戦争勃発後、フィンランド政府はこの戦争を冬戦争から続く防衛戦争と位置づけ、独ソ戦とは別の戦争であると主張しつづけたが、ドイツとの軍事協力は明らかであった。

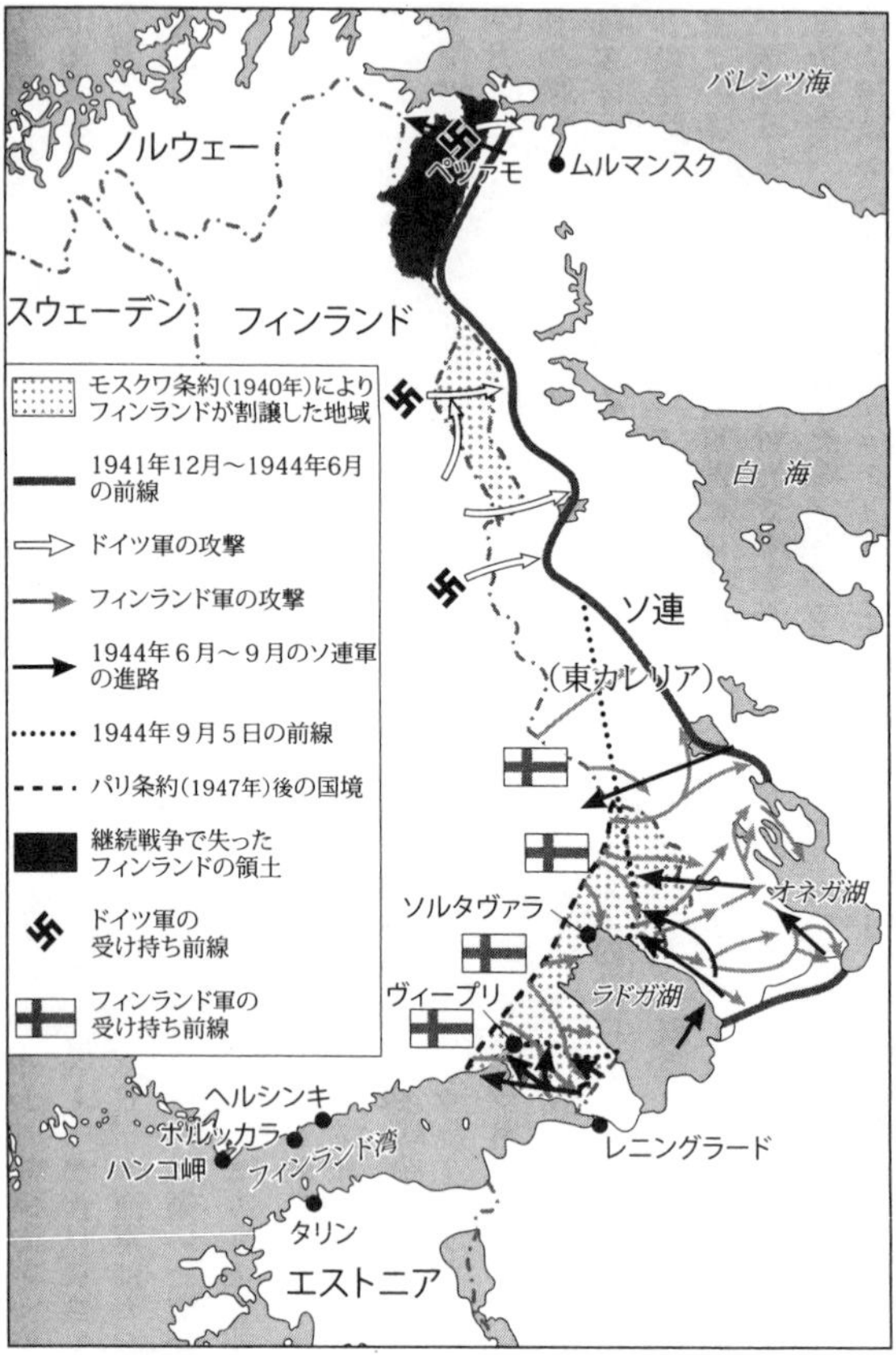

図2　継続戦争

出典：石野『物語フィンランドの歴史』，170頁。

フィンランド軍は真っ先に冬戦争で失ったカレリア地峡に進軍し、八月に主要都市ヴィボルグ（ヴィープリ）、九月にはすべての旧領土の奪還を果たした。さらにフィンランド軍は旧国境を越えてソ連領に進軍、一二月にソ連領カレリアのラドガ湖とオネガ湖にまたがるスヴィリ川を越えたあたりを最大進出地としてそこで塹壕を築き、占領地の防衛に専念した。

一九四三年二月にスターリングラードの戦いでのドイツ軍の大敗後、フィンランド政府は戦争からの離脱を決断するが、休戦交渉は難航した。一方でドイツ軍の軍事協力を受けなければフィンランドはソ連に侵攻され、独立の危機に陥る状況であった。一九四四年二月にソ連軍が首都ヘルシンキを空爆するなど激しい攻撃を仕掛けるなか、フィンランドはドイツに救援を要請する。連合軍によるノルマンディー上陸の三日後の六月九日、ソ連は二五万以上の軍隊をカレリア地峡に投入した。フィンランドは、一度奪還した都市ヴィボルグを失い、退却を余儀なくされる。六月二二日にフィンランドはソ連と単独講和しない旨の条約をドイツと締結し、そのかわりにドイツからさらなる武器援助を受けた。ただし、フィンランド議会が条約締結を否決したため、リスト・リュティ大統領が個人の名のもとで条約を締結するという異例のかたちをとった。八月一日にリュティは大統領を辞任、四日にフィンランド軍総司令官カール・グスタフ・マンネルヘイムが大統領に選出された。マンネルヘイムの主導のもとで九月四日に停戦、一九日に休戦条約が締結され、継続戦争は終結した。継続戦争の犠牲者はフィンランド側が約六万六〇〇〇人で、ソ連側は約二〇万~三〇万人であった。

2　二つの戦争に対する歴史解釈の変遷と歴史教科書への反映

第二次世界大戦後、フィンランドの歴史学界では冬戦争終結後からフィンランドがドイツと軍事協力を行なったことや、継続戦争時にフィンランド軍が冬戦争で失った領土の回復だけではなく、旧国境を越えてソ連領へ侵攻したことをどのように解釈するかが議論となった。先に結論を述べると、以上の論争はすでに決着がついており、論争をふまえた歴史解釈が現在の高校の歴史教科書にも反映されている。

フィンランドの歴史学界では、一九六〇年代まではフィンランドは強国が対立する国際関係の大海に漂う「流木」でしかなく、冬戦争後に独立を保持するためにソ連の敵であるドイツと軍事協力するしかなかったとする「流木理論（ajopuuteoria）」という解釈が主流であった。つまり、直接的なフィンランドの戦争責任を回避した解釈がなされていた。上述したように戦時中からフィンランド政府は継続戦争を冬戦争から継続する防衛戦争であり、独ソ戦とは別個の戦いであると主張してきたが、はたして本当に別の戦争なのかという点に関しても議論がなされた。一九四四年六月二二日にドイツと締結した条約によってアメリカがフィンランドとの外交を断絶したのは事実であり、ドイツから武器支援を受けたのもまた事実であるが、フィンランドは日独伊三国同盟のような同盟をドイツと締結しておらず、フィンランドの独立を維持するためにドイツとの軍事協力もやむをえなかったとされた。また、上記の条約もリュティ大統領個人の名のもとで締結したのであって、フィンランド政府が締結したわけではなかった点も強調された。[*13]

しかし、一九七〇年代に入るとフィンランドは急流に浮かぶボートだがオールを漕ぐことはできた、つまりフィンランドは大国間の争いに巻き込まれながらも方向を自らドイツに向けたとする「ラフティング理論（koskiveneteoria）」が登場した。[*14] ドイツとの軍事協力はフィンランドの意志を反映したものであったとされた。一九八〇年代からフィンランドの戦争責任を取り上げる研究が徐々に発表され、一九九〇年代には継続戦争の「負の部分」に注目した研究が登場した。[*15] 二〇〇〇年代にはドイツとの協力関係を追究した研究[*16]が注目を集めた。

もっとも政治の世界では慎重な姿勢がとられてきた。前述したように冷戦期、フィンランドは親ソ外交路線を貫いていたため、政治家は公的な場においてこの二つの戦争についての明確な言及を避けてきた。一九八六年以降、ミハイル・ゴルバチョフが一九三九〜四四年のフィンランド・ソ連関係の再解釈をフィンランドに奨励したことを契機として、両戦争に関して公的に言及されるようになったのは冷戦末期である。[*17]冷戦崩壊後、この二つの戦争の解釈をめぐってはさまざまな場で議論されていくようになるが、防衛戦争としての冬戦争の表象は根強く残ることになる。二〇〇五年にタルヤ・ハロネン大統領がパリを訪問した際に、ナチ・ドイツとの協力や継続戦争には触れず、フィンランドは冬戦争で領土は失ったが防衛的勝利を勝ち取ったとする旨のスピーチを行なうなど、[*18]冷戦終結以降も多くの政治家は冬戦争の団結力や独立を守った防衛戦争としての側面を強調し、継続戦争については慎重な態度を崩さなかった。

他方、現在の高校の歴史教科書は、継続戦争の解釈の変遷およびその成果としての歴史認識を十分反映させている。研究対象とした五冊の歴史教科書中、四冊が継続戦争の解釈の歴史論争自体を取り上げ、説明している。[*19]また、論争となった継続戦争期の「負の部分」も詳細に記載されている。以下に、(1)フィンランド領土拡張の意図、(2)ナチ・ドイツとの軍事協力、(3)占領地における住民の扱いを取り上げる。

(1) フィンランド領土拡張の意図

フィンランドではロシア・カレリア地域を含んだ「大フィンランド」こそが本来のフィンランドであるという膨張思想が独立以前から存在した。そして、一九一八年に勃発した内戦時に、「大フィンランド」

を実現しようとして義勇軍による「東カレリア遠征」が行なわれた。この遠征は失敗に終わったものの、戦間期に「大フィンランド」実現を目標に掲げた学生団体が結成されるなど独立以降も「大フィンランド」は一定の支持を得た思想であった。[*20] 継続戦争期にフィンランド軍が旧国境を越えてカレリア地域を占領したのは事実であるが、歴史教科書ではそこに領土拡張の意図があったことを明確に記述している。たとえば、二つの戦争の指揮をとったフィンランド軍総司令官マンネルヘイムが継続戦争初期に国家指導層に相談することなく、アウヌス・カレリアおよびヴィエナ・カレリアへの侵攻の約束を果たすときが来たとフィンランド軍に向けて発した有名な布告を取り上げている。[*21] この布告は一九一八年の「東カレリア遠征」時に発したものと同じ内容であった。つまり、「大フィンランド」という領土拡張の意図が、戦争初期から少なくともマンネルヘイムにはあったことを指摘している。継続戦争のフィンランド側の目的としては冬戦争で失った領土の回復であったと指摘しつつも、「ドイツの助けで、カレリアの新たな地も占領できるだろうと多くの者が信じていた[*22]」と領土拡張の意図について言及している。別の教科書でも、「ドイツが全盛を迎えた一九四一～四二年時にフィンランドのある界隈では大フィンランドと東カレリアの併合が夢見られていた。このような考えは戦後すぐに〝忘れられた[*23]〟」と書かれている。

以上のように、フィンランドでは独立以前から存在した大フィンランドという領土拡張思想、すなわち東カレリアと呼ばれるソ連領カレリアをも含めた大フィンランドこそ本来のフィンランドであるという思想が戦時中に蘇り、継続戦争で旧領土を奪還したのち、さらにソ連領に侵攻した事実が歴史教科書に記載されている。

(2) ナチ・ドイツとの軍事協力

ナチ・ドイツとの関係に関してはさらに踏み込んだ記述がなされており、その経緯についても言及されている。一九九〇年代には明らかになった事実が当時の歴史教科書には反映されていなかった事例としてユダヤ人移送の数をあげている。一九九〇年代の歴史教科書ではフィンランドはドイツに八人のユダヤ人のみ移送したと記述されていたが、実際は三〇〇〇人ものユダヤ人をゲシュタポに引き渡していたと記述している。[*24] さらに、フィンランド国家警察（Valpo）がソ連の政治将校、共産主義者、ユダヤ人捕虜を別途審査し、フィンランド北部のドイツ軍に引き渡したことや、ドイツ軍が引き渡された捕虜を処刑した際、フィンランド国家警察も何度かその場に立ち会った事実を指摘している。[*25]

また、マンネルヘイムの七五歳の誕生日である一九四二年六月四日に、アドルフ・ヒトラーがフィンランドを電撃訪問

図3　フィンランドのイマトラに電撃訪問したヒトラーとマンネルヘイム
出典：SA-arkisto

したときの写真が五冊の歴史教科書中四冊に掲載されている。[*26] 一連の写真はフィンランドとナチ・ドイツとの戦時の協力関係を明確に示す一場面で、歴史教科書だけではなくあらゆる媒体に掲載されている有名な写真でもある。残り一冊はイギリス人デイヴィッド・ロウによるマンネルヘイムの風刺画が掲載されている。ナチ・ドイツ軍が戦っているなか、マンネルヘイムは「私のは、もちろん、別の戦争だ」というセリフが書かれている。[*27] これは独ソ戦と継続戦争は別の戦争であるとするフィンランド政府の見解を皮肉めいて表現したものである。

総司令官としてソ連軍と果敢に戦うフィンランド軍の指揮をとり、継続戦争末期に大統領に就任し、ソ連との休戦を導いたマンネルヘイムは両戦争の顔ともいえるが、他方でナチ・ドイツとのつながりも示す存在であった。彼がもつ二つの側面も歴史教科書に記述されている。

(3) 占領地における住民の扱い

継続戦争時、フィンランド軍が旧国境を越えて占領したソ連領カレリアでは七万二〇〇〇人ものロシア人が収容所に送られ、そのうち約一万九〇〇〇人が収容所で亡くなったが、おもな死因は栄養失調だったことも当時の写真つきで説明されている。[*28] 他方で、同地に居住するカレリア人はフィンランド人の「近親民族」とみなされ、フィンランドへの同化政策が施行されたことが別の歴史教科書に記載されている。

「継続戦争中、フィンランドは戦略的理由から東カレリアの広範囲を占領し、民族主義のもと、この地をフィンランド語化しようとした。東カレリアのフィンランド近親民族の子どもたちのために民族学校が建設され、フィンランド語、地理、歴史が教えられた。ロシア語住民はフィンランド人から逃げ出した。残されたフィンランド人以外の民間人は、収容所に連行された。公式発表では強制収容所と呼ばれている。女性、子ども、老人は有刺鉄線の向こうの収容所に押し込められ、過酷な労働を強いられた」[*29]。

また、同教科書ではフィンランド語を話すイングリア人の運命にも触れられている。彼らの多くはフィンランド軍に入ってソ連軍と戦ったが、戦後フィンランドは彼らをソ連に追放したため、ソ連は彼らを直接強制労働に送るか、シベリアに移送したという。フィンランド側で戦争に参加したエストニア人に対しても同様なことを行ない、その総数は六万人以上であったとする[*30]。

以上のように現在の歴史教科書は、継続戦争の「負の部分」も包み隠さず説明している。

一方、冬戦争に関しても開戦前のソ連との条約交渉の経緯から両軍の圧倒的な戦力の違いをグラフで表す[*31]など戦況まで詳細に説明している。また、フィンランドの粘り強い防衛は海外からの注目を浴びることになったことも指摘している[*32]。「冬戦争の精神で」という言葉を取り上げ、冬戦争はいまでもフィンランド人の間で英雄的なイメージがあると説明する[*33]。コラム「フィンランド人にとっての冬戦争の意味」では、フィンランド人にとって冬戦争がいかに重要な意味を有しているのかについて書かれている[*34]。同コラムにも引用されている歴史学者トゥオマス・テポラが二〇一五年に発表した『冬戦争の精神、美しくも醜い冬戦争』によると、「冬戦争の精神で」という言葉はすでに継続戦争時に一致団結のプロパガンダとして使用されており、戦後も多くの政治家や会社などがスローガンとしてこの言葉を使用してきたという[*35]。もう一つ、冬戦争を語るうえでしばしば使用されるのが「シス（Sisu）」という言葉である。シスとはフィンランド特有の表現で諦めない心とかフィンランド魂といった表現で用いられる言葉である。圧倒的なソ連軍に対してフィンランド軍が諦めずにシスをもって戦ったとしばしば評されている。[*36]
以上のように、冬戦争はソ連の侵略に対する防衛戦争であり、国民全体が一致団結して戦った戦争とされた。しかし、フィンランド人共産主義者たちはその「国民」に含まれていない。内戦後にソ連に亡命した共産主義者オットー・V・クーシネンを首班とし、一九三九年一二月一日に樹立したソ連の傀儡政権、通称テリヨキ政権のことである。[*37] 冬戦争勃発後、ソ連政府はテリヨキ政権と条約を締結し、フィンランド政府との交渉を当初拒否した。
「スターリンの過ちは、フィンランドの労働者が解放者を待ち望んでいて抵抗しないというフィンランドの共産主義者の報告を信じたことによる[*38]」という表現が示唆するように、ソ連に対抗して一致団結した「国民」から共産主義者は除外されて描写されているのである。[*39]

3 新聞に見られるウクライナ侵攻と冬戦争

歴史教科書での解釈をよそに、フィンランドの一般社会では冬戦争と継続戦争を大きな区別をすることはなく、双方ともソ連の侵略に対する祖国防衛の戦争として公共の場に設置された記念碑などで表象されるとともに、映画、小説などを通じて「記憶」の継承が続いた。[*40]
では現在のウクライナ侵攻に関連して、冬戦争はどのように新聞で語られているのであろうか。二〇二二年四月一〇日の『イルタ・サノマット』では「冬戦争とウクライナ戦争——プーチンとスターリンの猛攻撃の一二の類似性」と題する記事で、ソ連が国境を越えて攻撃を仕掛けた点、海外からの支援もなく圧倒的な劣勢に立たされながら孤軍奮闘で戦う点など一二の類似点を提示する。[*41] その一方で継続戦争との連続性には言及していない。

新聞読者の投稿欄もウクライナ侵攻と冬戦争を重ね合わせる論調が見受けられる。たとえば、二〇二二年四月三日の『イルタレヒティ』読者投稿欄では、元教師が「ロシアのウクライナ侵攻は冬戦争、すなわちソ連のフィンランド侵攻と類似している」として以下のように冬戦争との類似を表現する。

> スターリンは、一刻も早い勝利を信じ、冬戦争に突入した。プーチンもまた、すぐに勝てると信じて、冬に小さな隣人との戦争に出かけた。どちらも戦争になることを否定していた。〔後略[*42]〕

ほかの国にはないフィンランド独自の報道の特徴として、ウクライナ侵攻から一〇五日後の二〇二二年六月八日に冬戦争と結びつけた記事を多く掲載したことがあげられる。ロシア、ウクライナ両国では特に意味をもたない数字だが、フィンランドで冬戦争は一〇五日間戦われたことから「一〇五日（105 päivää）」「栄光の一〇五日（105 kunnian päivää）」と形容されることがしばしばある。フィンランドは戦争に負けたものの、フィンランド軍は圧倒的な戦力をもつソ連軍を圧倒するほどの戦いぶりを見せ、祖国を防衛したという自負がそこに見出せる。これらの表現は、現在に至るまで中学校、高校の歴史教科書、一般書、新聞、雑誌などあらゆる媒体で使用されている。[*43]

新聞記事では、ウクライナ侵攻が冬戦争より長期化したことに注目する。『ヘルシンギン・サノマット』は「一九三九年から一九四〇年にかけてソ連はフィンランドの領土の一〇％以上を占領するのに合計一〇五日を要し、その後戦争は終わった」とロシアのウクライナ侵攻と冬戦争を重ね合わせて論じる。また、フィンランドでは冬戦争と現在のウクライナ戦争を比較することは自明のことだが、カレリア地峡に建立された戦没者慰霊碑には「一九四一～一九四五」と間違って記載されているようにロシアでは冬戦争自体が知られておらず、継続戦争も知られていないと指摘する。[*44]

『イルタレヒティ』の記事「ウクライナ戦争は冬戦争のような結末を迎えるのか？」では、以下のような記事が掲載された。

この春は第二次世界大戦中にフィンランドの国境で繰り広げられた戦いが多くの人に思い出された。そんな記憶があるからこそ、侵略戦争の被害者であるウクライナを助けたいというフィンランドの想いは特別に強いかもしれない。[*45]

同記事でフィンランドでは冬戦争の記憶がウクライナ侵攻を契機に人びとの間で共有されたことを指摘する。軍事研究家のラッセ・ラークソネンによると冬戦争は現在のウクライナでの戦争よりも解決が早かったが、結果的にフィンランド、ソ連双方とも不満をもち一九四一年の継続戦争へと突入してしまったという。[*46] 六月一九日にはロシアとの国境近くのイロマンティの住民へのインタビュー記事とあわせてYouTube動画も掲載された。住民は「ウクライナとフィンランドには同じように不作法な隣人がいます。ロシアは二月にウクライナに大規模な侵攻を開始しましたが、一九三九年にフィンランドに侵攻しました。危険なのは同じことが繰り返される可能性があることです」と語り、ウクライナ侵攻と冬戦争を重ね合わせて語る。さらに、「私たちは国境の存在に慣れています。しかし、二月にロシアがウクライナを攻撃したときは、自分たちの身の安全が心配になりました。歴史は繰り返されるのだと恐ろしくなりました。一九三九年、人びとはここから逃げ出しました」[*47]と現在自分たちが抱く不安を告白している。

『イルタ・サノマット』でも二月末から冬戦争と現在のウクライナ戦争を比較する動きが絶え間なく続いている点を指摘しつつ、冬戦争時のフィンランドのほうが世界から救援がなかったので、「より孤独」であったと論じる記事が掲載された。その一方で、ウクライナ戦争は事実上八年続いている点や大量殺戮の脅威の点について冬戦争との相違点も指摘する。[*48] 以上のように数例を取り上げたが、フィンランドの新聞はウクライナ侵攻を冬戦争の「記憶」を土台に語ることで、ウクライナへの共感を示すとともにフィンランドの現状に危機感を抱かせる報道をしている。

なお、ウクライナ戦争が長期化していることに対して、継続戦争を例に持ち出す記事が見えはじめた。二〇二三年一二月九日の『ヘルシンギン・サノマット』で「ウクライナの対ロシア戦争は現在冬戦争ではなく継続戦争の消耗戦に似ている」という記事が掲載された。記事ではフィンランドでは水曜日の独立記念日（一二月六日）に、ロシアに対するウクライナの防衛戦争と多く比較された冬戦争が再び想起されたという。一方で、前線で膠着したウクライナの戦争は短く劇的な冬戦争というより、長くて消耗の激しかった継続戦争のようだとして継続戦争を持ち出している。[*49]小国であるウクライナが大国ロシアと戦っている現状をフィンランドはかつて体験した対ソ戦争である冬戦争、さらには継続戦争と比較し、それによってウクライナへの共感を寄せつづけているのである。

おわりに

フィンランドにおいてロシアのウクライナ侵攻を冬戦争と重ね合わせて論じられている現状について、本章では第二次世界大戦期の二つの対ソ戦争認識を歴史学界、高校の歴史教科書、現在の新聞ウェブ版の報道を軸に考察した。

フィンランドにおいて冬戦争は、侵略してきたソ連に対して果敢に戦った防衛戦争として人びとの間に記憶されてきた。対して、継続戦争は上述したように冬戦争から「続く」戦争として、また独ソ戦とは別の戦争として戦時中から位置づけられていた。戦後フィンランドでは継続戦争をどのように解釈するかが長年議論されてきたが、多方面からの解釈がなされるのは冷戦終結間際であった。その歴史学界での長年の論争の成果は現在の高校歴史教科書に反映されている。特に、戦時に行なわれた「負の部分」、すなわちフィンランドの領土拡張の意図、ユダヤ人の強制移送を含むナチ・ドイツとの軍事協力、占領地のロシア人やカレリア人などの扱いについても詳細に説明がなされており、教育の場でそれらの解釈が共有されている状況にある。マンネルヘイムについてもヒトラーとの写真に象徴されるようなナチ・ドイツとのつながりや領土拡張を推進する布告を内戦中のみならず、継続戦争中も発したことが言及されている。教科書にも指摘されているように冬戦争はソ連の侵略に対して国民が一致団結した戦いとして語り継がれた。しかし、フィンランド共産主義者はその「国民」からは除外されて描写されている。

一方でフィンランドの新聞は、二〇二二年二月のロシアのウクライナ侵攻以来ロシアに侵略されているウクライナと第二次世界大戦期にソ連に侵略されたフィンランドを重ね合わせる報道を繰り返している。これらの報道は防衛戦争として冬戦争の「記憶」をより強化する役割を果たしている。さらには、冬戦争、継続戦争の境目を曖昧にし、ソ連に侵略された被害国としてのフィンランドの「記憶」を強化している。また、ウクライナへの共感を促す一方でフィンランドの安全保障への危機感を呼び起こすことにもつながっている。二〇二三年四月にフィンランドはNATOに加盟した。前年の二〇二二年五月にスウェーデンとともに加盟申請してから一年足らずであった。NATO加盟賛成への世論が加盟の後押しをしたが、そこにはフィンランド人の間で蘇った第二次世界大戦の「記憶」が要因の一つであったのではないだろうか。[*50]

以上のように、ロシアのウクライナ侵攻以降、ソ連と果敢に戦った冬戦争の「記憶」の側面が強調されるが、実際、冬戦争で発生した多くの死傷者、領土割譲の実行、それに伴う住民の退去、多額の賠償金などの代償は継続戦争へと引き継がれ、さらに同戦争の休戦条約は冬戦争前のソ連の領土交換要求より過酷な条件となったことに留意しなくてはならない。[*51] つまり、継続戦争は冬戦争の「負」の部分を背負った戦争でもあった。戦後、その「負」の部分を清算する過程でフィンランドはリアリズム政治へと舵を切り、それゆえソ連に配慮してＮＡＴＯ非加盟の立場をとりつづけてきた。しかし、ウクライナ戦争を契機として、フィンランドは新たな現実を見据えてＮＡＴＯ加盟を決断したのである。

フィンランドにおける対ソ戦争をめぐる歴史認識は、現実世界の変化とともに変化していっている。その変化が歴史解釈や教科書に影響を及ぼすかどうかについては今後注目していきたい。

〔注〕

＊1　本章は『歴史学研究』二〇二三年七月号に掲載された論考を修正、加筆したものである。また、ロシア史研究会二〇二三年度大会の共通論題Ａ「ロシア・ソ連の対外戦争と政治・外交」での発表「フィンランドにおける冬戦争の位置付け——継続戦争との比較を中心に」の一部の内容を加筆した。

＊2　「リアリズム」政治はユホ・クスティ・パーシキヴィ（一八七〇～一九五六年）、ウルホ・ケッコネン（一九〇〇～一九八六年）が主導した。パーシキヴィの対ソ政策における「リアリズム」の追求に関しては、百瀬宏『小国外交のリアリズム——戦後フィンランド１９４４－４８年』岩波書店、二〇一一年を参照。

＊3　本章では以下五冊の高校の歴史教科書を取り上げる。Esko Heikkonen, Matti Ojakoski ja Jaakko Väisänen, *Muutosten maailma 4: Suomen historian käännekohtia*, Helsinki: Sanoma Pro Oy, 2013; Juhana Aunesluoma, Titta Putus-Hilasvuori, Jari Ukkonan ja Laura Vuorela, *Linkki 4: Suomen historian käännekohtia*, Helsinki: Sanoma Pro Oy, 2013; Juhana Aunesluoma, Titta Putus-Hilasvuori, Jari Ukkonan ja Laura Vuorela, *Historia ajassa 3: itsenäisen Suomen historia*, Helsinki: Sanoma Pro Oy, 2016; Jari Aalto, Vuokko Aromaa, Pertti Haapala, Seppo Hentilä ja Jaana Nieminen, *Kaikkien aikojen historia 3: itsenäisen Suomen historia*, Helsinki: Edita, 2016; Antti Kohi, Hannele Palo, Kimmo Päivärinta ja Vesa Viherva, *Forum III:*

itsenäisen Suomen historia, Helsinki: Otava, 2017. 高校で歴史は必修三教科のうちの一教科が独立以降のフィンランド史である（本章では二〇一五年のカリキュラム改訂前の教科書も扱う）。なお Sanoma Pro Oy はフィンランド最大手の教科書会社である。

＊4　本章で使用したのは全国紙『ヘルシンギン・サノマット（*Helsingin Sanomat*）』、タブロイド紙『イルタレヒティ（*Iltalehti*）』、『イルタ・サノマット（*Ilta-Sanomat*）』のウェブ版（有料版含む）である。三紙のみで偏りは否めないものの、一方でいずれの新聞も全国で広く読まれ、ウェブ版はより読者を多く獲得している。二〇二二年九月時点で『ヘルシンギン・サノマット』のウェブ版は毎週約一九五万の読者数を有し、ウェブ版と従来の印刷された新聞の読者数は約七〇万一〇〇〇人であった（https://www.hs.fi/kotimaa/art-2000009084167.html　以下、URL最終閲覧日はすべて二〇二三年一二月一〇日）。『イルタ・サノマット』は二〇二一年一月時点で毎週約三一五万のアクセス数を誇る（https://www.is.fi/kotimaa/art-2000007764651.html）。二〇二一年一月時点で『イルタレヒティ』は毎週約三一〇万ものアクセス数があり、印刷された新聞読者数は一日あたり二四万一〇〇〇人と多い（https://www.iltalehti.fi/kotimaa/a/7cac26cd-026f-4478-ad8d-4c8dedc1d523）。なお、二〇二三年一二月一〇日時点までの記事を対象とする。

＊5　その後、一〇月に入るとソ連はラトヴィア、リトアニアと条約を締結していった。

＊6　拙著『「大フィンランド」思想の誕生と変遷――叙事詩カレワラと知識人』岩波書店、二〇一一年を参照。

＊7　Aunesluoma et al., *Historia ajassa 3*, s. 114.

＊8　現在、フィンランド軍からの発砲は事実ではないことが明らかとなっている。

＊9　Aunesluoma et al., *Historia ajassa 3*, s. 115.

＊10　Jyrki Karvinen, *Talvisodan 105 päivää: Kuinka pienen Kansan tarinasta valettiin teräksinen muistomerkki*, Helsinki: SKS, 2019, s. 73.

＊11　ソ連側の犠牲者数はフィンランド側の資料では数字に幅がある。ソ連側の発表は約四万八〇〇〇人であったという（https://www.hs.fi/elama/art-2000004773958.html）。なお、継続戦争のソ連側の犠牲者数もフィ

ンランド側の資料とソ連側とは異なるが、本章ではフィンランド側の資料による数字を掲載する。

＊12　ただし、ドイツによるソ連侵攻作戦、通称「バルバロッサ作戦」の全体像はフィンランド側には知らされていなかった。

＊13　学説史の変遷については、Timo Soikkanen, "Uhri vai hyökkääjä? Jatkosodan synty historiankirjoituksen kuvaamana", Jari Leskinen, Antti Juutilainen（eds.）, *Jatkosodan pikkujättiläinen,* Helsinki: WSOY, 2005, s. 25-46を参照。

＊14　Soikkanen , Uhri vai hyökkääjä? s. 38-39.

＊15　*Ibid.* s. 41-45.

＊16　Oula Silvennoinen, *Salaiset aseveljet: Suomen ja Saksan turvallisuuspoliisiyhteistyö 1933–1944,* Helsinki: Otava, 2008が先駆的研究である。

＊17　Tiina Kinnunen and Markku Jokisipilä, "Shifting Images of 'Our Wars': Finnish Memory Culture of World War II" in Tiina Kinnunen and Ville Kivimäki（eds.）, *Finland in World War II: History, Memory, Interpretations,* Leiden: Brill, 2012, p. 450.

＊18　*Ibid.* p. 456.

＊19　Heikkonen et al., *Muutosten maailma 4:* s. 135–136; Aunesluoma et al., *Linkki* 4, s. 135; Aunesluoma et al., *Historia ajassa 3*, s. 123; Kohi et al., *Forum III*, s. 120–122.

＊20　大フィンランド思想の変遷については、注6拙著、第二次世界大戦期における大フィンランド実現の動きについては Sari Näre ja Jenni Kirves toim., *Luvattu maa: Suur-Suomen unelma ja unohdus*, Helsinki: WSOY, 2014を参照。

＊21　Heikkonen et al., *Muutosten maailma 4*, s. 137.　アウヌス・カレリアとヴィエナ・カレリアはソ連領カレリアである。

＊22　Kohi et al., *Forum III*, s. 114.

＊23 Aunesluoma et al., *Linkki 4*, s. 145.

＊24 *Ibid.* s. 146.

＊25 *Ibid.* 別の教科書ではこの三〇〇〇人のうちユダヤ人だけではなく、共産主義者や捕虜となった赤軍の政治将校も含まれているとする。Kohi et al., *Forum III*, s. 122.

＊26 Heikkonen et al., *Muutosten maailma 4*, s. 136; Aunesluoma et al., *Linkki 4*, s. 137; Aunesluoma et al., *Historia ajassa 3*, s. 123; Aalto et al., *Kaikkien aikojen historia 3*, s. 128. 写真はそれぞれ異なるが、同日に撮られたものである。

＊27 Kohi et al, *Forum III* s. 121.

＊28 Heikkonen et al., *Muutosten maailma 4*, s. 136. ただし、教科書等で用いられているペトロスコイ（ペトロザヴォーツク）の収容所の写真は、ソ連側がこの都市を占領したのちにプロパガンダ用に子どもたちが有刺鉄線の後ろに集められて撮られたものだという。Päivärinta ja Vihervä, *Forum III* s. 122.

＊29 Aunesluoma et al., *Linkki 4*, s. 146. 同様の記述は別の教科書にも見られる。Aunesluoma et al., *Historia ajassa 3*, s. 134; Kohi et al., *Forum III*, s. 123.

＊30 Aunesluoma et al., *Linkki 4*, s. 147.

＊31 Kohi et al., *Forum III*, s. 104.

＊32 Aalto et al., *Kaikkien aikojen historia 3*, s. 121; Aunesluoma et al., *Historia ajassa 3*, s. 116.

＊33 Kohi et al., *Forum III*, s. 106.

＊34 *Ibid.* s. 106–107.

＊35 Tuomas Tepora, *Sodan henki: Kaunis ja ruma talvisota*, Helsinki: WSOY, 2015, s. 9.

＊36 ただし、「シス」は冬戦争に限定されて使用されたわけではなく、継続戦争時にも用いられた。スポーツの応援時にも使用されるように一般的に使用される言葉でもある。

＊37 クーシネンはスターリンの粛清を生き延びた共産主義者で、第二次世界大戦後はソ連共産党の幹部になる。

娘のヘルッタ・クーシネンは戦後結成されたフィンランド人民民主同盟の国会議員を一九四五年から七二年まで務め、同連盟書記長などの要職についた。

＊38 Aalto et al., *Kaikkien aikojen historia 3*, s. 119.

＊39 フィンランドでは一九三〇年一一月に共産主義運動取締令が可決され、共産党は政党活動が禁止された状況にあった。さらに、冬戦争直前の一九三九年一〇月六日に採択された共和国保護法（Tasavallan suojelulaki）では国家の安全、治安への扇動を防止し、抑圧、または無効化するため措置が明記された。同法によって、国家警察による国内の共産主義者たちや戦争に協力しない国民を取り締まることが可能になった（https://www.eduskunta.fi/FI/naineduskuntatoimii/kirjasto/aineistot/yhteiskunta/historia/eduskunnan-toiminta-sota-aikana/Documents/tasavallan-suojelulaki-307-1939.pdf）。

＊40 ソーシャル・メディアにおける二つの戦争の語りについては、Tuuli Matila, “White death: finnish world war two narrative and alternative heritage work in social media”, *International Journal of Heritage Studies*, 27(6), 2020.11.（ウェブ版）また、一九八五〜九五年の戦争記念碑ブームや一九五四年に作家ヴァイノ・リンナが継続戦争での自身の従軍体験をもとにした『無名兵士（*Tuntematon sotilas*）』の影響は両戦争の解釈を考察するうえで重要であるが本章では紙面の関係上参考文献を記すだけにとどめる。Ville Kivimäki, “Between Defeat and Victory: Finnish memory culture of the Second World War”, *Scandinavian Journal of History*, 37(4), 2012.5.（ウェブ版）

＊41 https://www.is.fi/ulkomaat/art-2000008739428.html

＊42 https://www.iltalehti.fi/ulkomaat/a/bc836c58-6967-477f-a9d4-7cd011d607a9

＊43 たとえば、高校の歴史教科書の小見出しにも「一〇五日の冬戦争（Satavisi päivää talvisotaa）」と記載されている。Aunesluoma et al., *Historia ajassa 3*, s. 115.

＊44 https://www.hs.fi/ulkomaat/art-2000008860825.html

＊45 https://www.iltalehti.fi/ulkomaat/a/17a3aa41-8e79-

＊46　https://www.iltalehti.fi/ulkomaat/a/17a3aa41-8e79-
＊47　https://www.iltalehti.fi/kotimaa/a/85f71c37-35a6- 48f6-9335-b413e7dc4820
＊48　https://www.is.fi/ulkomaat/art-2000008871259.html
＊49　https://www.hs.fi/ulkomaat/art-2000010047174.html
＊50　フィンランドがNATO加盟に至るまでの経緯は、拙稿「フィンランド――対ロシア関係と安全保障政策」広瀬佳一編『NATO（北大西洋条約機構）を知るための71章』明石書店、二〇二三年を参照。
＊51　休戦条約にはフィンランド国内にいた二〇万ものドイツ軍の国外退去が含まれていた。当初、ドイツ軍の撤退は自主的かつ平和裏に実施されたが、まもなくフィンランド軍と衝突をしはじめるようになり戦死者が出る事態となった。「ラップランド戦争」と呼ばれたこのドイツ軍との戦いは一九四五年四月末まで続いた。死者が両軍合わせて約四〇〇〇人と冬戦争、継続戦争と比較すると少ないものの、休戦条約以降に起こった戦争であり、上記の対ソ戦争とこの戦争との関連についても考察をすることでフィンランドの戦争認識の変遷をより明らかにすることができるだろう。

第5章　変容するポーランド＝ウクライナ関係と歴史認識
――「ヴォウィン事件」八〇周年を手がかりに

宮崎悠

はじめに

「ヴォウィン事件」から八〇年目を迎えた二〇二三年、ポーランドのアンジェイ・ドゥダ大統領とウクライナのヴォロディムィル・ゼレンスキー大統領は、七月九日にウクライナ西部の都市ルーツクにおいて「事件」の犠牲者全員を追悼する式典に参加した。ミサはローマ・カトリック教会とギリシア正教会の聖職者らが執り行なった。この日、ポーランド共和国大統領府とウクライナ大統領は足なみを揃え、「私たちはともにヴォウィンの罪のない犠牲者全員に敬意を表します。記憶が私たちを団結させます。私たちはともにあることでいっそう強くなるのです」というメッセージを出した。ドゥダ大統領がゼレンスキー大統領と二人で聖ペトロ・聖パウロ大聖堂での追悼式に参加したことは、両国関係が良好であり、今後もポーランドはウクライナへの協力を続けていくという意思表示をしたものと受けとめられた。[*1]

二〇二二年二月以降、ロシアの侵略により、ウクライナから国外へ避難する人びとをどう受け入れ支えるかという喫緊の問題にポーランドは対処してきた。この間、ポーランドとウクライナの関係は（農産物輸入の問題はありつつも）非常に協力的であったが、歴史認識の問題はなお解決されてはいない。

近現代を振り返るなら、ポーランド＝ウクライナ関係はよいとはいえない期間のほうがむしろ長かった。そこには領土的な変遷が深く関係している。一八世紀のポーランド分割により、ポーランド＝リトアニア共和国は消滅した。現在の地図でいうウクライナの領土の一部は、ポーランド＝リトアニア共和国に含まれていた。そのため、ドニプロ川の西側一帯、現在のウクライナの首都キーウ（ロシア語ではキエフ）を含む右岸ウクライナは、一八世紀後半のポーランド分割によってロシア帝国領となったのに対し、リヴィウ（ポーランド語ではルヴフ）を中心とするガリツィアは、オーストリア帝国領となった。

ヴォウィン（ヴォルィーニ）は、ポーランド分割によってロシア帝国領となり、ポーランド・ソヴィエト戦争の結果、西部はポーランド領に、東部はソヴィエト側へと分割された地域である。国境や支配する国、政策の変化は、人の移動を伴い、この地域の住民構成を複雑にした。一九二一年二月一九日、ポーランド第二共和国（第一次世界大戦後に独立した新生国家）がヴォウィン県を設定する。一九三一年の国勢調査では、ポーランド人は三四万六〇〇〇人であったのに対し、ウクライナ人は一四一万八〇〇〇人であった。[*2]また住民の一割程度をユダヤ人が占めていた。名目上は「ポーランド国家」が新たに誕生したとはいえ、地域によっては住民の割合はポーランド人のほうが少数派であった。ウクライナ人住民が多数を占めるヴォウィン県にはそのほかにも、さまざまなマイノリティ（ドイツ人、チェコ人、ロシア人）が暮らしていた。圧倒的多数であったウクライナ人は農村に暮らす人がほとんどで、正教徒が多かった。これに対し、ポーランド人は都市部にも多く暮らし大部分がローマ・カトリック教徒であった。

冒頭に述べた追悼式の「ヴォウィン事件」とは、第二次世界大戦中に起きたウクライナ民族主義者によるポーランド人農民に対する一連の襲撃事件を指す。地域的には、ヴォウィン県とタルノポリ県、そしてスタニスワフスキ県、リヴィウ県、南部ポレシェ県とルブリン県東部で起こった。「ヴォウィン事件」には、広義にはポーランド人による報復行為も含まれるが、犠牲者はポーランド人のほうが多く、虐殺の記憶は戦後のポーランド社会に強く残った。一九四三年から四五年の間に八万〜一〇万人のポーランド人がウクライナ民族主義者によって殺害され、一万〜一万五〇〇〇人のウクライナ人がウクライナ民族主義者ないしポーランド人側からの報復によって殺害された。

襲撃の中心となったのは、UPAなど急進的なウクライナ民族主義を標榜する組織だったが、ウクライナ人農民も住民の殺害に加わった。襲撃の際の道具として農具が用いられたという生存者の証言が多いのはそのためである。二〇〇〇年代に入っても、ポーランドには、三叉戟《さんさげき》のようなかたちをしたウクライナの国章を目にすると恐怖や嫌悪を感じる人びとがいた。[*3]

ウクライナ人住民のなかには、隣人であるポーランド人を襲撃することに批判的な立場もあったが、ウクライナ民族主義者によって「報復」の対象とされた。しかし、危険をおかしても一部のウクライナ人はポーランド人の隣人に逃げるよう忠告したり、実際に匿ったりしたことは特筆すべきである（ポーランド人の生存者はほとんどがウクライナ人の隣人によって援助されている）。[*4]

1　第二次世界大戦期のヴォウィンの状況

本節では、第二次世界大戦中「ヴォウィン事件」の舞台となった地域の住民がおかれていた状況を概観しておく。東部クレスィが特に大きな混乱に陥ったのは、第一次世界大戦後のポーランド国家の再建時期であり、新生国家の国境が定められた時期（一九一八〜一九二一年）であった。ポーランドはウクライナ、ボリシェヴィキ、そしてリトヴァ（リトアニア）との三回の戦争を経て、旧ロシア分割領のうちカーゾン線より東にあった地域を領土に付け加えていた。[*5]

独立したばかりのポーランド国家の民族政策は、これら東部の領域における国家の立場を強化することにあった。つまり、これらの地域の完全なポーランド化をめざしており、民族的マイノリティの願望を満たすにはほど遠かった。ステパン・バンデラを指導者とし急進的なナショナリズムを支持するウクライナ民族主義者組織ＯＵＮが設立されたのは一九二九年だが、独立ウクライナという理念は第一次世界大戦より前に生じており、「ポーランド人はサン川の向こうへ」というスローガンは一九〇七年にはすでに現れていた。一九三〇年代になるとウクライナ民族主義組織の活動が先鋭化し、ポーランド当局だけではなく、ポーランド政府と協働することに前向きなウクライナ人にも急進派の活動は制御できないものになっていった。ウクライナ国家の独立を熱望する民主主義組織にとって、最大の障害はポーランド人の存在であった。[*6]

一九三九年九月一日、ポーランドはドイツ軍による攻撃を受け、九月一七日にはソ連がヴォウィンと東部ガリツィアを掌握する。ヴォウィンはウクライナ・ソヴィエト社会主義共和国の一部となった。ポーランド人住民は、ソヴィエトによる占領期に、三度にわたり国外追放の対象となった（シベリアへ、またカザフスタンなどソ連内陸への大規模な再定住が、一九四〇年二月一〇日、四月一三日、六月二九日に行なわれた）。一九四〇年春と秋には、男性を赤軍に徴兵するキャンペーンが三回行なわれ、一九四一年春にも行なわれた。一九四一年六月二二日から二三日にかけ、ドイツとの戦争が勃発したことを受け、内務人民委員部（NKVD）によって撤退前に刑務所の「清算」がなされた。こうしたソ連占領下でのポーランド人に対する抑圧の結果、ヴォウィンのウクライナ人住民の立場は相対的に強化され、ポーランド人住民の立場は弱化した。ポーランド人住民の数が減少したことに加え、人びとを組織・指導した経験があり軍事活動ができる層を奪われたためであった。ドイツ当局が一九四二年前半に実施した国勢調査と一九三九年の推計データを比較すると、一九三九年から一九四一年のソ連占領中にヴォウィンで失われたポーランド人人口は四万五〇〇〇人に達していた。[*7]

一九四一年六月末、ヴォウィンはドイツの占領下に入り、ウクライナ帝国国家委員会の一部となり、一九四一年九月一日に正式に活動を開始した。ドイツ人がこの地域に侵入したのち、ウクライナ民族主義運動は顕著に復活した。OUNの活動家たちが、独立ウクライナを獲得するために占領者であるドイツの支援を期待していたことは知られている。ただし、ドイツの東部計画はこれらの土地のドイツ化をめざすものであった。ウクライナ人はドイツに協力し反ポーランド政策に参加したが、両者の思惑はかみ合っていなかった。それでも、ウクライナの民族主義運動のイデオロギーや、一時的にしても彼らが第三帝国と協力したことは、ポーランド人にとって深刻な脅威となった。[*8]

一九四二〜四三年にかけ、ＯＵＮの最初のパルチザン部門が設立される（のちのＵＰＡ）。ＯＵＮが夢見る祖国は「涙のように純粋」でなければならず、民族的マイノリティ（特にポーランド人）がいない状態をめざしていた（こうした考えはウクライナ人全体を代表していたのではないことに注意したい）。[*9]

一九四三年二月九日、ヴォウィンで最初の大規模な襲撃が起き、ＵＰＡは一五〇人以上のポーランド人を殺害した。これ以来、ポーランド人の村への攻撃と鎮圧はよりいっそう頻繁になった。そして、同年七月一一日、「ヴォウィンの血の日曜日」とも「ヴォウィンの黙示録」とも呼ばれる大規模襲撃が起きる。この日ＵＰＡは九九か所以上を一斉に攻撃し、性別や年齢に関係なく、遭遇したポーランド人を殺害した。殺害の状況は凄惨を極め、斧などをもつ一般の農民も参加した。[*10]

一九四四年の春から夏にかけて占領者の入れ替わりが起こり、ドイツ軍はヴォウィンや東ガリツィアから撤退した。そこへ赤軍とＮＫＶＤが入り、ＵＰＡを完全に弾圧する。ここまでの虐殺を生き延びたポーランド人住民はブク川の対岸（戦後、共産主義体制のポーランド領となる）へ移動させられた。ウクライナ人によるポーランド人を標的とした襲撃活動は停止され、ヴォウィンと東ガリツィアはソ連領となり、これらの地域はあらためて脱ポーランド化された。そしてウクライナ文化が保護される場面もあったものの、全体としてはロシア化されていくことになる。[*11]

社会主義時代の四〇年間を通じて戦前や戦争中のポーランド＝ウクライナ関係は触れられないテーマであった、と農民運動史家のヤヌシュ・グミトルクは指摘する。一九三九年九月一七日をソ連時代のウクライナ人はポーランドの影響下から解放された記念の日としていた。[*12] 冷戦終結と体制転換ののちもポーランド＝ウクライナ関係史の研究は容易ではなかった。特に独立を回復してまもない時期、国民的アイデンティティを求めるウクライナ人が、OUNやUPAの政治活動さらには武装活動を美化した面もあった。[*13] ポーランド側の元住民は、虐殺事件の犠牲となった近親者の埋葬地を探すことさえできなかった。[*14]

2　現代における「ヴォウィン事件」の位置

二〇二二年からのロシア・ウクライナ戦争の激化によって、状況は再び複雑になっている。冒頭に見たように、ポーランド＝ウクライナ関係が全体としていつになく良好であるのは、ロシアとの戦争がもたらした例外的状況である。二〇二二年二月二四日から二〇二三年七月二日までの期間に、約一二五〇万人のウクライナ国民がウクライナ＝ポーランドの国境を越えてポーランドに入国し、ポーランド政府は一五〇万件以上のPESEL番号（国民個人番号）をウクライナ国民に発行した（投票等の政治的権利はないが、社会的権利は付与される）。[*15] ウクライナから避難してきた児童生徒、約一八万～二〇万人がポーランドの学校に受け入れられ、特にウクライナ語で授業をするクラスなどを編成することなくポーランド語で授業を行なう学級でポーランド人の生徒とともに学んでいる。ほとんど問題なくポーランド語で学業や仕事をできるウクライナ人の世代が育ちつつある。

こうしたなか物議を醸したのが、二〇二三年四月に報じられた教育相プシェムィスワフ・チャルネクによる発言であった。教育相は、ポーランドの学校は我が国の歴史の痛ましい糸口について沈黙を続けるつもりはないと宣言し、私たちはすべての生徒にすべてを教えなければならない、と述べた。これは、ポーランドの学校において、ロシアとの戦争から逃れてきたばかりのウクライナの子どもたちに「ヴォウィン事件」について教えるべきではない、という声があったことに対する反論であった。[*16]

また時期はさかのぼるが「ヴォウィン事件」の記念碑設置をめぐって、公共の場所への設置を求める団体と地方自治体の長との間で対立が起きていた。二〇一七年にポーランド東部の都市ジェシュフの市長は、記念碑を公共の場所に設置することを許可しなかった。理由として市長は自らの役割を「人びとを分裂させることではなく、団結させること」とし「私たちは歴史から結論を導き出さなければならないが、永久に憎悪を煽りつづけるべきではない」と述べている。ジェシュフはウクライナ西部の主要都市リヴィウから近く、ロシアとの戦争が勃発した際に多くのウクライナ難民が滞在した場所である。市長としては悲劇的であると同時に多くの憎しみを思い起こさせる出来事を（事件の生存者の証言記録に比べれば彫刻の表現はかなりの程度簡略化されているとはいえ）直接に描写した記念碑を建てることは、不用意に関係を悪化させることにつながるという立場であった。[*17]

この記念碑をめぐってはその後も極右団体によってほかの都市に設置する運動が見られたが、二〇二一年一〇月までにイェレニア・グラ、ジェシュフ、トルン、キェルツェの諸都市で設置を断られている。[*18]記念碑の設置は、遺族らによる追悼の意味合いを超えて、一部の極右団体にとってシンボルの一つとなりつつある。[*19]

このほか、ポーランド社会において一般に「ヴォウィン事件」が知られるようになったきっかけとして、ポーランド側の視点から事件を描いたヴォイチェフ・スマジョフスキ監督・脚本の映画『ヴォウィン』(二〇一六年制作、英語タイトルは *Hatred: Murder of the Innocent*)があげられる。ウクライナでは上映禁止になったが[*20]、襲撃の場面の暴力描写は残酷であるものの、おそらくポーランドの観客から見るかぎり、この映画のおもなメッセージは反ウクライナ的な憎悪を煽るものではない(ポーランド側からの報復により親ポーランド的なウクライナ人が殺害されてしまう場面もある)。

映画は主人公であるポーランド人姉妹の姉がウクライナ人の青年と結婚する、祝賀の場面から始まる。妹もまた別のウクライナ人の青年と互いに好意をもっているが、姉妹の父親は財産の分与と引き換えに、後妻を探す子沢山のポーランド人富農に下の娘を嫁がせる約束をしてしまう。やむなく嫁いだ妹だが、ソ連によりポーランド人男性の移送が始まり、身重のまま夫が不在の村で頼るものがなくなる。その窮地を救ったのは、恋人であったウクライナ人青年とその家族だった。しかし、青年はＮＫＶＤの追跡から彼女を守ろうとして撃たれてしまう。

映画の本筋は妹のその後の運命に沿って進んでいくのだが、一九四三年七月一一日(「血の日曜日」の虐殺)が始まる直前に、短いが印象的な場面がある。ポーランド人の将校(劇中ではジグムント・クシェミェニェツキ)がロンドン亡命政府からの使者としてＯＵＮ－ＵＰＡとの交渉に赴く。部下たちは危険だからと交渉に同行しようとしたが、将校は一人にのみ同行を許可して、それ以上はついてこないよう厳命し、もっと多くの武器をもつように勧められても「意味がない」と断る。ポーランド軍の軍服で正規の使者として交渉相手であるOUN－UPAを探しに行った将校は、森の中でウクライナ民族主義者の集団に捕らえられ、使者としての言葉に耳を貸されることなく手足を二頭の馬につながれ体を割かれて殺害される。

この挿話的場面に続いて七月一一日の長い襲撃シーンが始まるが、のちの出来事と比べてもある種の外交儀礼に沿って相手に敬意を払おうとする将校が、そうした行動様式をまったく受容されずに惨殺される場面の酷さは際立っている。部下を連れずほとんど武装もせずに、目立つ軍服で交渉に赴くことは不自然なのだが、使者となり殺害された将校は、実在のポーランド人活動家をモデルとしている。

モデルとなったジグムント・ルメル（一九一五年ペテルブルク生まれ、一九四三年クスティチェ村没）は、詩人であり、ヴォウィン地方において先取的な校風で知られたクシェミェニェツの中等学校の卒業生であった。中等学校卒業後はワルシャワ大学のポーランド語学部で学び、ワルシャワ大学在学中もヴォウィンの青年運動と連携していた。一九三九年七月、予備役の伍長候補生となり、開戦後はヴォウィンの農民大隊（BCh）の使者（連絡係）となった。一九四三年の初め、ルメルはBCh第八地区の指揮官に指名され、そこでウクライナ民族主義者からポーランド人集落を守るための「自衛」の拠点形成やパルチザンの戦いを組織した。ウクライナ民族主義者によるポーランド人集落への襲撃が激化するなか、襲撃の停止を求めてOUN－UPAとの交渉に向かうが、おそらく七月一〇～一一日にかけてウクライナ民族主義者によって殺害された。ただし彼の死については不明な点も多く、埋葬地の探索は現在まで続いている。*21

七月一一日以前からポーランド人集落への暴力が蔓延していた状況を考えれば、ルメルの行動は不自然にも見える。しかし、後述するように、東部クレスィにおけるポーランド人住民(特に知識人)が抱いていたポーランド国家観(構想、理想)を、彼は体現していた。その意味で、ルメルの生涯と死は、現在の文脈においていずれの立場からも引用される可能性があり、まったく異なる意味を付与されうる。一つには、殺害の状況から(ただし証言はいずれも伝聞または推定と見られ、現場に居合わせた生存者はいない)、OUN−UPAの残虐さ、無秩序さを示す証拠として言及され、反ウクライナ的な観点から民族間の対立や憎悪を顕在化させる事例となりうる。他方において、ルメル自身の思想は、多民族が共存する国家をめざすものであり、民族的な違いによって国民としての権利に不平等が生じないような国家を理想としていた。その理想を尊重するなら、ルメルは排外的主張とは相容れない存在である。本章第4節においては、この人物の思想と行動に焦点をあて、「ヴォウィン事件」の背景を考える一助としたい。ルメルという人物のもつ多義性には、ポーランド＝ウクライナ関係の(ポーランド側から見た場合の)理想が反映され、またその実現の困難さが体現されているように考えられるためである。

3 「ヴォウィン事件」に関する研究状況

第二次世界大戦後の冷戦期から東欧諸国の体制転換期を通じて、「ヴォウィン事件」に関して歴史学的な検討を行なう前提条件が整うまでには多くの時間を要してきた。一九九〇年代にポーランド＝ウクライナ関係史を扱うことへの規制がなくなり、二〇〇〇年代に歴史研究が本格化したが、「法と正義（PiS）」政権期になるとヴォウィン事件への言及が著しく増加する。この間のポーランドの政治状況を見ると、二〇一五年五月に任期満了に伴う大統領選挙が行なわれ、決選投票で当時は最大野党であったPiSが擁立するアンジェイ・ドゥダ候補が現職のブロニスワフ・コモロフスキ大統領を破り、同年八月に大統領に就任した（二〇二〇年の大統領選挙でも再選）。さらに一〇月に実施された総選挙では、PiSが上下両院で単独過半数の議席を獲得した。これにより、一九八九年の体制転換・民主化後初めて一党単独政権が発足する。その後、二〇一九年一〇月に実施された総選挙では、与党PiSは下院で単独過半数の議席を維持し、上院では過半数を維持できなかったものの、野党勢力の分散もあってPiSの与党としての立場は揺るがなかった。同年一一月、再任されたモラヴィエツキ首相の新内閣が発足し、二〇二三年まで継続した。

比較的長期にわたり継続したPiS政権は、歴史認識問題についてポーランドの立場（正統性）を主張する「歴史政策」に力を入れてきた。その流れのなかで「国民記憶院―ポーランド国民に対する犯罪追及委員会」（以下IPN）は、PiS政権の立場を反映した歴史観に学術的な裏づけを与える役割を担うようになり、研究機関であると同時に広報的な性格を強めていった。[*22] また、IPNは法律家や歴史学者、アーキヴィストが所属する研究機関であると同時に、検察的な機能も備えている点に特徴があり、この機関が恣意的に運用される危険性は絶えず指摘されてきた。IPNが提示する歴史観は、第二次世界大戦さらに冷戦期のソ連の影響下においてポーランドが受けた被害を明らかにし、かつ、抵抗によって自由と独立を回復したプロセスとして現代史を描いた。ナチズムや共産主義の被害を受けた側としての立場を強調するだけではなく、「イェドヴァブネ事件」に関してはポーランド人住民の関与についても調査を行なっているが、戦争中のポーランドにおける反ユダヤ主義の問題はなお多くの課題を残している。[*23]

公共教育の観点から、IPNが多くの情報を発信している出来事の一つが「ヴォウィン事件」である。二〇二三年には事件から八〇年の節目に合わせて、紀要に「ヴォウィン事件」特集を組み、[*24]HP上に多くの特集サイトを用意している。

また、先述のグミトルクが編集した『農民の血でつづられた歴史』(二〇一五年)は、戦前のザモシチ地方やヴォウィンの状況、一九三九年の開戦時、そして一九四四年の状況を整理した論文集で、出版はワルシャワにあるポーランド農民運動史博物館、軍事史家協会、ポーランド農民党議会クラブが担っており、収蔵品の画像も提供している。[*25]農民大隊(一九四〇年八月から一九四一年春にかけて結成、一九四五年三月に解散、農民運動の地下武装組織)の召集から七五周年を記念して刊行された。

二〇一八年には、「ヴォウィン事件」の生存者である九人の女性の証言を集めた『ヴォウィンから来た少女たち——真実の歴史』が出版された。著者アンナ・ヘルビフはジャーナリストで、出版社ズナクが発行する、ポーランド史上重要とされる出来事を少女たちの視点から再構成し記述するシリーズの一冊となっている。[*26]同シリーズは子どもが主人公の本もあるが、おもに女性という、それまで「歴史上の人物」として語られてこなかった存在や、また、政治家ではない一般の人(民間人)の回想・証言をもとにして構成している点に特徴がある。ただし「ヴォウィン事件」に関して女性や事件当時子どもであった人の証言が多いのは、証言の時点で七五年が経過していたことに加え、事件当時ポーランド人集落に残る成人男性が少なかったという事情も関係するものと考えられる。

証言をとりまとめたヘルビフは「戦争よりも悪い唯一のものはジェノサイドである。民族全体に対する大量殺戮〔……〕それがヴォウィンにおいて起こったのだった」と述べ、「ヴォウィン事件」をポーランド人に対するジェノサイドとみなしている（この点についてポーランド側とウクライナ側に認識の相違がある）。ゾフィアの回想（一九六〇年代になって初めてヴォウィンに戻ったとき、悪い記憶が全部戻ってきたと語る）にあるように、事件について証言すること自体が困難を伴っていた。九人の女性の証言は、しかし同時に、ヴォウィンを殺戮の地としてだけではなく、神話的な風景のなかに広がる思い出の土地でもあることを強調している。[*27] 証言者の一人は、「ウクライナ人の隣人たちと私たちの関係はどうだっただろうか？理想的だった。〔……〕カトリックの教会が建っていた。その隣には、正教会の教会とシナゴーグが建っていた。日曜日にはみんなが一緒に——カトリック教徒も、正教徒も——街まで歩いていって、そこでようやく各々の教会へと、祈りを捧げるために別れて入ったのです。人びとは信頼し合い、互いに好意をもち、尊敬し合っていました。必要なときは助け合いました。隣り合って暮らすのではなく、一緒に暮らしていたのです。民族性を背景とした敵対心や緊張など、まったく話題になりませんでした。ポーランド人の祝祭日になると、ウクライナ人は前日に牛の飼育のための籾殻を用意して、カトリックの祝日に働かなくてもいいようにしていました。私たちも彼ら〔の祝日〕のために同じようにしていました」と語っている。そして、「子ども時代に食べたハチミツの味も覚えています。ヴォウィンのポーランド人の多くは、自前の養蜂場をもっていました。養蜂場の上に煙が上がっているときには、二つのことを意味していました。第一に、養蜂家がハチミツを集めていること。第二に、すぐにも子どもたちの群れがそこへ飛んでいくということ。私たちは遠くからでも煙を探して、見つけるとすぐに養蜂場へ急ぎました。養蜂家が温かい丸パンを用意してくれて、私たちはそれを新鮮な蜂蜜に浸しました。それはもう最大の、最高の美味しさでした」[*28]と述べており、ウクライナ人、ポーランド人そしてユダヤ教徒が、宗教的・文化的な違いはありながらも、ヴォウィンの豊かな自然のなかでともに暮らすという幻想的でさえある風景が想起されている。

これら「ヴォウィン事件」を題材とする回想を中心とした作品の主人公（証言者）に女性・子どもが選ばれていることは、歴史の主体の設定という点で男性中心の歴史叙述を相対化する意味合いをもつが、ヴォウィンの事例についていえば、ウクライナ人ナショナリストが暴力を向けたのが兵士や戦闘可能な者に限らず「女性や子ども」を含んでいたこと、つまり、暴力を向ける対象が「民族全体」であり年齢や性別の区別がなかったことを示し、「ジェノサイド」の要件によりいっそうあてはまる、と示唆しているのではないだろうか。

同じくズナクから出ているマテウシュ・マデイスキ『ヴォウィンから来たゾシャ』（二〇二〇年）は、少女ゾシャ（ゾフィア・ホウブ）を主人公とし、「ヴォウィン事件」に「ポーランド人家族によるユダヤ人（の子ども）の救援」という要素が加わった作品である。[*29] 著者のマデイスキは、自身の祖母（ゾフィア・ホウブ、本書出版の翌年に九四歳で亡くなった）への聞き取りにもとづき本書を執筆した。少女時代を過ごし

郵　便　は　が　き

料金受取人払郵便

本郷局承認

6255

差出有効期間
2025年８月31日
まで

（切手を貼らずに
お出しください）

113-8790

473

（受取人）
東京都文京区本郷2-27-16 2F

大月書店　行

注文書

裏面に住所・氏名・電話番号を記入の上、このハガキを小社刊行物の注文に
利用ください。指定の書店にすぐにお送りします。指定がない場合はブックサ
ビスで直送いたします。その場合は書籍代税込2500円未満は800円、税込
2500円以上は300円の送料を書籍代とともに宅配時にお支払いください。

書　名	ご注文冊数

指定書店名（地名・支店名などもご記入下さい）	

購読ありがとうございました。今後の出版企画の参考にさせていただきますので、
記アンケートへのご協力をお願いします。

※下の欄の太線で囲まれた部分は必ずご記入くださるようお願いします。

購入された本のタイトル		
リガナ 名前		年齢　　歳
話番号（　　　）　―	ご職業	
住所　〒		

どちらで購入されましたか。

市町
村区　　　　　　　　　　書　店

ご購入になられたきっかけ、この本をお読みになった感想、また大月書店の出版物に対するご意見・ご要望などをお聞かせください。

どのようなジャンルやテーマに興味をお持ちですか。

よくお読みになる雑誌・新聞などをお教えください。

今後、ご希望の方には、小社の図書目録および随時に新刊案内をお送りします。ご希望の方は、下の□に✓をご記入ください。

□ 大月書店からの出版案内を受け取ることを希望します。

メールマガジン配信希望の方は、大月書店ホームページよりご登録ください。
（登録・配信は無料です）

いただいたご感想は、お名前・ご住所をのぞいて一部紹介させていただく場合があります。他の目的で使用することはございません。このハガキは当社が責任を持って廃棄いたします。ご協力ありがとうございました。

たヴォウィンではポーランド人を殺害するUPAから逃れ、さらにナチスの探索からユダヤ人の子どもを匿い、アウシュヴィッツへの移送を逃れ、「回復領」（第二次世界大戦後にポーランドがドイツから獲得した西方領土を指す）へと出発し、「呪われた兵士」の一人と結婚した。ホウブの生涯は、二〇世紀ポーランドの歴史（特に冷戦期には光があてられなかった部分）と密接に結びついている。

このほか証言記録として英語圏で出されたものに、タデウシュ・ピョトロフスキ『ヴォウィンにおけるジェノサイドと救援』（二〇〇〇年）がある。[*30] 著者ピョトロフスキはニューハンプシャー大学の社会学者で、三歳のときに家族とともに「ヴォウィン事件」を生き延びた。レオヌフカの虐殺でウクライナ人民族主義者によって親類を殺害されたのち、リシヴィアンカ入植地にあった自宅を焼かれている。しかしピョトロフスキは、虐殺を行なったのは「犠牲者と同じく（戦間期ポーランド国家の国籍を有していたという意味で）ポーランド国民であったウクライナ人民族主義者」であるとし、その冷酷さに言及しつつも、ポーランド人の生存者を救助したウクライナ人に対する感謝の念と彼らの勇気に対する敬意を強調している。そして民族主義者と異なる立場をとったウクライナ人（ポーランド人の殺害に加担しなかった人や、ポーランド人を救助した人）もまた、ウクライナ人民族主義者によって報復され犠牲となったことに注意を向けさせている。[*31]

事件の生存者自身やその家族など、当事者性をもつ著者による文献や、証言集といった一次資料的な性格をもつ文献は、地理的にも時間的にも限られた範囲での被害の実相に焦点をあてることを本旨としているが、俯瞰的な検討を行なう研究も二〇一〇年代後半から多数出版されている。[*32] ここですべてを紹介することはできないが、網羅的な研究の一つとしてミエナスワフ・サムボルスキの『第二次世界大戦中のヴォルィーニにおけるポーランド人虐殺の加害者――OUNとUPAの歴史』（二〇一八年）は、ウクライナ民族主義者の諸団体や武装部門の成り立ちについて詳しい。[*33] また、ティモシー・スナイダー『秘密の戦争――共産主義と東欧の20世紀』（二〇二一年）は、ヴォウィン県の知事を務めたヘンリク・ユゼフスキ（一八九二年キエフ生まれ、一九八一年ワルシャワ没）の伝記的研究であると同時に、ユゼフスキやユゼフ・ピウスツキが支援した「プロメテウス運動」（ヴォウィン県のウクライナ人住民に対して寛容な政策をとることで親ポーランド的なウクライナ人の居住地を形成し、ソヴィエト・ウクライナに影響力を行使して、長期的にはソ連の共産主義の弱体化を図った）がめざした多民族国家の構想と結末を描いている。[*34]

次節に述べるルメルの思想は、ユゼフスキら先行するクレスィ（東部国境領域）の知識人の理想を受けて育った世代のものであり、その生涯がどのような現実に直面したのかを次に見ていきたい。

4　ジグムント・ルメルの思想と生涯

管見のかぎりでは、ジグムント・ルメルのまとまった伝記として最初の文献は、グミトルク『ジグムント・ルメル――一人の無名戦士』（二〇〇九年）である。[*35] タイトルに「無名戦士」とあるように、ルメルは近年まであまり知られていない存在であり、また後述の事情により没した場所は不明である。[*36] 同書はBChにおいて彼の同僚や部下であった元兵士らや、ルメルの妻アンナのほか、クシェミエニェツの中等学校の卒業生らが農民運動博物館に定期的に集まり、語っていた内容をもとにしている。[*37]

彼の生涯について参照できる文献が少ないため、本節ではおもにグミトルクによる伝記にもとづいてルメルの生涯と思想を概観していく。ルメルは一九一五年二月二二日にペテルブルクで生まれた。ヴワディスワフ・ルメルとヤニナ（旧姓ティミンスカ、詩人としての筆名はリリアナ）の二番目の息子であった。父方の家族はクールラント（現在のラトヴィア西部）の出身で、ヴワディスワフは、教育を受けた農民であった。ポーランド軍の将校としてヴィルトゥティミリターリ十字勲章を授与され、ポーランドの独立回復後、ヴォウィンのヴィシュニオヴィエツ近くのクレメネツ地区に、軍人入植者として土地を得た。ルメルはその村で子ども時代を過ごした。彼はヴォウィンの風景に愛着をもち、ウクライナ農民の生活実態に精通しており、そこからポーランドとウクライナという「二人の母」という詩のモチーフが生まれたのだった。[*38]

初等学校を非常に優秀な成績で卒業したルメルは、クシェミエニェツの中等学校に進学した。クシェミエニェツはユリウシュ・スウォヴァツキ[*39]の生地として知られ、中等学校は「ヴォウィンのアテネ」と呼ばれるほど、地域の文化的拠点であった。若者たちは、強い感受性と能力を備え、祖国の利益のために貢献する「真の市民（国民）」になるよう育成されたという。この学校が特に注意を向けていたのは、ヴォウィンの農村の苦境であり、地域の諸民族との共存であった。卒業生の絆は強く、ルメルが卒業試験に一九三五年に合格し、ワルシャワ大学ポーランド語学部に進学してからも、ワルシャワにいるクシェミエニェツキ時代の友人たちとともに農村青年協会（ＺＭＷ）の活動を持続した。

ルメルにとってヴォウィンは小さな祖国であり、ウクライナ人の親友が多くいた。休暇中は母親が務める農民大学に参加し、ポーランド人やウクライナ人の生徒らと親しく付き合った。一九三〇年代に農村青年協会の活動は最も活発になり、サークルにはポーランド人の若者と同じく、ウクライナ人の若者も集まっていた。おもなイデオロギー上の前提は、両民族の共存と文化的平等であった。つまり、ウクライナ民族が自らの文化的・経済的な可能性を、ポーランド政府やポーランド人との友好的・兄弟的な関係のもとに発展させることができる国家をめざしていた。[*40]

ルメルはポーランド＝ウクライナ関係の諸問題に高い関心を寄せており、ユゼフ・ピウスツキが理想とした多民族共存型の国家像を支持していた。[*41] その意味で、ルメルの生涯は、ナショナリズムが高揚する時代のなかで、クレスィの多民族性を維持しヤギェウォ朝的な意味でのポーランド国家を回復しようとするピウスツキの理想（それはウクライナ・ナショナリズムがすでに成長しつつある状況から乖離していたかもしれない）を真に受けて育った人が陥らざるをえなかった悲劇（それは現実との直面・対峙によって顕在化した）を示していた。

ルメルの考えでは、ポーランド人もウクライナ人も同じように、共同してポーランド第二共和国をよりよくするために働かねばならなかった。彼が強調したのは、クレスィの文化的・社会的・経済的な発展は、ポーランド国家が持続するための基礎をなす、という点であった。長い分割時代ののち、新生国家が持続できるかどうかは、この頃まだ自明ではなく、そのかたちも定まってはいなかった。[*42]

マリア・ドンブロフスカ[*43]の『十字路』（一九三七年）をめぐる論争が起きた際、ルメルはドンブロフスカを支持し、はっきりとウクライナ人の側に立った。ドンブロフスカは、農地改革について議論する際、土地の分割（配分）後にクレスィの広大な不在地主の所有地のほとんどがウクライナ人の手に渡ったことに満足の意を表明していた。ルメルはドンブロフスカに同意し、ウクライナ人もまた完全な権利をもつ共和国（Rzeczpospolita）の国民なのだと強調した。[*44]

第二次世界大戦が勃発すると、ルメルはヴォウィン青年農村協会（以下、WZMW）のつながりをもとに地下活動に入った。WZMWのメンバー数人とともに一九三九年一一月から一二月にかけ「ポーランド国家の復興」を目的にソ連に対抗する地下組織を設立した。一九四〇年一月に総督府への越境を試みて失敗するが、二月にはワルシャワからヴォウィンへ武装闘争同盟（以下、ZWZ）の特使が到着し、ルメルらの組織はZWZの指揮下に合流する。しかしこの組織も一九四〇年二月のポーランド人移送により、指導部を失う。三月にはNKVDによってルメルの兄ブロニスワフを含めZWZ組織のほとんど全員が逮捕された。[*45] ルメルも逮捕される可能性が高く、ワルシャワへ移動する。そしてワルシャワにおいてヴォウィン出身の活動家たち（農民大学以来の友人であり、この地域の地下活動のまとめ役であったカジミエシュ・バナフら）と合流する。それにより、ワルシャワにいるヴォウィン出身者の間に、自分たちの家族の歴史がある土地であるクレスィ、特にヴォウィンが、新たに形成されつつあるポーランド地下国家のなかで忘れ去られないよう努めるという機運が生じた。[*46]

ルメルの考えでは、反ソ連的な地下活動は、ウクライナ人とポーランド人農民との共同活動でなければならなかった。バナフも考えを同じくしており、[*47] クシェミエニェツの中等学校の卒業生らを中心に、この地域の知識人の間でこうした立場は一定の支持を得ていたと考えられる。

ルメルはワルシャワでは兄とともに小売業を装いながら地下活動に従事し、一九四一年九月にヴォウィンへ帰還する。ルメルはポーランド政府代表団と農民運動中央指導部から、ヴォウィンの状況を確認し地域の連絡網を構築する任務を得ていた。ドイツによるソ連への侵攻後、ヴォウィン出身の活動家たちは、ウクライナ・ナショナリズムの高まりについて故郷から不穏な報せを受けていた。[*48]

ヴォウィンに戻ってからのルメルは、おもに現地の活動家たちとの連携構築、現地の状況についてワルシャワに報告を送る役割（妻アンナがワルシャワの本部まで報告を運んだ）を担った。一九四二年末には、ウクライナ民族主義者による反ポーランド・プロパガンダの高まりや、住民に対する殴打、殺害が起き、自衛が組織されつつあることが知らされていた。

一九四二年六月にバナフはヴォウィンにおける農民運動の全権代表となり、ZWZ－AKと政府代表が協力して現地での自衛組織を援助するよう訴えた。同年一一月にドイツ占領下のヴォウィンへ戻ると、ルメルとバナフは、ポーランド人住民に比較的友好的なソヴィエト・パルチザンの支部との連携を模索し、バンデラ主義者やドイツとの戦いに支援を得ようとした。[*49]また、ロンドン亡命政府や地下国家当局もクレスィの状況を懸念し、バナフを通じて、ウクライナ人との外交・政治的な交渉に入ろうとした。[*50]

一九四三年一月にルメルはBCh第八地区の司令官となったが、同年四月の時点で五〇〇人のポーランド人が殺害されたという報告が政府代表に送られており、ドイツ占領下においてウクライナ民族主義者による暴力が（ドイツの目的に反しないかぎり）容認されていること、住民の自衛はワルシャワからの援助なくしては困難であることを認識していたと考えられる。
一九四三年二月末に支援を求めてワルシャワへ赴いたバナフとルメルに対し、ＢＣh本部は財政的・軍事的な支援を約束した。また農民運動中央指導部は特別決議によってウクライナ人問題へのアプローチを定め、次の宣言を出した。

我々は、現下の戦争が終わるとき、これまでスラブ諸民族を次々に併呑し、偽善的な仕方でスラブ民族を破壊し分断してきたゲルマン人の独占欲が崩れ去るであろうという揺るぎない確信を表明する。歴史のページが変わり、ポーランド国家は、荒廃し略奪された古代スラブ西部の土地を取り戻し、ゲルマン人によるスラブの土地へのさらなる進出に対して西側に防波堤を築くという偉大な歴史的任務に直面している。ポーランドはその地理的位置と歴史的伝統のためにこの任務に召し出されており、すべてのスラブ諸族は共通の大義の名のもとにこの活動を支援すべきである。ポーランドとウクライナの関係は、まず、長い間おもに東部ポーランドの名望と富を代表してきたポーランド貴族の支配、優越性、暴力によって生じた耐え難い重荷を負わされたことにより、そしてのちには、自由を求めて奮闘する若い国々の特徴である先鋭なナショナリズムによって、双方にとり悲惨な状況に陥っていた。私たちはまた、この戦争ののち、スラブ諸族がヨーロッパにおいて重大な政治的および文化的役割を果たす幅広い機会が開かれることを認識している。その第一の条件は、相互に意思疎通し協力する能力を備えることである。〔……〕したがって、ポーランド農民運動は、ポーランド・ウクライナ問題に関する自らの立場を次のように定義する。
ほかのヨーロッパ諸国と対等な立場で包括的な発展をするウクライナ国家の完全な権利を認め、我々はウクライナ国家が友愛的でスラブ系のほぼ農民だけの共同体として我々に近い存在であることを可能なかぎり強く強調したい。そしてポーランド国民の大多数を占めるポーランド農民の名において、我々は新生スラブ民族の利益のためにウクライナ民族と協力する用意があることを表明する。[*51]

この宣言は、ドイツ占領下のウクライナ人に対し、（第一次世界大戦期にロシアがポーランドに訴えたように）「スラブ対ゲルマン」の構図を示し、また過去のポーランド人による支配について自省を示して連携を呼びかける内容であった。

バナフはヴォウィン地方での自衛を強化するため、「嵐」作戦[*52]を前に人員の増強に努める国内軍（AK）と対立しつつ、ウクライナ人を地下活動に呼び入れることでポーランド人住民に対する殺害を止めようとしていた。その文脈において、ポーランドの地下政府は、ポーランド人の大量虐殺を阻止するため、OUN－UPAとの協議を開始するという苦肉の策をとることを決定した。バナフはヴォウィンのBCh司令官であるルメル中尉と彼の部下クシシュトフ・マルキェヴィチ少尉に、特命担当官を委任した。

ルメルは状況をよく把握しており、危険を理解したうえでバナフの提案を受け入れた。他方で彼は、二つの民族が兄弟殺しのような戦闘を繰り広げている現実を受け入れられず、ウクライナ人の司令官たちとの個人的な対談だけが紛争を鎮静化させ、さらなる犯罪を防ぐと考えていた。しかし、話し合いは行なわれなかった。翌日、交渉に向かったルメルはトゥルジスコ近くのクスティチェで馬に引き裂かれて惨殺されたとみられている。[*53]

一九四三年一〇月七日、バナフは、ヴォウィンにおけるポーランド人の状況に関する広範な報告書をポーランド政府代表団に提出した。そこには、ヴォウィンにおけるポーランド人殺害行為はバンデラ主義者の命令で開始され、ドイツ人とボリシェヴィキの両方によって扇動され触発されたことが記されている。そして、ヴォウィンにおける現在のポーランドとウクライナの紛争を沈静化させる合意は絶対に不可能であり、ウクライナ側には森林を拠点とする武装集団を指揮してポーランド人全体に対する殺人を阻止できる指導者も権威も存在しないという認識を示した。ただし、「ヴォウィンの指導部による憎しみの感情の扇動、いかなる報復、そしてウクライナ人に対する我が国のいかなる報復行為も断固として禁止する必要がある。現在の現地の戦力状況を考慮すると、そのような行為はすべて有害であり、ヴォウィンのポーランド人住民の悲劇を深刻化させる。自衛と自助にこそ私たちは全力を注ぐべきである」と結論づけた。[*54]

おわりに

ルメルのいとこにあたるエヴァ・カニェフスカの回想によれば、ルメルは「父親からは兵士の、母からは詩人・社会活動家の資質を受け継ぎ、理想主義者、愛国者の家庭で育った。ポーランドが独立を回復する三年前に生まれ、自由に魅せられた雰囲気のなかで育ち、いかなる犠牲を払っても、その自由を守るために戦わねばならない、そして第二次世界大戦が始まってからは、自由を取り戻すために戦わねばならないという意識[*55]」のなかに生きた世代であった。

こうした文脈において、一九四三年夏に、つまりヴォウィンで最も酷い虐殺が起きていたときに、ルメルがUPAとの話し合いという使命を引き受けることは不可避であった。出発前に彼を引き留めようとした知人らに「任務は神聖なもの」と答え、しかし住民には避難するよう忠告していたという[*56]。ルメルはウクライナ語を理解し、ヴォウィンを愛しており、ウクライナ人の親しい友人がいた、という証言が多くある。彼の国家構想は、二つの民族、二つの文化が調和して生きる郷土を目的としていた。農村の若いポーランド人とウクライナ人が協働し、クレスィを経済的・精神的によりよい水準へ引き上げる可能性があると考えていた。

ルメルにはウクライナ民主主義の先鋭化を止める手立てがなかったが、彼の母親と妹はウクライナ人によって命を救われた[*57]。その意味では、彼の融和的な考えにもまた現実的な可能性が残されていたことになる。ルメルという人物の思想と生涯がポーランド＝ウクライナ関係史のなかでどのように描かれるか、それは研究が行なわれる時点での両者の関係を反映する鏡の一つである。

〔注〕

＊1　Piotr Andrusieczko, "Prezydenci Polski i Ukrainy oddali hołd wszystkim ofiarom Wołynia," *Wyborcza.pl*, 2023.07.09, https://wyborcza.pl/7,75399,29954808,prezydenci-polski-i-ukrainy-oddali-hold-wszystkim-ofiaromwolynia.html（二〇二四年四月四日最終閲覧）

＊2　Grzegorz Motyka, *From the Volhynian Massacre to Operation Vistula : The Polish-Ukrainian Conflict 1943-1947*, Paderborn: Brill Schöningh, 2023, p. 69. 梶さやか「国家とネイションと個人の選択」ティモシー・スナイダー（松井貴子訳）『秘密の戦争――共産主義と東欧の20世紀』慶應義塾大学出版会、二〇二一年、四〇二―四〇三頁。

＊3　小山哲「ポーランドからみた『ウクライナ侵攻』」『世界』二〇二三年三月、一二二頁。

＊4　ウクライナ人救援者の重要性に特に言及しているものとして、Tadeusz Piotrowski, *Genocide and Rescue in Wołyń: Recollections of the Ukrainian Nationalist Ethnic Cleansing Campaign Against the Poles During World War II*, Jefferson: McFarland, 2000.

＊5　カーゾン線は、第一次世界大戦後の一九一九年に連合国最高会議が定めたポーランド・ソ連間の国境線。戦間期のポーランドは実力を行使してさらに東方に国境線を設定していたが、第二次世界大戦後は、ほぼこの線に戻るかたちで国境線が固定された。

＊6　Janusz Gmitruk, *Zygmunt Rumel:Żołnierz nieznany*, Warszawa :Muzeum Historii Polskiego Ruchu Ludowego, 2009, pp. 12–13.

＊7　*Ibid*. p. 14.

＊8　*Ibid*. pp. 14–15.

＊9　一九四二年から四三年にかけポーランド側と協力関係を結ぶことに前向きな立場のウクライナ人活動家とポーランド側との交渉・接触が行なわれたが、組織化には至らなかった。Motyka, *From the Volhynian Massacre to Operation Vistula*, pp. 87–89.

＊10　Gmitruk, *Zygmunt Rumel*, p. 51.

＊11　一九三九年から一九四四年までのヴォウィンの状況について、Anna Herbich, *Dziewczyny z Wołynia: Prawdziwe Historie* , Kraków: Znak Horyzont, 2018, pp. 269–271を参照した。

＊12　Gmitruk, *Zygmunt Rumel,* pp. 9–10.

＊13　*Ibid.* p. 51.

＊14　*Ibid.* p. 7.

＊15　Michał Dobrołowicz, "Ilu uchodźców z Ukrainy mieszka w Polsce? Znamy najnowsze dane,"*RMF24*, 9 lipca, 2023.

＊16　Grzegorz Giedrys, "Czarnek: Ukraińskie dzieci w polskich szkołach powinny uczyć się o Wołyniu," *Wyborcza.pl,* 2023.04.13.

＊17　記念碑は在米の彫刻家ヤン・ピティンスキ（一九四七年ポーランド東部の小都市ウラヌフに生まれ、二〇二〇年没）のデザインにもとづく。中心にはポーランド国家を象徴する白鷲が羽を広げて立ち、その羽には襲撃事件のあった場所の地名が記されている。白鷲の中央部は十字架型に抜かれて空洞になっている。十字架型の空洞には少女の胴体を突き刺したままの長い熊手が直立している。熊手の下方には、ポーランド人家族と見られる男女と子どもが炎に囲まれ十字架を手に寄り添っている。記念碑を裏側から見ると一家の背後にある柵には、人の頭部が柵に刺され並べられている。農具による殺害、焼き討ち、性別年齢を問わない殺戮、といった「ヴォウィン事件」の要素をまとめたものとなっているが、保守派のなかからも碑のデザインについて否定的な見解が見られる。"Tadeusz Ferenc przeciwny budowie pomnika rzezi wołyńskiej w Rzeszowie. Weźmie go inne miasto?" *Wyborcza.pl,* 2017.02.03 参照。

＊18　Piotr Głuchowski"Pomnik Ofiar Rzezi Wołyńskiej wyląduje na Podkarpaciu: Nie chciał go nawet Rydzyk," *Wyborcza.pl,* 2021.10.11.

＊19　Agata Kulczycka, "Pomnik Ofiar Rzezi Wołyńskiej: Prawicowe władze państwowe i wojewódzkie zignorowały uroczystości wmurowania kamienia węgielnego," *Wyborcza.pl,* 2022.07.13.

＊20　小山「ポーランドからみた『ウクライナ侵攻』」一一二頁。

＊21　Zygmunt Jan Rumel, *Wiersze*, Kraków: Miles, 2021.

＊22　ＩＰＮの沿革と活動をめぐる議論について、梶さやか「ポーランドとその過去――国民記憶院の活動」『カレントアウェアネス』三一八号、二〇一三年一二月、二一四頁、吉岡潤「ポーランド――国民記憶院」橋本伸也編著『せめぎあう中東欧・ロシアの歴史認識問題――ナチズムと社会主義の過去をめぐる葛藤』ミネルヴァ書房、二〇一七年、五五―六七頁。

＊23　Ｐ・ｉＳ政権は第二次世界大戦中に被った損害について、ドイツ政府に莫大な賠償金を求めているが、その際にイスラエルの研究機関に連携（証拠の提示等、技術的な面での助言を求めたとされる）を打診したが、断られている。

＊24　*Biuletyn IPN-Wołyń. 80. rocznica*, nr 7-8/2023.

＊25　Janusz Gmitruk (red.), *Historia pisana chłopską krwią. Zamojszczyzna, Wołyń i Małopolska Wschodnia w latach II wojny światowej*, Warszawa: Muzeum Historii Polskiego Ruchu Ludowego, 2015.

＊26　Anna Herbich, *Dziewczyny z Wołynia. Prawdziwe Historie*, Kraków: Znak Horyzont, 2018. ヘルビフは本書のほかに、『ワルシャワ蜂起の少女たち』『連帯運動の少女たち』を執筆している。同じシリーズから、『生き延びた少女たち（ユダヤ人の腕章）』『シベリアの少女たち』が出ている。

＊27　Herbich, *Dziewczyny z Wołynia. Prawdziwe Historie*, pp. 7-8.

＊28　*Ibid.* pp. 219-220.

＊29　Mateusz Madejski, *Zosia z Wołynia. Prawdziwa historia dziewczynki, która ocaliła żydowskie dziecko*, Kraków: Znak Horyzont, 2020.

＊30　Tadeusz Piotrowski, *Genocide and Rescue in Wołyń: Recollections of the Ukrainian Nationalist Ethnic Cleansing Campaign Against the Poles During World War II*, Jefferson: McFarland, 2000.

＊31　Tadeusz Piotrowski, *Genocide and Rescue in Wołyń: Recollections of the Ukrainian Nationalist Ethnic Cleansing Campaign Against the Poles During World War II*, Jefferson: McFarland, 2000, pp. 1-5.

＊32　一九七〇年代から二〇〇〇年代までの研究状況については、Gmitruk, *Zygmunt Rumel*, pp. 9-10 を参照。

＊33 Mieczysław Samborski, *Sprawcy ludobójstwa Polaków na Wołyniu w czasie II wojny światowej: Historia OUN i UPA*. Tom 1-2, Warszawa: Wydawnictwo Polityka Polska, 2018.

＊34 スナイダー『秘密の戦争』。なおルメルはＷＺＭＷのメンバーが組織した地下活動について指示を仰ぐため、一九三九年末から一九四〇年初頭にかけてユゼフスキとの接触を試みた形跡があるが、連絡をとることはできなかった。Gmitruk, *Zygmunt Rumel*, p. 23. 第二次世界大戦期から「ヴィスワ作戦」までのポーランド＝ウクライナ関係研究としては、柳沢秀一による一連の論考のほか、吉岡潤による検討がなされている。第二次世界大戦後のポーランド領内には約七〇万人のウクライナ人が居住していた。残留ウクライナ人の大半は、第二次世界大戦初期にソ連によって占領された旧ポーランド東部地域のポーランド人との住民交換によってソ連へ移動した。その後、さらにポーランド国内のウクライナ人は強制移住の対象となる（「ヴィスワ作戦」）。その際にはポーランド側の暴力的排除が伴っていたことを吉岡は指摘している。柳沢秀一「ガリツィア・ヴォルヒニャにおけるポーランド人強制移住政策と社会経済構造の変化一九三九－一九四一年」『ロシア・東欧研究』第三〇号、二〇〇一年一〇月、一四六－一六九頁ほか。吉岡潤「ポーランド共産政権支配確立過程におけるウクライナ人問題」『スラヴ研究』第四八号、二〇〇一年三月、六七－九三頁。

＊35 Janusz Gmitruk, *Zygmunt Rumel. Żołnierz nieznany*, Warszawa: Muzeum Historii Polskiego Ruchu Ludowego, 2009.

＊36 二〇一四年にヴィンツェンティ・ロニシュ監督がジグムント・ルメルの生涯に関するドキュメンタリー『知られざる詩人』を作成しＴＶＰで放送された。グダンスクには彼の名を冠した通りがあるが、近隣住民の誰も正確にはルメルが何者かを知らない、という場面から始まる。Wincenty Ronisz, *Poeta nieznany*, 2014.

＊37 Gmitruk, *Zygmunt Rumel*, p. 8.

＊38 Zygmunt Rumel, "Dwie Matki（lipiec 1941）," in Zygmunt Jan Rumel, *Wiersze zebrane*, Warszawa: PIW, 2018, p. 35.

*39 スウォヴァツキ（一八〇九ー一八四九年）はポーランドを代表する詩人の一人。フォークロアからの題材を得て幻想的かつ風刺をこめた作品世界を構築した。チェスワフ・ミウォシュ『ポーランド文学史』関口時正ほか訳、未知谷、二〇〇六年、三八七ー四〇〇頁。

*40 Gmitruk, *Zygmunt Rumel*, p. 20.

*41 Timothy Snyder, *Rekonstrukcja narodów Polska, Ukraina, Litwa, Białoruś 1569-1999*, Pogranicze: Sejny, 2009, p. 54. ピウスツキ自身が念頭においていたのはヴィルノを含むリトヴァ地方であり、エスニックな基準により国民の構成員を限定するのではなく、民族的マイノリティとの共生を可能にする構想であった。

*42 Gmitruk, *Zygmunt Rumel*, p. 20.

*43 マリア・ドンブロフスカ（一八八九〜一九六五年）は小説家、叙事文学によってポーランドの社会変動を描いた。没落領主階級の家庭に生まれ、スイスやベルギーで自然科学を学び、「有機的労働」理論の継承者でもあった。『十字路』*Rozdroże* は協同組合運動や農民問題・農地改革に関する評論集で、特に地主階層からの批判を集め論争となった。ミウォシュ『ポーランド文学史』六九二ー六九四頁。

*44 Gmitruk, *Zygmunt Rumel*, p. 21.

*45 *Ibid*. pp. 24-25.

*46 *Ibid*. p. 27.

*47 バナフらによる親ポーランド的なウクライナ人との接触の試みについて、Motyka, *From the Volhynian Massacre to Operation Vistula: The polish-Ukrainian Conflict 1943-1947*, Paderborn: Brill Schönigh, 2023, pp. 87-89.

*48 Gmitruk, *Zygmunt Rumel*, p. 33.

*49 *Ibid*. pp. 37–38.

*50 *Ibid*. p. 40.

*51 *Ibid*. pp. 44–45.

＊52 Norman Davies, *Powstanie '44*, Kraków :Znak, 2004, pp. 281–285.
＊53 Gmitruk, *Zygmunt Rumel*, p. 48.
＊54 *Ibid.* p. 48.
＊55 *Ibid.* p. 52.
＊56 *Ibid.* p. 50.
＊57 *Ibid.* p. 52.

※本稿は、一般財団法人櫻田会の政治研究助成を受けて行なった研究にもとづいています。

第6章　第二次世界大戦を「過去に葬る」
——現代史の見直しと冷戦体制の克服

篠原　琢

ロシアによるウクライナへの軍事侵攻は第二次世界大戦という終末論的破局の結果成立したヨーロッパの国際秩序に深刻な危機をもたらすことになった。それはいったん閉じられたはずの歴史を再び開いてしまったかのような深い危機感を多くの人びとに与えた。第二次世界大戦は巨大な破壊を伴う軍事行動だけでなく、ナチ・ドイツとソ連による社会工学的な占領政策のもとで膨大な犠牲を生み出した。大量殺戮、強制労働、住民追放、抑留、植民政策などの遂行で、暴力の過激化はとどまるところがなかった。さらに戦争末期から戦後にかけて難民化した人びと、戦勝諸国の統制下で追放された人びとは永遠に故地を失うことになった。戦争がもたらした結末は、兵士たちの帰還が一段落し、住民追放のおもな段階が終わり、難民問題に一定の見通しがつく頃には冷戦体制下で凍結された。二〇世紀に中央ヨーロッパからロシア帝国／ソ連西部にかけて成立した国家秩序は、二つの世界戦争の破局に起源をもち、それぞれの国家の一体性は多かれ少なかれ戦争がもたらした結果の上に積み上げられたものである。第一次世界大戦後、国境線の確定に住民構成が正当性を与えるようになったために、恣意的な住民追放や国籍の剥奪が国家建設の一部となった。

冷戦体制下での「恐怖の均衡」は核戦争への恐怖に支えられたばかりではない。どのような不正に満ちたものであっても、第二次世界大戦の結果を見直すことは再び破局を招く可能性がある、そのきわめて現実的な恐怖が冷戦体制下の「現状維持」を支えていたのである。戦争を繰り返すことは許されないだけでなく、ありえないことにしなければならなかった。

ブラントの「東方政策」、一九七五年の全欧安全保障協力会議（CSCE）とヘルシンキ宣言によって、第二次世界大戦後の国境線の確定について基本的な合意が成立した。CSCEの枠組みがいかに理想主義的であったにせよ、のちに冷戦の終結にあたってこの枠組みは絶えず参照され新たな秩序を構築する前提となった。第二次世界大戦を最終的に過去に葬ることは冷戦終結の絶対条件だったのである。しかし冷戦の終結が「東西の和解」から「一方の勝利／他方の敗北」に変化し、さらに旧東欧、旧ソ連構成諸国がNATO、EUに加盟していくなかで第二次世界大戦をめぐる記憶、記憶の政治も変容していった。[*1] ロシアでは二〇〇〇年代から「大祖国戦争」の記憶が大国としての威信の源として想起されるようになった。[*2] 同じ頃、旧ソ連構成国だったバルト諸国やウクライナで、ソ連「占領下」の自らの国民の犠牲性が強調され、第二次世界大戦時にナチ・ドイツに協力したナショナリストたちさえも顕彰の対象となった。[*3] 彼らはしばしばユダヤ人絶滅政策の実行にも強く関与した人びとである。ロシアの圧迫に対する現代の戦いは、こうしてソ連占領下の抵抗の継続とみなされる。歴史的過去と政治が無媒介に結びつけられ、政治が歴史化する、または歴史を政治化させる事態は、相互作用のなかで増長し急進化していった。

ロシアのクリミア侵略、そしてウクライナ侵攻は第二次世界大戦を過去にしようとして積み重ねられた営為に決定的な打撃を与えた。この戦争によって破壊されている場所が第二次世界大戦で最も集約的に破局を経験した土地と重なることも、また開戦前後からロシアが盛んにナチズムやバンデラ主義に言及し、「大祖国戦争」の亡霊を現代の戦争に召喚していることもいっそうその印象を強くしている。

戦争は休戦協定、講和条約の締結で終わるわけではない。戦争被害者、犠牲者の傷痕の承認、救済、交戦諸国間の和解、そして集合的記憶の問題は戦争経験世代を超えて続く。ウクライナの戦争で破局の記憶が呼び返されたとしたら、私たちは破局を過去に葬るために歴史のなかで追求されてきた「別の選択肢」への努力を想起して未来に備えなければならない。本章ではチェコスロヴァキアの異論派知識人の議論を通してこの課題に応えてみたい。第二次世界大戦の結果を認めることと冷戦体制の克服とはそれ自体二律背反的な課題であったが、彼らは現状維持を創造的に捉え直そうとしたのであり、結果的にそれは冷戦終結を準備するものであった。ここではチェコスロヴァキアからのドイツ人追放問題をめぐる異論派・亡命者の議論を中心に、ヘルシンキ宣言後から冷戦終結前夜までの時期を検討する。第二次世界大戦の前、人口約一五〇〇万人のチェコスロヴァキアには三〇〇万人ほどのドイツ人が居住していた。一四世紀以来、チェコの人口の三分の一程度はドイツ語話者と見積もられている。危機の一九三〇年代、チェコスロヴァキアのドイツ人たちはドイツにおけるナチズムの成功に強く影響され、チェコスロヴァキアの解体を準備することになった。戦後、戦勝国家となったチェコスロヴァキアは連合軍の承認のもと、かつてチェコスロヴァキア市民であったドイツ人を国境外に強制追放した。この歴史が異論派によって批判的に論じられるようになったのはようやく一九七〇年代末のことであった。

1 「チェコスロヴァキア・ドイツ人の追放をめぐるテーゼ」

一九七七年一月一日、「憲章77」が発表された。前年の冬から密かに準備されていたものである。「プラハの春」がワルシャワ条約機構軍の介入で粉砕されたあと、チェコスロヴァキアは「正常化体制」と呼ばれる厳しい統制下にあった。「正常化」というのは、共産党指導部が「プラハの春」の自由化を「異常事態」とみなして、社会主義体制の「正常化」を図る、体制の使命を自負した語である（現在は一九六八年から八九年までの時期を示す歴史用語として定着している）。「プラハの春」の改革運動に積極的に参加した人びとはもちろん、各職域でそれに共感を示した人びと、または示すかもしれない人びとが職場を追われ、その家族さえ社会の周縁に追いやられていった。体制イデオロギーに賛同しない人びと、体制が容認しないかもしれない活動を行なう人びとは異論派（disident）と呼ばれた。一九七六年、プラスティック・ピープル・オヴ・ザ・ユニヴァースというバンドが当局の許可なく演奏会を行なって「秩序紊乱」の罪状で逮捕された。必ずしも反体制派でない人びとも、それぞれの良心、知的・美的・思想的態度次第で国家から恣意的な弾圧を受ける、そのような状況に対して、異論派の劇作家ヴァーツラフ・ハヴェルらは裁判の支援活動を行ない、それが「憲章77」の母体となった。

ヘルシンキ会議は冷戦が始まってから初めて、東西を越えてヨーロッパのすべての国々が会合したもので、アメリカ、カナダも参加した（唯一、鎖国状態にあったアルバニアは参加しなかった）。採択された「ヘルシンキ宣言」は宣言に署名した諸国に対して、人権・市民権の尊重を義務づけ、一方、第二次世界大戦後に成立した国境の不可侵、各国領土の一体性の保全を謳っていた。一般に前者は西側外交の勝利、後者はソ連をはじめ東側諸国の利益になったものと考えられているが、のちに述べるようにチェコスロヴァキア異論派はこの二つを基礎としてそれを相互に結びつけることで、第二次世界大戦の戦後秩序の見直しを図った。

ヘルシンキ宣言は市民としての権利・自由に関する諸条項を守ることを署名各国に求めており、チェコスロヴァキアもこれにもとづいて一連の法を制定した。[*4]「憲章77」はこれらの法に則って、「合法的に」正常化体制に異議を申し立てるものであった。「憲章77」は言論・表現の自由、宗教信条の自由、移動の自由、恐怖からの解放がチェコスロヴァキアで実現していないことを訴え、「責任を共にしているという感覚をもち、市民的参加には意味があると信じ、私たちは『憲章77』を創設することとした」と宣言している。「憲章77」は組織ではなく、その後一〇年あまりにわたって提起された個々の問題に対し、個々人が市民としての責任をもって意思表明するプラットフォームをなした。「憲章77」は異論派が集う場であった。あるいは「憲章77」への署名によって社会的に周縁化された人びとを異論派ということもできる。彼らは「『憲章77』情報（*Informace o Chartě 77*）」を回覧しながら情報を共有し、意見を交換しながら星雲状にゆるやかに結びついていたが、知的・道徳的背景、政治的・社会的態度はさまざまであった。「憲章77」は発表と同時に厳しく弾圧され、一九七七年一月一日の最初の文書に名を連ねた人物のうち、哲学者のヤン・パトチカは三月一三日に公安警察の厳しい訊問を受けたのが原因で死亡した。「憲章77」にかかわった人びとは例外なく社会的に葬られ、陰湿な監視の対象となった。「憲章77」に関係した人びとの数は少なく、組織があったわけでもなかったが、体制側はその潜在力に大きな脅威を感じていた。

「憲章77」発表の翌年、一九七八年一二月、パリで刊行されていた異論派・亡命知識人の雑誌『証言』に「ダヌビウス」という匿名の著者による論説「チェコスロヴァキア・ドイツ人の追放をめぐるテーゼ」が発表された。[*5]「テーゼ」は第二次世界大戦後の「チェコスロヴァキア・ドイツ人」の追放を基本的人権の侵害と位置づけたため、異論派・亡命知識人の間に激しい議論を巻き起こした。ダヌビウスはプラハに在住していたスロヴァキア出身の歴史家ヤーン・ムリナーリクである。もともと労働運動史を専門としてプラハの芸術アカデミーで歴史学を講じていたが、「プラハの春」の弾圧後、共産党から除名され大学からも追われていた。ムリナーリクは「テーゼ」発表直後にこれを知った友人の反応を次のように記している。「『何を書いたのか、何に巻き込まれたのか、わかっているのか?』親友は私にこう問いかけた、というよりそれは非難の調子を帯びていた。〔……〕『気をつけなければならない、とてもとても気をつけなければならない』、そういって彼は沈黙した」。[*6]

「テーゼ」の論点について、ムリナーリクはそれ以前からペトル・ピトハルト（ムリナーリクの回想では「狂人」という渾名で登場する）とペトル・プシーホダ（筆名ヤン・プシーブラム）らと議論を重ねていた。[*7]「テーゼ」を『証言』誌に仲介したのはピトハルトである。この二人は一九八〇年にボヘムスという筆名で「テーゼ」を敷衍する長い論考「ドイツ人追放に対する立場」を発表している。[*8]ムリナーリクは、ヴァーツラフ・ハヴェルの要請を直接受けて「憲章77」に署名した最初のスロヴァキア人の一人だったが（ほかは作家のドミニク・タタルカ）、彼はハヴェルや「不正に迫害された人びとの擁護委員会（Výbor na ochranu nespravedlivě stíhaných, VONS）」のメンバーともドイツ人追放の歴史的・政治的・道徳的問題を議論していた。[*9]

第二次世界大戦後、チェコスロヴァキアのすべての政治勢力は競い合うように徹底的なドイツ人の追放を要求していた。追放は「数世紀にわたるチェコ人とドイツ人の闘争」の最終段階と位置づけられ、ナチ・ドイツの過酷な占領政策を経験したあとではそれ以外の選択肢はありえないというのだった。一九四五年八月に戦後処理の一環として連合国首脳がポツダム協定でドイツ人の追放政策を認めたことは、国際的にも追放に正当性を与えることになった。またドイツ人の追放は将来にわたる「民族問題」の解決に必要で「第三の世界戦争」を予防するための政策だとも唱えられた。共産党政権下では、ドイツ人の追放は「歴史的に解決済みの問題」とされ、追放を批判的に論じようと試みる者は誰であれドイツにいる「ファシスト」「復讐主義者」に通じる「チェコ国民とスロヴァキア国民の敵」と批判された。それは第二次世界大戦の勝利の正当性に疑いをさしはさむものとみなされたのである。「テーゼ」はそれに対する挑戦であった。

「テーゼ」の論点は多岐にわたるが、ドイツ人の追放を人権の侵害、人間の尊厳に対する攻撃と捉えることが基本的立場である。ムリナーリクは冒頭でこう述べる。「単に居住場所を替え、祖先からの故国を捨て、故郷を喪失するのはそれだけで人間としての大きな苦痛であるが、追放はさらにジェノサイドにも比較しうる行為であった」[*10]。それはドイツ人という集団に対して無前提に「集団的罪科」を問う点で基本的人権の侵害であり、法的処罰ではなく特定の集団に対する報復であった。追放は「ファシスト的方法の援用」であり、暴力的占領の方法が残って「国民の野蛮化」を招来し、ついには「テロルは自己回転し制御不能となって」一九四〇年代末から五〇年代にかけて頂点を迎えた[*11]。こうして人権、市民的権利を否定する「全体主義的方法」はすでに一九四八年二月の共産党の権力掌握以前に行使され、共産党独裁体制を準備したというのである。ムリナーリクによれば「集団的罪科論の原則」はソ連における強制追放に起源がある。ただし「中央ヨーロッパにおける追放はその人数、規模の点で、ロシア帝国における東洋的・アジア的追放をはるかに凌駕している」[*12]。こうしてソ連の積極的支持のもとにドイツ人の追放が行なわれたため、チェコスロヴァキアの生存形態は「東への依存」を強めざるをえなかった。ムリナーリクはいう。「五月九日（第二次世界大戦の戦勝記念日）は占領者が交代した日にすぎない。一九四八年二月は一九四五年五月九日の論理的帰結であり、一九六八年もその帰結である」[*13]。

ムリナーリクは次のように「テーゼ」を総括する。「チェコスロヴァキア・ドイツ人の大量追放は、基本的人権の侵害を意味する。故郷への権利、祖国への権利の侵害を。今日、私たちが熱心に人権を擁護し、人権を守るために戦っているのならば、故郷と祖国への権利を、現在だけでなく、歴史的な意味においても第一の公理としなければならない。〔……〕人権の原則を認め、その擁護を人間の最高の行為とするなら、この過去とは徹底的に距離をとらなければならない。チェコスロヴァキア・ドイツ人の追放はただドイツ人の悲劇なのではない。それは私たちの悲劇でもある。追放とその結末について、私たちはまず自分たち自身で、自分たちのために清算しなければならない」[*14]。

「テーゼ」は「憲章77」に依拠しながら、人権、市民的諸権利の侵害という観点から「追放」を論じ、第二次世界大戦後のチェコスロヴァキア国家の成立を批判的に検討して、「受難と英雄譚」を基調とするチェコ国民史記述に見直しを迫るものであった。ナチ・ドイツに対する「勝利」とそれに続くドイツ人の追放によって「チェコ人とスロヴァキア人の国民国家が成立した」（エドヴァルト・ベネシュ）という認識を根本的に否定し、「追放」をチェコスロヴァキア国家の存立理念である人文主義理念（トマーシュ・G・マサリクの「フマニタ［humanita］」論）を裏切るものと断じたのである。ムリナーリクにとって第二次世界大戦と戦後秩序は国民の解放ではなく、「過激化する暴力の常態化」を意味したのだった。同時にそれは共産党独裁体制の成立にチェコ国民自らの歴史的、道徳的、政治的責任を問うて、「正常化体制」の内在的克服を呼びかけていた。

他方、「追放」をナチ・ドイツの占領政策から連続する暴力の現れと考えながら、その直接の起源をソ連に求める点で「テーゼ」は文明的ヨーロッパとロシア・ソ連、または「東洋的・アジア的」東方との対比を強調している。こうしてムリナーリクの議論は「追放」をめぐってチェコ国民史の叙述を厳しく批判する一方で、「二つの全体主義」を国民史から外在化することを暗黙のうちに前提としていた。以後に続く議論はこの矛盾を克服する方向に発展していくが、まずは「テーゼ」に対する最初の全面的な批判と「テーゼ」の波紋を検討しなければならない。

2 「テーゼ」の波紋

「テーゼ」を最も包括的、徹底的に批判したのはミラン・ヒュブルの「チェコスロヴァキア・ドイツ人の追放についての注釈」であった。[*15] ヒュブルは労働運動史を専門とする歴史家で、共産党政治大学校で教鞭をとり、「プラハの春」では党中央委員会委員にも選出された。「プラハの春」以前からムリナーリクとは親しい関係にあった。「プラハの春」ののち共産党を除名されアカデミズムからも追われ、一九七〇年代には四年間にわたって投獄されている。彼もまた「憲章77」の署名者である。

「注釈」は「追放問題の高度な政治性からすれば、政治的・国際政治的背景と方法論・事実選択は切り離せない」と指摘し、「テーゼ」は広い歴史的連関を無視して恣意的に断片的事実をつなぎ合わせて「追放」を論じていると非難する。そのうえで二〇点にわたって、「テーゼ」の論題に徹底的な批判を加えた。前提としてヒュブルは次のように論じている。「歴史的に所与の条件下で追放のほかに選択肢は存在しなかった。六年間、あのようなかたちでの占領が続いたことを考えれば、追放は理解できるものであり、歴史的主体に向かって、何をするべきであったのかあとから忠告することはできない」。[*16] ダヌビウスは歴史を「単純な道徳的判断」で評価しており、「所与の条件」を考慮していない、というのである。「所与の条件」とは、ボヘミア諸邦におけるドイツ・ナショナリズムの過激化、チェコスロヴァキア国家に対するドイツ系住民の否定的態度や、一九三〇年代のナチズム支持、国家解体への積極的な関与など、一九世紀から第二次世界大戦期に至る歴史の流れであり、直接的にはプロテクトラートにおける過酷な占領政策、「明確な目的意識をもったゲルマン化政策」の実行、人種政策などであった。ヒュブルによれば、こうした背景からすれば、「『野蛮な追放』段階の蛮行も批判されるべきではあるが理解しうるもの」で、「大戦直後の行動については先行する時期の出来事を抜きにしては理解できない」のであった。さらに「追放」は「ポツダム協定にもとづく国際法に則った行為」であり、「テーゼ」はソ連の関与を過大評価しすぎているという。[*17]

自ら「政治的・国際政治的背景と方法論とは切り離せない」というように、ヒュブルの議論は戦後秩序の正当性に直接かかわっていた。「現在のチェコスロヴァキア国境は国際協定と合意によって保障されているという事実からして、私たち自身がそれを疑問視したり、無分別で無責任な態度でそれに条件をつけたりすることはできない。〔……〕ポーランド人もオーデル＝ナイセ国境と、三五〇万人のドイツ人が逃亡し三五〇万人が追放されて成立した民族構成の現状（status quo）の維持をかたくなに主張する。それはヘルシンキの最終文書で確認された現実に由来する」。ヒュブルはこう述べて、「テーゼ」によって「暗黙のうちに追放の見直し、さらには国境の見直しを提起していることを（ダヌビウスが）理解しないのは驚くべきこと」であり、「こうした議論でチェコ人の国民的利害、あるいはチェコスロヴァキアの国益を無視するのは、自殺行為である」と主張した。[*18]

ヒュブルの論考は国民史の枠組みで第二次世界大戦の結果を勝利・解放とし、「現状」をその延長のうえに捉えていた。「勝利」を戦後秩序の前提と考える点で彼の歴史像は「正常化体制」の歴史像と通底している。体制側も「テーゼ」に強く敏感に反応した。戦後秩序の批判的見直しは共産党体制の正当性を直接に脅かすものだったからである。公安警察は「テーゼ」と「憲章77」との関係を深く疑う一方、「追放」問題が異論派知識人の間に深刻な亀裂を生むことを予想し、また「テーゼ」との結びつきを示して「憲章77」の社会的信用を毀損しようとした。ヒュブルが「注釈」を書き上げた直後、二月七日に公安警察（Státní bezpečnost, StB）は多くの人びとを連行して「ダヌビウス」を同定するために厳しい訊問を行なった。訊問されたのはみな「憲章77」の署名者たちである。彼らは「親愛なる友人たちへ」で始まる「手紙」を見せられたという。それは「憲章77」の署名者の誰かが「テーゼ」に反対する文書のようだった。[*19] 確かに「テーゼ」が「憲章77」の文書に採択されるという噂がささやかれていた。[*20] 他方、チェコスロヴァキア共産党機関紙『ルデー・プラーヴォ』は二月一九日、「注目すべき連携」とする記事を掲載した。この記事は「歴史を裏返すキャンペーンが行なわれ」、「戦後の（ドイツ人）追放をやむなくした本当の犯罪人はナチズムの戦争犯罪者で、チェコスロヴァキアのドイツ系市民をチェコスロヴァキア解体に利用した連中なのに、そこから人びとの目を逸らさせようとしている」と主張している。「『ダヌビウス』なる筆名に隠れた『匿名の筆者』」のドイツ人追放論はまさにそのような流れに乗じているという。「かの『ダヌビウス』は西ドイツの報道によればチェコスロヴァキアに住み、『憲章77』を自称する一味の一人であるという。『人権の擁護者』なる連中がいま誰におもねろうとしているのかわかろうというものだ[*21]」。

「憲章77」の回覧紙は、「『憲章77』は現在の人権を擁護するコミュニティ」であるので過去の議論にはかかわらないとして噂を否定し、またVONSは「追放にもダヌビウスの論説にも特定の立場はとらない」と宣言した。[*22] 当局の想定どおり、この議論は異論派の間に深い動揺を呼んだのである。

一九六九年九月、チェコスロヴァキア共産党中央委員会はワルシャワ条約機構軍の到来を「反革命の脅威に対する国際的援助」と公式に宣言した。その後、「援助」に言及されることはなくなったが、そのかわりチェコスロヴァキアでも「大祖国戦争」による「ファシズムからの解放」が日常的に繰り返し強調され、現実に駐留するソ連軍と「解放」をもたらした赤軍とが意識的に重ね合わされた。[*23] 「第二次世界大戦の勝利」の「無条件の承認」は体制イデオロギーの核心であった。そしてその前提は好むと好まざるとにかかわらず、多くの異論派知識人にも共有されていたのである。第二次世界大戦の結果を「勝利」として受け入れながら、「現状」に対して歴史的に批判を加えること、「現状」に別の選択肢を構想することは困難であった。ムリナーリクは「憲章77」に深く依拠しながらその知的挑戦に応じようとしたが、「追放」という「東方の野蛮」に「チェコスロヴァキアの国家理念」あるいは「文明的ヨーロッパ」を対置するところで立ち止まってしまったのである。しかし彼の論考は第二次世界大戦という破局を歴史的に見直し、これを過去に葬って次の未来を構想する営為の先鞭をつけることになった。

3 「祖国」の創造とナショナリズム論

ムリナーリクの議論を歴史の主体の問題に発展させたのは先にあげた「ボヘムス」論文である。[*24] 彼らは一九世紀以来の「言語ナショナリズム」によるチェコのネイション形成にさかのぼってドイツ人の追放問題を論じようとした。ハプスブルク君主国におけるチェコのネイション形成については以下のようにまとめている。「ネイションは、真に政治的なネイション、市民からなるネイションとはならなかった。もしそうなれば、ドイツ人とともに居住しているこのくに（ボヘミア諸邦）の諸問題の複雑さを理解し、その解決も可能だったかもしれない」[*25]。「言語」という所与の条件によって「ネイション」という政治共同体を構想したため、ネイション間の排他性は克服できなかったというのである。一九世紀からプロテクトラート期までのボヘミア諸邦におけるチェコ人とドイツ人の関係を振り返ってから、「ボヘムス」は「野蛮な追放」に始まった事態を次のように評価している。「大規模追放によってドイツ人問題を解決しようという原則を受け入れたこと自体に問題があったばかりでなく、その方法もチェコの民主主義の基盤が脆弱であることを示した」。そしてそれは、「ナチスの犯罪に対するもっともな反応であるというばかりでなく、ボヘミア諸邦の二つの住民グループ（ドイツ人とチェコ人）の数百年におよぶ発展の嘆かわしい帰結であった。ネイションという存在の基礎として排他的な言語理念を選択した結果である」[*26]。

異論派のなかでも「ボヘムス」論文には、非歴史的で運命的決定論に陥っているとか、チェコの国民形成に対して「自虐（マゾヒズム）的」だとかいった激しい反論が寄せられた[*27]。「ボヘムス」の批判はしかし政治思想・運動としてのナショナリズムに向けられたものであり、歴史叙述というより第二次世界大戦の経験と「追放」の経験を経たのちに新たな政治的共同体を構築しようとする試みであった。「ボヘムス」論文の前年、ピトハルトは「祖国の試み」という論考で市民的ネイションの構築を考察しているが、「追放」批判の根底にはその「祖国」論があった[*28]。彼は「祖国」をこう語っている。

「チェコ人である」とは、何ら躊躇なく、肯定的価値として経験されるものであり、自己確認である。それによってどのような疑わしい要求にすら理由が与えられることになるし、国民の名において、冷静な自己批判や困難な問いを退けることができる。

しかし祖国とは、自己確認を疑う難しい挑戦である。祖国は排他性に依拠しない。〔……〕祖国において私たちはチェコ人（チェコ人であるだけ）ではない。そこでは「ただ」市民であり、市民を結びつけるのは、共通の責任意識であって、決して偶然の共感ではない。

市民たちのネイションとして祖国をつくるとは、すべての人びとと折り合わなければならないことを意味する。〔……〕すべての人と折り合うとは本来の意味におけるネイションの不幸な排他性（チェコ人というネイション）を克服する、つまり「私たち」と「彼ら」という排他性を克服することにある。チェコではネイションは長い間、集合的なエゴイズムであり「市民たちの国家」の普遍性には鈍感であった。だとすれば「祖国」はこうした歴史のなかで具体的なチェコ・ネイションの概念に対する批判であるばかりでなく、同じように個別特殊なものへの偏愛に対する批判でもある。[*29]

ピトハルトらの議論は、ムリナーリクが問題にした「私たちの罪」と、その影に秘められている「私たちの犠牲性」を成り立たせる「私たち」を問い返し、二〇世紀の破局を見直そうとするものだった。「ボヘムス」論文を擁護した歴史家のベドジヒ・レーヴェンステインのナショナリズム批判はピトハルトの論考と共鳴しながら、さらにファシズム、スターリニズムと「統合的ナショナリズム」の合流を次のように総括している。

忠誠の対象が多様に分割されていることが「開かれた社会」の条件であり、そこでは人びとはさまざまなコミュニティに帰属している。つまり生活全体を律するような唯一の団体が存在するわけではない。忠誠対象が多様であるとはまた「真実の複数性」を可能にする。それとは逆にナショナリズムは近代が解き放ったすべての領域を全体的、または全体主義的に統合しようとするのである。〔……〕「追放」についていえば、それは反作用であり報復であった。しかしだからこそそれを現代の野蛮の固い結節点において見なければならない。野蛮を増長させ、典型的に野蛮を代表するのがファシズムだったのだが、それはファシズムに始まってファシズムとともに終わるのではない。「追放」について多くの観点から一つのものを取り上げるなら、何よりもスターリンの現実政治的計算を指摘しよう。彼は小さな「スラブ」諸ネイションの最大限の要求を支持することで堅固な緩衝帯を確保しようとした。このような考えはネイェドリー的な「民族性」と民族復興期の「ポピュリズム」と合流して「特殊な刻印を帯びたスラブ性」として一つになった。[*30]

こうして議論は「反ファシズム闘争」「民族解放」の英雄譚も、スターリニズムに対する犠牲者物語も拒否し、新しい秩序を見通して二〇世紀の破局を総括する方向に向かっていった。第二次世界大戦は

「ファシズム」の敗北で終わったわけではない。「戦争は人類の非人間化をもたらし、民主的原則は信じることもできないし有効でもないとして放擲された。チェコ人はこうした全般的な価値の崩落を逃れられなかったばかりか、それを盲目的エゴイズムをもって利用したのである」[*31]。

「憲章77」はヘルシンキ宣言に謳われた人権・市民的権利の擁護から運動を紡ぎだしたが、「追放」をめぐる議論は過去の破局、第二次世界大戦がもたらした「価値の崩落」を見つめながら現存社会主義に異議を唱えて政治的主体の再構築を図ろうとした。それではヘルシンキ宣言が国境の不可侵、領土の一体性の保全に合意して第二次世界大戦後の秩序の「現状（Status quo）」維持を保障したことに対して、彼らはどのように応じようとしたのだろうか。異論派の人びとは「過去の克服」を冷戦体制に対する異議申し立てにどのようにつなげようとしたのだろうか。ピトハルトはこういう。「『祖国の試み』は多くの人びとには無力な倫理にしか見えないかもしれない。しかし現実にこれはまさに政治的に生産的であり一貫して政治的プログラムなのである」[*32]。

「憲章77」の運動は国際関係の「現状」を固定した「ヘルシンキ宣言」を積極的に受け入れて冷戦秩序の見直しに進んでいく。

4　プラハ宣言

「憲章77」の署名者の一人、イジー・ディーンストビエルは冷戦体制の矛盾を次のように述べている。

「現状を維持していれば数百万人の人びとを想像もしがたい次の殺戮に追い込むこともない。〔……〕しかしこの現状そのものが暴力にほかならない。文明的伝統にしたがった人間の解放、人間の連帯に向かう流れを押しとどめているのがこの現状だ。東西ブロックを新しい安全保障システムで克服し、ヨーロッパに住むすべての人びとの社会的願望を実現するような流れが押しとどめられている」[*33]。

一九八〇年代の中頃には冷戦を克服する構想のなかで異論派はドイツ統一問題を議論するようになった。「ダヌビウス・テーゼ」に対するヒュブルの批判に見られたような国境修正論への警戒は後景に退いていた。その頃にはドイツ社会民主党や「緑の人びと」が担う平和運動と異論派との交流が始まったことも一因であろう。ヴァーツラフ・ハヴェルは「西側の平和運動に対する公開書簡」で次のように述べている。「ドイツ問題の解決後に東西陣営を解体するのは本質的により現実的だ。はたして東西陣営と大国の『保護』がないヨーロッパで、ベルリンが依然として壁で分断されドイツ問題が解決されずにいるなどということが想像できるだろうか」[*34]。

「現状維持」を前提に冷戦体制の克服を考えるとき、異論派の人びとに最も重要なことは「自由な市民」の関与であった。同じ文章でハヴェルはこう述べている。「自由で尊厳があり、法的主体である市民がいなければ、自由で独立した国民もありえない。内的な平和、つまり市民同士、市民と国家の間に平和がなければ、外的な平和も保障されない。市民たちの意思と権利を尊重しない国家は他の人びと、諸国民、諸国家に対しても保障を与えることはない。つまり人権の尊重が本当の平和の基礎であり、唯一の現実的保障なのだ」[*35]。

「全体主義国家」の市民が繰り返し「人権、人間の尊厳、市民的自由」に立ち返るのは、西側の平和活動家には「あまりにも抽象的で、『哲学的』で、実践的にはほぼ使いものにならない」と思われるかもしれない、ハヴェルはそう問いかける。それは「市民社会」の構築を考えつづけた「憲章77」がその活動を発展させて冷戦体制の克服に挑戦する現れだった。

一九八五年三月一一日、ディーンストビエルら当時の「憲章77」の代表の名で「プラハ宣言」が発表され、「憲章77」の署名者たちはヨーロッパ統合の議論を呼びかけた。そこには「自由な市民たちの、統一され民主的で自立的なヨーロッパへの道の障害を克服するアイディア、提案が議論から生まれると確信する」と書かれていた。

四〇年にわたってヨーロッパの地には戦争がなかった。しかしヨーロッパは平和の大陸ではない。まったくその逆だ。対立する二つの陣営の対峙する場所であり、常に緊張に苛まれて、全世界に対する脅威の源となっている。もしここで戦争が起これば、世界戦争になるばかりでなく、おそらく全世界に死をもたらす戦争になるだろう。〔……〕

ヨーロッパ安全保障協力会議とヘルシンキ宣言、そしてそれに続くマドリード文書は、ただ現状を承認しただけでなく、ヨーロッパ、そしてヨーロッパ・アメリカの協力を計画したものである。ここで会議に参加したのは両陣営ではなく、平等なパートナー諸国である。そこでは全参加国家の主権が認められ、採択された国家間関係の原則が実現すれば、ヨーロッパ統一への見通しも開かれる。ヨーロッパ文化の伝統にしたがって、平和は国家間の関係だけでなく、国家と社会、市民と権力の関係と分かちがたいという思想が根をおろしている。これまでのどのようなタブーも避けることはできない。

その一つがドイツの分断である。ヨーロッパの統合を見通したとき、誰にも自己実現の権利を否定することはできない。もちろんドイツ人にもだ。この権利は他者を踏みにじったり他者の不安を見逃したりしては実現することができない。〔……〕自由で尊厳ある市民だけが諸国民の自由と自決権を保証できる。そしてヨーロッパを同等なパートナーたちの共同体として打ち立てることができるのは自由で自立した諸国民だけである。

世界戦争の危機を世界に発するヨーロッパではない。真の平和的共存のモデルとしてのヨーロッパだ。このような理想は夢のように見えるかもしれない。しかし〔……〕今日の世界が危機を乗り越えがたいためにいっそう、ヨーロッパはその意志に応じた道を歩まなければならない。*36

「プラハ宣言」は冷戦の克服を訴えると同時に内外に向けてドイツ統一問題を提起して大きな議論を呼んだが、総じて「憲章77」が接触していた西側の平和運動は冷淡な反応しか示さなかった。しかし「憲章77」周辺の状況は、「ダヌビウス・テーゼ」に対して困惑を示したときとは異なっていた。「テーゼ」で提起され、その後発展した歴史論は「プラハ宣言」の前提条件となっていたのである。「追放」問題と「プラハ宣言」との有機的連関についてはヤロスラフ・シャバタが次のように位置づけている。

一九七〇年代末に始まるドイツ人追放をめぐる議論は〔……〕世界における私たちの立場をあらためて考察し、一九七〇年代に深い危機に陥った「チェコ性のプログラム」に基礎を与えようという政治的意思を鮮明にした。「プラハ宣言」は元来の議論で答えられなかった問いに応じようとする試みである。ドイツ人追放問題を含むドイツ問題の内的な矛盾を、ヨーロッパの政治的現状においてどのように解決するか、という問いである。出発点の理解は明らかである。ズデーテン問題もドイツとの国境問題も歴史的政治的には閉じられている。しかし二つのドイツ国家間関係は開かれたものである。[*37]

シャバタによれば「プラハ宣言」が批判されるのは、「東側でも西側でも統合過程は古典的な国民国家の枠組みをはるかに越えているが、古い意味での国民国家の利害に依拠する国際関係論の視角はまだ残っている」からだという。[*38] ドイツ統一問題に訴えかけながら冷戦の克服を試みる主体はすでに「国民国家」ではありえない。「追放」論から見直された「チェコ性のプログラム」――たとえばピトハルトの「祖国」論――、そしてその担い手である「自由で尊厳のある市民たち」が前面に登場するのであった。第二次世界大戦で生まれた国境線とそれぞれの国家の一体性を積極的に受け入れながら、その「現状」を創造的な「祖国」に作り変えていくこと、そのことを通じて二〇世紀の終末論的破局を決定的に過去に葬ることが異論派の人びとがめざした歴史像、未来像であった。それは第二次世界大戦の勝利に連なる未来像ではない。第二次世界大戦を決定的に過去にする試みだったのである。

おわりに

一九八九年一二月、ヴァーツラフ・ハヴェルはチェコスロヴァキアの大統領となり、ディーンストビエルは外相、ピトハルトはチェコ共和国首相となった。チェコスロヴァキア大統領は慣習として就任後、まずスロヴァキアの首都ブラチスラヴァを訪れるが、一九九〇年一月二日、ディーンストビエルを伴ってハヴェルが大統領として最初に訪れたのは、(東)ベルリンとミュンヘンであった。ベルリンではドイツ民主共和国首脳と会談したのち、ノイエス・フォールムの人びとと会談している。ハヴェルはドイツ国家評議会議長と行なった記者会見で、「当時は挑発としかとられなかったプラハ宣言」に言及し、「このプロセスを全ヨーロッパ的プロセスの一部」として進めることを求めた。[*39] 午後、彼らはミュンヘンに移動し、リヒャルト・K・F・v・ヴァイツゼッカードイツ連邦共和国大統領、ヘルムート・コール首相、ハンス＝ディートリヒ・ゲンシャー外相らと会談し、「緑の人びと」をはじめかねて交流のあった人びととも会合をもった。すでにこの東西ドイツ訪問時に「追放」問題が提起され、それはその年三月一五日のヴァイツゼッカー大統領のプラハ訪問を準備することになる。三月一五日は一九三九年、ドイツ軍がプラハに進軍した日だった。「追放」問題はその後一九九〇年代前半を通じて解決までに困難な道筋をたどるが、本章では過去の問題を政治的、歴史的に克服する努力は一九八〇年代から体制転換後まで連続性をもっていたことを指摘しておくにとどめよう。

チェコスロヴァキアにおけるドイツ人追放問題の論議とほぼ同じ時期にポーランドでは、カトリック系知識人の間でユダヤ人絶滅政策の過去とポーランド社会の関係を問う議論が始まった。そして何より、ドイツ連邦共和国では一九八六年に「歴史家論争」があった。「歴史家論争」は、確かに歴史研究に新たな展開をもたらしたわけではないが、今日からすると「ホロコーストの一回性、絶対性」の認識がドイツ社会に共有されつつあったことを示す象徴的な里程票を示しているといえよう。[*40] 中央ヨーロッパの異論派知識人の歴史論は実に多くをドイツにおける「過去の克服」に負っている。一九九〇年代の東欧諸国の歴史論争は、チェコにおけるドイツ人「追放」論のように社会主義時代末期の議論を引き継ぎながら、国民史の見直しとヨーロッパ二〇世紀に共通する「過去の克服」を志向するものであった。

一九八九年の体制転換、ドイツ統一は、一九七〇年代以来の「第二次世界大戦の結果」の承認を最終的に確定、確認するものであり、「第二次世界大戦」を過去のものにする努力の本格的な始まりであった。冷戦体制、第二次世界大戦の勝敗の構図のなかでは問われなかった問題が一九九〇年代には次々と提出された。地元社会のユダヤ人絶滅政策への関与の問題がドイツに占領されたヨーロッパのすべての地域で問われるようになったのは、その端的なものであった。対敵協力、占領下での民族テロル、住民追放、戦時性暴力なども、従来の第二次世界大戦像に大きな変容を迫り奥行きを与えた。第二次世界大戦という破局的な暴力によってもたらされた秩序は、それがいかに不正義に満ちていたとしてもそれを承認し、過去に

「葬らなければならない」、新しい秩序の構築は「そこから」始めるしかない。この認識と、歴史の問題としてそれを問い直しつづける、という作業は対をなしていたのである。

この課題の極点になったのは「ユダヤ人絶滅政策」の想起であった。トニー・ジャッドは端的にこう述べている。「『ホロコースト』を認めることが、われわれの現代ヨーロッパへの入場券である。〔……〕今日、ヨーロッパの人々にとって、ホロコーストは否定しようのない事実、もう無視することのできない事実の、そのうちの一つ、などというものではない。第二次世界大戦が過去になりつつあるなかで、ヨーロッパの死んだユダヤ人たちの記憶を回復することは、この大陸が人間性を回復するとはどういうことなのか、それができるのか、という、まさにそのこと自体の問題である」[*41]。しかし彼は「いつもそうであったわけではない」と続けている。「絶滅政策」、まして東ヨーロッパの「在地社会における殺戮」の記憶は、冷戦期にはまだ個人の、または家族のなかに深く埋め込まれたままで、この問題が社会的に論じられるようになったのは一九九〇年以降のことだった。

アイヒマン裁判批判のなかですでにハンナ・アーレントは絶滅政策を「ユダヤ人の体に加えられた全人類に対する犯罪」と指摘しているが、アーレントの考察を基礎にしながら、アライダ・アスマンは絶滅政策の想起の絶対性についてこう論じている。絶滅政策は「文明の崩壊という切れ目」であり、ここで「あらゆる文明の基本構造は崩壊した」。そのため「いかなる未来の約束も、（第二次世界大戦が刻んだ）境目を越えるのを助けてくれない」。絶滅政策は「絶対的な悪の否定的示現」であり、これは新たな時代を画して、「ユダヤ人絶滅政策を一つの普遍的人類史の次元にまで高めた」、というのである[*42]。殺戮され何重にも人間性を否定された人びとはそれぞれ個人としての唯一性をもっていたのであり、「ユダヤ人」という属性に彼らを還元することはできないし、どのような政治共同体、ネイションもその受難の経験を特権的に「相続」することはできない。そもそも殺害対象として「ユダヤ人」を定義したのは犯罪者たちであった。

二〇一〇年代に入るとしばしば社会主義体制の抑圧の記憶とナチズム、ホロコーストの記憶とが対比されるようになり、第二次世界大戦の結果をめぐって再び犠牲者性の競合が顕著になって、政治的対立を生み出していった。それぞれの国民史をめぐる新たな「歴史家論争」の再現ともいえるだろう。第二次世界大戦、そして絶滅政策といった黙示録的な現代史の経験を過去に葬りつつ、人類史的な歴史として現代社会に共有しようという挑戦には受難の相続人を自称する（そして加害責任の相続を拒否する）「ネイション」の存在が、常に不協和音、記憶の抗争をもたらしてきた。二〇一〇年代以降の「記憶」をめぐる対立はその流れのなかに理解することができる。ウクライナ進攻にあたってヴラジーミル・プーチンが引用した「赤軍によるヨーロッパのナチズムからの解放」は、ありありと過去から亡霊を呼び出すものであった。それに劣らずグロテスクなのは、イスラエルの指導部がハマスによる攻撃を「ユダヤ人に対するホロコースト以来の大量殺戮」だといって、ガザ進攻を正当化することである。二〇〇万人におよぶガザの住民・難民をエジプト領シナイ半島に放逐しようという陰に陽に現れる戦争のビジョンは、それ自体、何よりも即座に占領地の「ユダヤ人」をポーランドのニスコ地方、あるいはマダガスカルに追放しようとしたナチ指導部の計画を思い起こさせる。ここでは「ホロコースト」の記憶の専有によって、絶滅政策の過去は相対化され、それぞれの方向で暴力を正当化する「記憶の政治」の戦場に投げ込まれてしまった。もちろん「パレスチナ問題」はいま始まったものではない。しかしガザ進攻に対するヨーロッパ社会の反応は、「絶滅政策」の記憶の規範化が記憶の「絶対性」を内在化していなかったことをあらためて明らかにした。

ウクライナはベラルーシ、ポーランド、リトアニアと並んで第二次世界大戦下で「絶滅戦争」が最も過酷に展開した場であった。イスラエル建国を支えた移民たちの多くはこの地域の出身者であり、ソ連解体後も多くの人びとがここからイスラエルに渡った。隔たった二つの土地で現在も続く非対称な暴力の行使は、第二次世界大戦に発する歴史の地下茎にともにつながっている。第二次世界大戦と絶滅政策を過去に葬ろうとする努力は、その両側で決定的に否定されようとしている。

しかし、もちろんそれは一九八〇年代に起源をもつ一連の議論を無効化するものでもなければ、それが「過去のもの」となったわけでもない。むしろそれが何をめざしていたのかあらためて問われるべきであり、この間に蓄積された歴史学の知見、記憶文化の知見をもってその問いを新たに現在化していかなければならない。次の黙示録的破局を避けるために、その遺産を継承するのは歴史を考える人びとの責任である。

ディーンストビエルはドイツ統一論についてこう述べている。「歴史は閉じられている、あるいは歴史は開かれているが、ある領域や国民、ある時期を閉じることができる、と主張するのはまったく馬鹿げたことだ[*43]」。彼らの課題は冷戦秩序を「開く」ことであり、同時にそれは破局の過去を「閉じる」ことであった。

〔注〕

＊1 塩川伸明『冷戦終焉20年——何が、どのようにして終わったのか』勁草書房、二〇一〇年、特に一〇七－一二五頁。

＊2 Olga Malinova, "Political Uses of the Great Patriotic War in Post-Soviet Russia from Yeltsin to Putin, in: J. Fedor, et al., *War and memory in Russia, Ukraine and Belarus*, Palgrave Macmillan, 2017. pp.88-124.

＊3 橋本伸也『記憶の政治——ヨーロッパの歴史認識紛争』岩波書店、二〇一六年を参照。

＊4 "Prohlášení Charty 77 1.ledna 1977", in: Vilém Prečan (ed.), *Charta 77 1977-1989: Od morální k demokratické revoluci. Dokumentace*, Bratislava: Archa ve spolupráci s Ústavem pro soudobé dějiny ČSAV, 1990, pp.9-13（『「憲章77」一九七七～一九八九——道徳的革命から民主主義革命へ。史料集』）. 日本語訳は歴史学研究会編『世界史史料』第一一巻、岩波書店、二〇一二年、三二八－三三〇頁。またヴァーツラフ・ハヴェル（阿部賢一訳）『力なき者たちの力』人文書院、二〇一九年に全文を収録。

＊5 Danubius, „Tézy o vysídlení československých Nemcov", *Svědectví* 15(57), 1978, pp.105-122（「チェコスロヴァキア・ドイツ人追放に関するテーゼ」）.『証言』誌に掲載されたのは元原稿の六割程度で、全文は以下に掲載されている（Bohumil Černý et al. (eds.), *Češi Němci odsun:Diskuse nezávislých historiků*, Praha: Academia, 1990, pp.55-90『チェコ人、ドイツ人、追放。独立歴史家たちの議論』）. 引用はこちらの版を使う。なおサミズダート、亡命出版社で刊行された異論派・亡命知識人たちの議論については、チェコ共和国科学アカデミー現代史研究所がテーマ別にアンソロジーを提供している（*Antologie textů z disentu a exilu 1969-1989*, Ústav pro soudobé dějin AV ČR: http://www.disent.usd.cas.cz［二〇一四年三月二二日最終閲覧］「異論派と亡命者たちの文書集」）.

＊6 Ján Mlynárik, *Causa Danubius*, Praha: Danbius, 2000, p.342. 本書には「テーゼ」の全文、一九八三年にムリナーリクが西ドイツ亡命したのちに書いた回想録、および友人たちとの書簡が収録されている（『ダヌビウス事件』）。

＊7 *Ibid.* pp.345–348.

＊8 Bohemus Toman Brod, Jiří Doležal, Milan Otáhal, Petr Pithart, Miloš Pojar, Petr Příhoda, „Stanovisko k odsunu Němců z Československa“, in: Černý et al. (eds.), *Češi Němci odsun*, pp.179-202. 初出は *Právo lidu*, 1, 1980（「チェコスロヴァキアからのドイツ人追放に対する立場」）. 初出時は „Slovo k odsunu Němců z Československa“.（「チェコスロヴァキアからのドイツ人追放に対する発言」）.

＊9 Mlynárik, *Causa Danubius*, pp. 351-352.

＊10 Danubius, „Tézy“, p.56.

＊11 *Ibid.*, p.84.

＊12 *Ibid.*, pp.56–57. ドイツ人追放の起源はソ連におけるクリミア・タタール人、ヴォルガ・ドイツ人などの追放政策にある、という議論は歴史的には成立しない。政策の形成・決定に中心的な役割を果たしたのはロンドンのチェコスロヴァキア亡命政府および国内の抵抗運動組織であり、モスクワに亡命したチェコスロヴァキア共産党亡命指導部が追放論に転じたのは一九四三年一二月のチェコスロヴァキア・ソ連善隣相互友好条約の締結以後のことだった。ただし追放実行の頃にはチェコスロヴァキア共産党もソ連政府も追放に積極的だった。ドイツ敗戦（五月八日）からポツダム協定の締結（八月二日）まで、ドイツ、オーストリアを占領する連合軍が受け入れに同意する以前に行なわれた追放行為を「野蛮な追放」というが（一九四六年初頭より連合軍の協力のもとに行なわれた追放を「組織的追放」と称する）、現在では、国防軍をはじめとするチェコスロヴァキアの軍事組織、公安機関がこの時期の追放に「組織的」にかかわったことがわかっている。このときソ連軍も追放に積極的に関与していた。以下を参照：Adrian von Arburg, et Tomáš Staněk, „Organizované divoké odsuny? Úloha ústředních státních orgánů při provádění „evakuace“ německého obyvatelstva (květen až září 1945)“, in: *Soudobé dějiny*, 12(3-4), 2005（「組織された野蛮な追放？　ドイツ系住民の〈引揚げ〉実行における国家機関の課題（一九四五年五月から九月まで）」）.

＊13 Danubius, “Tézy”, p. 80.

＊14 *Ibid.* pp. 88-89.

＊15 Milan Hübl, „Glosy k Danubiovým tézím o vysídlení Němců", in: Černý et al.（eds.）, *Češi Němci odsun*, pp.91-125（「ダヌビウス・テーゼに対する注釈」）. 一九七九年一月末にムリナーリクを訪ねたとき、ヒュブルは「『テーゼ』を書いたのは君だろう」と詰問し、激しい議論の末、二人の仲は決裂した。Mlynárik, *Causa*, pp. 349-351. ヒュブルは二月四日には「注釈」の第一稿を書き上げ、『証言』で発表した。*Svědectví* 15(58), 1979, pp.387-396. Černý et al.（eds.）, *Češi Němci odsun* に再録されているのはその後、加筆・改稿されたもの。

＊16 *Ibid.* p. 93. ヒュブルはここで一九六八年に自らが参加したヤン・プロハースカとヴラジーミル・ブラジェクとの鼎談（*Host do domu*, 5, 1968, pp.22-29, Černý et al.（eds.）, *Češi Němci odsun*, pp.33-43）での発言を引用している。「ダヌビウス」はこれを参照しているが、誤った理解をしているというのである。

＊17 *Ibid.* pp.106-107.

＊18 *Ibid.* pp.117-118.

＊19 „Výbor na ochranu nespravedlivě stíhaných, Sdělení č.74/případ Danubius", in: *Informace o Chartě* 77, 2(2), 1979（1979.01.16-02.15）, p. 12（「不正に迫害された人びとの権利擁護委員会、会報」）. 聴取された人びとは、「テーゼ」の著者は「ヴァーツラフ・ハヴェル、ペトル・ウール、プラハに住むスロヴァキアの歴史家ヤーン・ムリナーリク」だと聞かされた。ムリナーリクによれば、ハヴェルは人道的立場から彼の議論に共鳴し、人権問題は過去にもかかわるものであって「憲章77」はチェコスロヴァキア・ドイツ人に対して加えられたような故郷と祖国に対する人間の権利の侵害に無関心でいるわけにはいかない、といったという。Mlynárik, *Causa*, p.352.

＊20 Petr Uhl, „Spor historiků o vysídlení německého obyvatelstva z Československa po druhé světové válce", in: *Informace o Chartě* 77, 2(4), 1979（1979.03.07-1979.03.22）（「第二次世界大戦後のチェコスロヴァキアからのドイツ系住民追放に関する歴史家たちの論争」）, p.12.

＊21　Karel Douděra, „Pozoruhodná souhra“, in: *Rudé právo,* 1979.02.19（「注目すべき連携」）.

＊22　„Spor historiků“. ウールは「憲章77」がドイツ人追放問題を取り上げる、というのは「大きな害のある噂でしかない」と露骨に不快感を示した。

＊23　Marie Černá, *Sovětská armáda a česká společnost 1968-1991,* Praha: Karolinum, 2021, pp.104-126（『ソ連軍とチェコ社会　一九六八〜一九九一年』）, Černá, „The Eternal Legacy of the Great Patroitic War?“, in:*Soudobé dějiny,* 29(3), 2022, pp.731-737.

＊24　「ダヌビウス」「ボヘムス」論文については篠原「『市民社会』の構想と歴史認識——一九九〇年代のチェコ社会」『東欧史研究』第二四号、二〇〇二年を参照。

＊25　Bohemus, „Stanovisko“, p. 188.

＊26　*Ibid.* p.193.

＊27　特にJaroslav Opat, „K Bohemovu ‘Slovu o odsunu’“, in: Černý et al.（eds.）, *Češi Němci odsun,* pp.264-286.

＊28　Petr Pithart, „Pokus o vlast“, in: *Svědectví* 14(59), 1979, pp.445-464. Pithart, *Dějiny a politika,* Praha, 1990に再録（引用はこの版による、「祖国の試み」『歴史と政治』）. なおピトハルトの市民的ネイション論については、篠原琢「歴史と市民社会——チェコ異論派の歴史論」立石博高・篠原編著『国民国家と市民——包摂と排除の諸相』山川出版社、二〇〇九年、特に二三七−二四一頁を参照。

＊29　Pithart, „Pokus o vlast“, pp. 336.

＊30　Bedřich Loewenstein, „Příspěvek do diskuse“, in: Bohumil Černý et al.(eds.), *Češi, Němci, odsun: Diskuse nezávislých historiků,* Praha:Academia, 1990, p.356（「議論にひとこと」）. レーヴェンスティンは「ダヌビウス」の「テーゼ」発表直後の一九七九年一月にドイツに出国したが、ムリナーリクはその小さな送別会で彼が「テーゼ」に共感を示したと回想している。Mlynárik, *Causa,* pp.354-355. なお「ネイェドリー的」とは、一九世紀以来のチェコ・ナショナリズム思想を共産主義運動に接合した歴史家・思想家で共産党政権成立後に文化大臣に就任したズデニェク・ネイェドリーを念頭においている。

＊31　Bohemus, „Stanovisko“, p.202.

＊32　Pithart, „Pokus“, p.338.

＊33　Jiří Dienstbier, „Evropa a evropská otázka“, in: Jiří Dienstbier, *Snění o Evropě*, Praha: NLN - Nakladatelství Lidové noviny, 1990, p.21（「ヨーロッパとヨーロッパ問題」『ヨーロッパを夢見る』）.

＊34　Václav Havel, „Anatomie jedné zdrženlivosti:Otevřený list západním mírovým hnutím“, *Svědectví*, 19 (75), 1985, p.588（「ある自制の解剖　西側平和運動に対する公開書簡」）.

＊35　*Ibid*. p. 589.

＊36　„Pražská výzva: Dokument Charty 77 č.77/1985“, in: *Listy:Časopis československé socialistické opozice*, 15 (2), 1985, pp.3-4（「プラハ宣言」）.

＊37　Jaroslav Šabata, „O demokratickou a revoluční identitu levice našich dnů:Na okraji pražské výzvy“, in: *Kritický sborník*, No.4, 1985, p.116（「今日における民主的、革命的アイデンティティについて　プラハ宣言の周辺で」『批評論集』）.

＊38　*Ibid*. p.113.

＊39　Jiří Dienstbier, *Od snění k realitě:Vzpomínky z let 1989-1999*, Praha: NLN-Nakladatelství Lidové noviny, 1999, pp.58-60.（『夢から現実へ』）.

＊40　Dienstbier, „Německo a Evropa“, p.72（「ドイツとヨーロッパ」）.

＊41　トニー・ジャッド（浅沼澄訳）『ヨーロッパ戦後史　下巻』みすず書房、二〇〇八年、四五一－四五二頁。

＊42　アライダ・アスマン（安川晴基訳）『想起の文化――忘却から対話へ』岩波書店、二〇一九年、二〇一－二〇二頁。

＊43　Dienstbier, “Německo a Evropa”, p. 72.

第Ⅲ部

戦争と歴史学への視座

第7章　冷戦後の国際秩序を問い直す
――ヨーロッパ国際政治史研究の視点から

板橋拓己

はじめに

二〇二二年二月二四日のロシアによるウクライナ侵攻の開始は、それまでにも漂っていた「ある時代が終わった感覚」を決定的なものにした。ただし、そうした「終わりの感覚」は、二一年夏のアメリカのアフガニスタン撤退、あるいは新型コロナ危機を待つまでもなく、すでに存在していたといえる。ヨーロッパでそれを象徴していたのは、二〇一九／二〇年における「ベルリンの壁」崩壊および東西ドイツ統一三〇周年の想記のされ方であった。このとき、記念式典やイベントがいくつも開催され、また新聞、雑誌、テレビなどでドイツ統一に関するさまざまな特集が組まれ、関連書籍も刊行されたが、注目すべきは、それらのほとんどが、たとえば二〇〇九／一〇年の二〇周年のときに比べても、明らかに内省的なムードに包まれていたことである。

無理もない。この一五年ほど、ヨーロッパは度重なる危機に見舞われてきた。たとえばユーロ危機（二〇〇九年〜）、ウクライナ危機（二〇一四年〜）――「第一次ロシア・ウクライナ戦争」（小泉悠）[*1]――、難民危機（二〇一五年〜）、そして右翼ポピュリズムの台頭。これらの「複合危機」[*2]が、当初は「自由民主主義の勝利」と言祝がれた「一九八九年」の意味の再考を促したのである。

そのとどめが、この度のロシアによるウクライナ侵攻である。小泉悠はこれを「第二次ロシア・ウクライナ戦争」と呼んだが[*3]、第一次とは比べ物にならないほどの――それ自体が探究に値する興味深いことだが――衝撃を世界にもたらした。そして、この衝撃に伴って、さまざまな時代認識が表明された。たとえば、「ポスト冷戦時代の終焉」[*4]、「新たな危機の二〇年」[*5]、「危機の三〇年」[*6]、「新冷戦」、「真の冷戦の終わり」[*7]などである。あるいは、ロシアによるウクライナ侵攻開始から三日後、ドイツのオラフ・ショルツ首相は連邦議会での演説で、二〇二二年二月二四日を「時代の転換（Zeitenwende）」と呼び、その表現は人口に膾炙した[*8]。

ここで注目すべきは、それぞれの時代認識が、冷戦終焉後の三〇年について、「どこか間違っていたのではないか」という省察を含んでいることである。もちろん、何を「間違い」と考えるかは、論者によってかなり異なる。とはいえ、ロシア・ウクライナ戦争は、問題の始原へ、すなわち冷戦の終焉とその後の国際秩序のあり方を根底から問い直す必要を迫っている。

これまで我々は、「一九八九」や冷戦終焉について、東西分断の「終わり」や、中・東欧諸国の民主化、ドイツ統一といった「ゴール」ないし「ハッピーエンド」と捉えがちであった[*9]。しかし、いまや現在の諸問題を構成する「始まり」として、冷戦終焉の意味を再考する必要があるのである。

実際、近年の（国際）政治学や歴史学の分野でも、「東欧革命」やドイツ統一の歴史的な意味づけは変化している。そこで、まず本章の第1節では、そうした視座の転換の例を紹介してみたい。次いで第2節では、ヨーロッパの安全保障問題を中心に、筆者自身の冷戦終結に関する研究を紹介したい。

1　問い直される「冷戦の終わり方」

「プレハブ・モデル」と「模倣の時代」

まず注目したいのは、ヨーロッパでは冷戦は、既存の西側の秩序の建て増しで終わったことだ。このことをアメリカの国際関係史家メアリー・E・サロッティは著書『1989』で「プレハブ・モデル」と表現している。[*10] つまり、北大西洋条約機構（NATO）およびヨーロッパ連合（EU）という冷戦期に西側で建設された構造が東側にそのまま拡大されたのである。

その問題性は、冷戦終焉後のロシアと西側との関係に顕著に表れている。サロッティが近著『一インチたりとも』で詳述するように、[*11] ソ連崩壊後、西側の指導者たちは、NATOおよびEUを旧東側の中・東欧諸国、さらにはソ連を構成していた（ないしソ連が占拠していた）バルト諸国にまで拡大させる一方、ロシア（およびウクライナ）を新たな共通の安全保障の枠組みに取り込むことに失敗したのである。

第二に注目したいのが、旧東側諸国における新自由主義の浸透と権威主義の台頭、そして西側における右翼ポピュリズムの常態化である。こうした問題群に対して、冷戦終焉後を「模倣の時代」と特徴づけることで一つの解釈を提示したのが、ブルガリア出身の政治学者イワン・クラステフとニューヨーク大学の政治学者スティーヴン・ホームズである。

彼らによれば、「一九八九年は、三〇年に及ぶ模倣の時代の始まり」であり、東西で二分されていた冷戦期と異なって、自由民主主義と市場経済をめぐって世界は「模倣される者」と「模倣する者」に二分された。そして、「模倣される者」たる西側は、「模倣する者」に対して、自分たちを模倣する以外に「ほかの道は存在しない」と傲慢にも突きつけたのである。こうした「うぬぼれ」こそが、中・東欧をはじめ世界各地でポピュリズムや外国嫌いの波を生み出す要因となったというのが、クラステフらの見立てである。[*12]

また、彼らの議論の面白さは、ヴラジーミル・プーチンのロシアやドナルド・トランプのアメリカも「模倣」で説明しようとするところにある。たとえば、ロシアの暴力的な政策は、アメリカの「鏡映し」で、「アメリカという覇権国のもっとも嫌悪すべき行動様式だと自分たちが見なすもの」の「模倣」であり「パロディ」だとするのである。また、アメリカのトランプ支持者たちは、「模倣される者」が「模倣する者」に「取って代わられ、奪われるという恐怖」にとらわれているというのだ（その原因の一つは移民、もう一つは中国とされる）。[*13]

ドイツの東西間の溝

「プレハブ・モデル」と「模倣の時代」はドイツにもあてはまる。というより、統一ドイツはその縮図といえる。東西ドイツ統一は、実質的にはドイツ連邦共和国（西ドイツ）によるドイツ民主共和国（東ドイツ）の吸収合併だったからだ。東ドイツは五つの州に再編され、連邦共和国に組み入れられた。統一後に新たな憲法は制定されず、西ドイツ時代からの「基本法」が東ドイツ地域に適用された。社会経済システムも西のものが東に移植された。

かかるやり方は迅速な統一を優先したためであり、当初は多くの東ドイツ市民も望んだものだった。しかし、急激な社会経済システムの移植は旧東ドイツ地域に大量の失業者を生み、また東ドイツの人びとが実際に「国づくり」にかかわったという実感も与えられなかった。そのうえ、統一後の西ドイツの人びとの「勝者目線」は、多くの東ドイツ出身者を傷つけ、劣等感を抱かせた。こうした問題が、統一から三〇年以上を経てもなお残っている。[*14]

実のところ、経済面に関しては、状況は改善している。二〇〇五年には二〇・六％に達していた旧東独地域の失業率（このとき旧西独側の失業率は一一％）は、二〇二三年現在で七・八％にまで下がっている（旧西独側は五・八％）。[*15]平均収入などでまだ開きはあるものの、各種の経済指標だけを見れば東西の格差は縮まっている。

しかし、問題は心理面だ。壁崩壊三〇周年を前にした二〇一九年九月末にドイツ政府が公表した世論調査の結果は重い。旧東独地域の人びとの実に五七％が自らを「二級市民」だと考え、また「東西統一は成功した」と答えた人は三八％にとどまったのである。

こうした心理が、右翼ポピュリズム政党「ドイツのための選択肢（ＡｆＤ）」がとりわけ旧東ドイツ地域で支持を集める背景になっている。ＡｆＤは旧東独市民の劣等感につけこむことで、東西間の心理的な溝をむしろ広げる役割を果たしている。

さらに、こうした東西間の溝は、ロシア・ウクライナ戦争をめぐって、さらに広まっているように見える。侵攻直前の二〇二二年一月末、世論調査（ＡＦＰ）では、ウクライナをめぐる緊張はアメリカに責任があると答えたのは、旧東独領域で四三％、旧西独領域で一七％、ロシアに責任があると答えたのは、それぞれ三二％と五二％だった。[*16] ウクライナへの武器供与でも意見は分かれる。侵攻から一年以上たった二〇二三年四月の世論調査（ＲＴＬ）では、ウクライナへの軍事支援のこれ以上の増援について賛成するのは、旧東ドイツ領域では二四％にすぎなかった（西では五一％）。[*17]

こうした現在にまで続く東西間の溝の存在を背景に、統一後三〇年では、たとえば国際関係的な側面よりも、東西ドイツ間関係を扱った歴史研究がドイツ語圏では目立つことになった。[*18] 今後は、統一後の旧東ドイツの「転換（Transformation）」に関する研究がいっそう盛んとなるだろう。[*19]

2　冷戦終焉期の西ドイツ外交から見えてくるもの[20]

NATO東方不拡大の「約束」をめぐって

二〇二二年二月二四日、ウクライナ侵攻直前に放送された国民向け演説の冒頭で、ロシアのプーチン大統領はNATOの東方拡大を「根源的な脅威」と呼んだ。そして、西側は「NATOを一インチたりとも東方に拡大させないという約束」をしたが、「我々は騙されたのだ」と主張した。

こうした「西側の裏切り」とか「我々は欺かれた」といった議論は、二〇〇七年二月のミュンヘン安全保障会議での激しい非難以来、プーチンが繰り返し述べ立ててきたものである。[21]二〇一四年のクリミア併合に際しても、西側の「嘘」を口実の一つにしている。[22]

いかなる理由があろうとも侵略は許されず、プーチンの主張には一理もない。とはいえ、NATOの東方不拡大については、それに類する発言を冷戦終結時に西側の指導者たちがしていたことも事実である。

そもそも「一インチ」発言は、「ベルリンの壁」崩壊後の東西ドイツ統一をめぐる国際交渉から出たものだ。具体的には一九九〇年二月九日、モスクワでのミハイル・ゴルバチョフとの会談で、アメリカの国務長官ジェームズ・ベーカーが、「NATOの管轄および軍事的プレゼンスが一インチたりとも東方に拡大されることはないという保証」について言及している。ここでベーカーは、ゴルバチョフに対し、東西ドイツ統一（および米軍の西ドイツ領域への駐留継続）を容認してくれるならば、ＮＡＴＯを東方に拡大させないという保証をちらつかせたのである。[23]

この「約束」をめぐっては、ここ一〇年あまり、とりわけアメリカ外交研究の領域で盛んに議論されてきた。一九九〇年二月の交渉を史料にもとづいて検討した前出のサロッティやクリスティーナ・シュポーアといった有力な外交史家たちは、ロシアの不満も無理からぬが、ＮＡＴＯ東方不拡大については条文や公式声明のかたちで文書化されていないがゆえに、「公式の合意（formal agreement）」は成立していないとする。[24]要は、条約や宣言のかたちで「約束」を固めなかったゴルバチョフの外交が拙かったというのである。

一方、「約束」は成立していたと判断する研究者も少なくない。たとえばジョシュア・Ｒ・Ｉ・シフリンソンは、この論争で問われているのは、国際政治において「合意」を形成するものは何かという問題だと指摘する。[25]彼によれば、サロッティらは文書化の有無にこだわるが、国際政治における「合意」に関しては、そうした公式の条文だけでなく、口頭での発言も一定の拘束力をもつ。確かに冷戦期のキューバ危機などは、そうした口頭での「合意」で乗り越えられてきた。

このようにＮＡＴＯ東方不拡大をめぐる論争は、国際政治における「合意」とは何かという、実践的にも理論的にもきわめて重要な問題を内包している。それゆえ、プーチンのようにロシアの行動を正当化するような主張は論外として退けつつも、いま一度、歴史的に再検討する価値のあるイシューだといえよう。[26]

とはいえ、こうした歴史家の間の論争を政治的に利用されないように注意する必要もある。歴史修正主義者や陰謀論者たちは、専門家の間にも論争があるという点を利用して、トンデモ論を滑り込ませようとする。プーチンも、一九九〇年代のＮＡＴＯ・ロシア関係全体のプロセスを無視し、一九九〇年の交渉だけを文脈を無視して抜き出して、一点突破をねらってくる。実際、ウクライナ侵攻直前の二〇二二年二月二一日にクレムリンで開催されたロシア連邦安全保障会議の場で、セルゲイ・ラヴロフ外相は、ＮＡＴＯ不拡大の約束を「イギリスの公文書によって裏づけられた明白な事実」だと主張している。[*27] かかる歴史の利用に我々は警戒しなければならない。

ドイツ統一と冷戦後のヨーロッパ国際秩序

しかし、今次のロシア・ウクライナ戦争が、冷戦終結後のヨーロッパ国際秩序構築の失敗（＝「敗者」の包摂の失敗）の一つの帰結であることも、また事実であり、直視する必要がある。[*28] さらに、現在の戦争が終わっても、その後にはロシアをどう国際秩序に位置づけていくかという、きわめて困難かつ長期的な課題が控えている。

こうしたなかで歴史研究に求められている課題の一つは、現在の危機の淵源を見極め、また将来の国際秩序を構想するためにも、冷戦後のヨーロッパ国際秩序の成り立ちを批判的に再検討することだといえよう。

筆者は近年、一九八九／九〇年の東西ドイツ統一プロセスに関する歴史研究に従事してきたが、そこでの問題意識は、本章冒頭でも述べたが、ドイツ統一を「ゴール」や「大団円」ではなく、冷戦後ヨーロッパ国際秩序の「始まり」として捉え直す必要があるというものだった。かかる問題意識のもと、解禁された外交史料にもとづく実証研究を進め、二〇二二年に『分断の克服１９８９－１９９０――統一をめぐる西ドイツ外交の挑戦』という著作を上梓した。[*29]

同書の第四章で筆者は、ドイツ統一プロセスのなかで、いかにして冷戦後のヨーロッパ安全保障秩序が構想されたかについて、ＮＡＴＯ（不）拡大をめぐる問題に焦点を絞って検討している。ＮＡＴＯ東方不拡大の「約束」が成立したか否かという上述の論争とはいったん距離をとり、あくまで西ドイツ外交を中心に据え、当時の史料に即して、ドイツ統一プロセスのなかでＮＡＴＯ不拡大問題について何が語られたかを再構成した。

かかる作業から明らかになったのは、いかにして冷戦を終わらせ、どういった新しい国際秩序をつくるかをめぐる、西ドイツ政府内でのビジョンの相違や、それが現実の国際政治に及ぼした影響である。

分析にあたって筆者がとりわけ重視したアクターが、西ドイツ外相ハンス＝ディートリヒ・ゲンシャーである。一九八九年一一月九日の「ベルリンの壁」崩壊後、西側の安全保障の将来を外交の舞台で最初に取り上げたのはゲンシャーであった。同年一一月二一日のジョージ・Ｈ・Ｗ・ブッシュ米大統領との会談でゲンシャーは、対ソ安心供与のために、ＮＡＴＯが「政治的性格」を強化し、軍縮に取り組まねばならないと強調している。

また、ゲンシャーは一九九〇年一月三一日にトゥツィングで重要な演説を行なった。「たとえワルシャワ条約に何が起ころうとも、ソ連の国境に近づくことを意味する、東方へのＮＡＴＯ領域の拡大は生じないでしょう。〔……〕西側は、東欧の転換とドイツ統一プロセスがソ連の安全保障利害を損なうことになってはならないと認識する必要があります」と述べたのである。

この時期のゲンシャーの演説やインタビュー、会談記録などを分析すると、彼の冷戦終焉後の安全保障秩序構想が明らかになる。それは段階的なものであった。つまり、NATOとワルシャワ条約機構がともに軍事同盟から政治同盟へと転換し、両者が協調的な関係を結びながら、全欧的な枠組み、すなわち機能強化された全欧安全保障協力会議（CSCE）へと収められ、やがて解消されるというシナリオである。そしてその前段階として、ドイツはNATOにとどまるものの、ソ連への安心供与のために、NATOの管轄を東方には拡大させないことが強調されたのである。

上述の一九九〇年二月九日のベーカーの「一インチ」発言も、その前週のゲンシャーとの会談での合意をふまえて出てきたものである。そして二月一〇日、モスクワを訪問したヘルムート・コール西独首相もNATO不拡大を保証し、ドイツ統一はドイツ人自身が決める問題であるとの容認をゴルバチョフから引き出した。

しかしその後、アメリカのブッシュ政権が方針を転換（正確にいえば政権内の路線対立を解消）し、統一ドイツ全体のNATO帰属（すなわち東ドイツ領域への管轄の拡大）をめざすようになる。そして二月二四・二五日に開催されたキャンプ・デーヴィッドでの米独首脳会談で、ブッシュ政権とコールは同方針で一致した。そもそもゲンシャーはこの会談から排除され、ベーカーはこれまでの発言を撤回した。この二月末のキャンプ・デーヴィッド会談で、ゲンシャー構想の命脈は断たれたのである。

もしも本当に東西の同盟が性格転換を遂げ、さらに全欧的な枠組みのなかで解消されていったならば、統一ドイツのNATO帰属もソ連にとって一時的な譲歩にすぎなかっただろう。しかし現実には、CSCEはヨーロッパの安全保障において脇役にとどまり、ワルシャワ条約機構が解体する一方で、NATOは存続するばかりか、やがて東方に拡大していくことになる。

このように冷戦終結時のドイツ統一プロセスを再検討することは、冷戦終焉後のヨーロッパ国際秩序の、ありえたかもしれないもう一つの可能性について想起することにつながるのである。

おわりに

本章では、近年の危機や戦争がもたらした視座の転換、冷戦終焉の再解釈につき、「プレハブ・モデル」(サロッティ)や「模倣の時代」(クラステフ/ホームズ)といった議論を紹介するとともに、冷戦終焉期の西ドイツ外交を通して、冷戦後のヨーロッパ国際秩序の失われた可能性について論じてきた。ただし筆者は、冷戦終結および東西ドイツ統一からNATOの東方拡大まで、ましてやロシア・ウクライナ戦争までが一直線に結びついていると主張したいわけではない。一九九〇年以降も西側とソ連およびロシアとの関係にはさまざまなことがあったし、さまざまな可能性があった。[*30] 歴史は可能性の束であり、一九八九年から九〇年にかけてすべてが決まったわけではなく、その後も多様な可能性に開かれていたのである。

現在に至る歴史を必然と捉えず、可能性の束として考えることは、未来をどのように形作っていくかを考える力にもなるはずである。現代史研究の意義の一つはここにあろうし、筆者としては冷戦終結後のヨーロッパ国際秩序構築につき、今後も史料にもとづいた歴史研究を進めていきたいと考えている。

〔注〕

＊1 小泉悠『ウクライナ戦争』ちくま新書、二〇二二年、二四頁。

＊2 遠藤乾『欧州複合危機——苦悶するEU、揺れる世界』中公新書、二〇一六年。

＊3 小泉『ウクライナ戦争』二三頁。

＊4 ドイツの外交政策決定者の世界観に即して論じたものとして、拙稿「ドイツ外交『ポスト冷戦』時代の終焉か」『外交』第七八号、二〇二三年三月、一二四―一三二頁。

＊5 もちろんE・H・カーの『危機の二〇年』、つまりユートピアニズムの二〇年に準えた表現である。一九九九年から二〇一九年までを「新たな危機の二〇年」と捉えつつ、国際関係論（IR）を批判的に検証したものとして以下を参照。Philip Cunliffe, *The New Twenty Years' Crisis: A Critique of International Relations, 1999-2019*, Montreal: McGill-Queen's University Press, 2020.

＊6 たとえば以下を参照。中西寛「ウクライナ戦争の歴史的意味について——『大きな物語』の喪失と『危機の30年』」『ファイナンス』第六八四号、二〇二二年一一月号、六四―七一頁、細谷雄一「『危機の三〇年』における国際秩序の変遷」『外交』第七八号、二〇二三年三月、一〇六―一一五頁。細谷は二〇〇八年と一四年を転換点として強調している。

＊7 ソ連「帝国」が崩壊する最終局面として今次のロシア・ウクライナ戦争を捉える典型として、次の記事を参照。「『帝国』が崩壊して『冷戦』が終わる　ロシアを突き動かした屈辱感」『朝日新聞デジタル』二〇二二年六月一日（国末憲人による菊池努へのインタビュー［https://digital.asahi.com/articles/

ASQ5X55HSQ5JUHBI03M.html」以下、本稿で参照したウェブ資料はすべて二〇二四年一月三一日に最終閲覧）。

＊8　拙稿「ドイツにとってのロシア・ウクライナ戦争——『時代の転換（Zeitenwende）』をめぐって」細谷雄一編『ウクライナ戦争とヨーロッパ』東京大学出版会、二〇二三年、八三–九八頁を参照。

＊9　二〇周年の二〇〇九年の時点でも、まだそうした捉え方が優勢であった。たとえば、以下の東欧革命と東西ドイツ統一それぞれに関する代表的な研究書を参照せよ。ヴィクター・セベスチェン（三浦元博・山崎博康訳）『東欧革命１９８９——ソ連帝国の崩壊』白水社、二〇〇九年（原著二〇〇九年）、Andreas Rödder, *Deutschland einig Vaterland: Die Geschichte der Wiedervereinigung*, München: C.H. Beck, 2009.

＊10　Mary Elise Sarotte, *1989: The Struggle to Create Post-Cold War Europe*, Princeton: Princeton University Press, 2009（with a new afterword by the author, 2014）.

＊11　M. E. Sarotte, *Not One Inch: America, Russia, and the Making of Post-Cold War Stalemate*, New Haven & London: Yale University Press, 2021. 本書に関しては、筆者も含めた共訳で日本語版を準備中である。

＊12　イワン・クラステフ／スティーヴン・ホームズ（立石洋子訳）『模倣の罠——自由主義の没落』中央公論新社、二〇二一年（原著二〇一九年）、一一–一五頁。冷戦後の中・東欧における市場経済と自由民主主義の「輸入」について、より体系的な研究としてフィリップ・テーアによる研究がある。Philipp Ther, *Die neue Ordnung auf dem alten Kontinent: Eine Geschichte des neoliberalen Europa*, Berlin: Suhrkamp, 2014（*Europe since 1989: A History*, trans. by Charlotte Hughes-Kreutzmüller, with a new prefece by the author, Princeton: Princeton University Press, 2018）; idem, *Das andere Ende der Geschichte: Über die Große Transformation*, Berlin: Suhrkamp, 2019（*How the West Lost the Peace: The Great Transformation Since the Cold War*, trans. by Jessica Spengler, Cambridge: Polity, 2023）.

＊13　クラステフ／ホームズ『模倣の罠』二五–二七頁。

＊14　この問題につき、詳しくは井関正久「東ドイツ『平和革命』から三〇年——元市民運動家の視点からみる

一九八九年の遺産」『思想』第一一四六号、二〇一九年一〇月、四八－六八頁。

*15 "Registrierte Arbeitslose und Arbeitslosenquote nach Gebietsstand," Statistisches Bundesamt, 4. Januar 2024.（https://www.destatis.de/DE/Themen/Wirtschaft/Konjunkturindikatoren/Lange-Reihen/Arbeitsmarkt/lrarb003ga.html）

*16 "Ost- und Westdeutsche sind im Ukraine-Konflikt gespalten," t-online, 3. Februar 2022.（https://www.t-online.de/nachrichten/ausland/krisen/id_91597798/umfrage-zu-ukraine-konflikt-ost-und-westdeutschland-sind-gespalten-.html）

*17 "Drei Viertel der Ostdeutschen gegen weitere Waffenlieferungen," *Berliner Zeitung*, 5. April 2023.（https://www.berliner-zeitung.de/news/forsa-umfrage-drei-viertel-der-ostdeutschen-gegen-weitere-waffenlieferungen-an-die-ukraine-li.335091）

*18 たとえばペトラ・ヴェーバーの大著がその代表的な成果である。Petra Weber, *Getrennt und doch vereint: Deutsch-deutsche Geschichte 1945-1989/90*, Berlin: Metropol Verlag, 2020. 統一後の東西ドイツ関係についても研究が蓄積されてきたが、さしあたり以下を参照。Ilko-Sascha Kowalczuk, *Die Übernahme: Wie Ostdeutschland Teil der Bundesrepublik wurde*, München: C.H. Beck, 2019.

*19 「転換（Transformation）」については、さしあたり次の通史を参照。Detlev Brunner, *Einheit und Transformation: Deutschland in den 1990er Jahren*, Stuttgart: W. Kohlhammer, 2022. また、以下の詳細な研究動向紹介も参照。Marcus Böick, "Die Erforschung der Transformation Ostdeutschlands seit 1989/90. Ansätze, Voraussetzungen, Wandel," Version: 1.0, Docupedia-Zeitgeschichte, 18. Oktober 2022.（https://docupedia.de/zg/Boeick_transformation_v1_de_2022）

*20 本節は以下の拙稿と大きく重なる部分がある。「ヨーロッパにおける冷戦終結を問い直す――ドイツ統一とＮＡＴＯ拡大問題を中心に」『學士會会報』第九六一号、二〇二三年七月、一四－一九頁、「冷戦後の欧州国際秩序の成り立ちを問い直す」『歴史学研究』第一〇二九号、二〇二二年一〇月、七一－七二頁。

＊21　Speech and the Following Discussion at the Munich Conference on Security Policy, Munich Security Conference, President of Russia, 10 February 2007.（http://en.kremlin.ru/events/president/transcripts/24034）

＊22　Address by President of the Russian Federation, President of Russia, 18 March 2014.（http://en.kremlin.ru/events/president/news/20603）

＊23　Gespräch Gorbačevs mit dem amerikanischen Außenminister, Baker, am 9. Februar 1990, in: Aleksandr Galkin / Anatolij Tschernjajew（Hg.）, *Michail Gorbatschow und die deutsche Frage: Sowjetische Dokumente 1986–1991,* Deutsche Ausgabe hg. von Helmut Altrichter/Horst Möller/Jürgen Zarusky; Kommentiert von Andreas Hilger; Aus dem Russischen übertragen von Joachim Glaubitz, München: Oldenbourg, 2011, Dok. 71, S. 310–316, hier S. 310 f.

＊24　Sarotte, *1989;* Kristina Spohr, *Post Wall, Post Square: Rebuilding the World After 1989*, London: William Collins, 2019.

＊25　Joshua R. Itzkowitz Shifrinson, "Deal or No Deal? The End of the Cold War and the U.S. Offer to Limit NATO Expansion," *International Security,* 40（4）（Spring 2016）, pp. 7–44.

＊26　論争の整理としては、さしあたり次の論文が参考になる。Marc Trachtenberg, "The United States and the NATO Non-extension Assurances of 1990: New Light on an Old Problem?" *International Security,* 45（3）（Winter 2020/21）, pp. 162–203.

＊27　Security Council Meeting of the Russian Federation at the Kremlin, President of Russia, 21 February 2022.（http://en.kremlin.ru/events/president/news/67825）

＊28　ロシアの包摂の失敗については、たとえば次を参照。Daniel Deudney / G. John Ikenberry, "Seeds of Failure: The End of the Cold War and the Failure of the Russian Democratic Transition and Western Integration," in: Nuno P. Monteiro / Fritz Bartel（eds.）, *Before and After the Fall: World Politics and the*

End of the Cold War, Cambridge: Cambridge University Press, 2021, pp. 244-264.

＊29　拙著『分断の克服１９８９－１９９０――統一をめぐる西ドイツ外交の挑戦』中公選書、二〇二一年。

＊30　一九九〇年代の米ロ関係につき、そうしたさまざまな（失われていく）オルタナティブを史料にもとづいて論じているのがサロッティの近著 *Not One Inch*（前掲注11）である。また、ＮＡＴＯ拡大のオルタナティブに関しては、以下も参照。James Goldgeier / Joshua R. Itzkowitz Shifrinson, "Evaluating NATO Enlargement: Scholarly Debates, Policy Implications, and Roads not Taken," in: idem (eds.), *Evaluating NATO Enlargement: From Cold War Victory to the Russia-Ukraine War*, Cham: Palgrave Macmillan, 2023, pp. 1–42.

第8章　ロシア・ウクライナ戦争と現代歴史学の新しい課題

――帝国・主権・ナショナリズム

中澤達哉

はじめに――東欧史研究の問題意識

二〇二二年二月二四日、ヴラジーミル・プーチンのロシアがウクライナに侵攻した。ウクライナの人びとの日常を破壊した行為は、今後も国際社会から批判されつづけるであろう。一方で、当初、東欧史研究から見て、ロシア軍の侵攻と同等もしくはそれ以上に注目せざるをえない事件が続いた。まず、二月末から中・東欧諸国では数万人規模の反ロシア・反戦デモが頻発し、一般の人びとが我がことのようにウクライナに連帯と同情の意思を示したのである。たとえば、かつて一九六八年にソ連軍をはじめとするワルシャワ条約機構軍による軍事侵攻を経験したチェコでは、二月二七日以降の毎週日曜日に、首都プラハのヴァーツラフ広場に約七万～八万もの人びとが集結し、ロシアに対する抗議デモを行なった。[*1] そうした反ロシア的な危機意識に支えられ、ウクライナに隣接する中・東欧諸国では、防衛力増強の機運が高まるとともに、大戦期に匹敵するほどにナショナリズムが高揚することになった。

その最中の三月一五日に、中・東欧の三か国（ポーランド、チェコ、スロヴェニア）首脳が先陣を切ってウクライナのヴォロディムィル・ゼレンスキー大統領を訪問した。[*2] 周知のように、これは平和を求める直接行動として国際的に評価された。しかし一方で、中・東欧の政治家が重い腰を上げ、わざわざ陸路でキーウに移動したとき、西側の「大国」は当初それとは正反対のある種の傍観の構えをとったのである。このことは、昨年三月の時点で、東欧史がもつ非常に苦い記憶を内外の東欧史研究者に惹起させることになった。

実は、この手の西欧の大国の傍観ぶりは、二〇世紀の東欧現代史では馴染みのあるものであった。ミュンヘン協定、ハンガリー事件、あるいは、プラハの春などである。特に今回の状況は戦間期のミュンヘン協定のような宥和政策を想起させたのである。つまり、西欧諸国のナチへの宥和によってチェコスロヴァキアが黙殺されたように、ロシアに宥和してウクライナがこのまま放置されるのではないかと。宥和政策の末路を引き合いに、昨夏までの間に、西側の宥和傾向や「日和見主義」に反発する論調が内外の中・東欧史研究者から相次いで提起された。[*3] 確かに今回、米英仏は早くからウクライナへの連帯の意思を示していた。しかし、そうした国々は、いくら自由民主主義体制をとる国が侵略されても、当該国が自国や世界の趨勢に直接関与するような存在でなければ、何より、侵略国が大国であれば、これまで「民主主義のための戦い」などしてこなかった。かつてイラクをはじめ中東には大国はたびたび軍事介入をしてきたが、ウクライナにはそうではない。歴史上散見される大国のこのダブルスタンダードの存在を、中・東欧三か国首脳のキーウ訪問が皮肉にも証明したわけである。

確かに翌二〇二三年一月末には、ヨーロッパ諸国によるレオパルト2、アメリカによるエイブラムスなどのウクライナへの戦車の供与が決まり、欧米諸国は対ウクライナ軍事支援において足並みをそろえているかのように見えた。しかし、供与決定までの間、独米が（直接的な軍事介入ではない）この間接的な軍事支援にさえどれほど二の足を踏んでいたかは周知のとおりである。[*4] 欧米世界はダブルスタンダードで動くリアリズムの世界であることを、中・東欧の指導者は歴史的に理解しており、その制約のなかでキーウを訪問し、また、レオパルト2のウクライナへの供与をドイツに強硬に求めるなど、情勢の変化に合わせながら最大限の行動をとっていることがわかる。

ここで留意しなければならないのは、中・東欧諸国は西側の全面的な軍事介入や核戦争を求めているのではないこと、また一方で、中・東欧もロシアと同様、ポピュリズムの跋扈など、開戦前から非常に多くの政治問題を抱えていたという事実である。[*5] 今次の戦争でロシアの侵略に抗議しウクライナに率先して人道支援や軍事支援を行なうその姿は国際的に高い評価を得ているが、これに隠蔽される問題群が多々あることも指摘しておかなければならない。

以上の東欧史研究の観点に立つと、ロシア・ウクライナ戦争勃発からこの一年あまりで現代歴史学は認識・方法・課題をいやおうなしに変化・深化させざるをえなくなったといえる。それは、すでに内外の歴史研究において以下の三点として顕在化しはじめている。①第一次世界大戦後と冷戦後の類似性および戦後に引き継がれる「帝国の遺産」の表面化、ならびに帝国論の批判的継承。②国際秩序の再編に起因する、近世・近代以来の主権再編論と破砕帯論の活性化および両者の架橋。最後に、①②の延長線上に、③ナショナリズムの捉え方や分析方法の変容が生じている。この小論では、前提として①②の内外の歴史学における認識・方法・課題の変化を史学史として把握したうえで、最後に③のナショナリズム研究の「これから」を歴史学の見地から論じてみたい。

1　帝国論の批判的継承――認識・方法・課題の変化 I

侵攻以来、日本ではロシア史研究の池田嘉郎と青島陽子が、従来のロシア帝国論をふまえたうえで、プーチンをめぐるロシア史の総合的な再点検を行ない、重要な知見を提供してきた。

そもそも帝国論とは、池田の整理にしたがえば、「権力／被抑圧」という単純な二項対立を乗り越え、ロシア帝国あるいはソ連を「諸民族の牢獄」と理解する従来の帝国主義論や国民国家論の一面性を批判する研究潮流のことである。[*6] 実際にナショナルな意識は帝国による法制度や民族区分により構築されており、ゆえに、帝国はさまざまなアイデンティティを生成する〈場〉としてダイナミックに再解釈されることになる。[*7]

青島はさらに詳細に、ロシア帝国史およびソ連史研究において帝国論が盛況となる過程を史学史的に再検証している。二〇〇一年のアンドレアス・カペレルの見解が嚆矢となって、ロシア帝国は宗教的・文化的多様性に寛容で、非ロシア人のエリートによる「統治者と王朝への忠誠」を統合の原則としていたとの理解が支持を得るようになる。[*8] こうしてロシア帝国に付き纏う「諸民族の牢獄」とのイメージは、二〇〇〇年代には相対化されるようになり、多民族社会の統治形態に関する詳細な実証が学問的アジェンダになったという。[*9] この傾向は、二〇一一年の雑誌『クリチカ』に見るように、「多民族で多宗教、そして非常に広大で非均質的な統一体としてのロシアの位置づけを考慮しない議論は尊重されない」という雰囲気をロシア史学界に生み出すことになった。[*10] つまり、ロシア帝国には政治権力と諸民族との間に明確な支配・被支配関係が存在したというよりも、むしろ多様な住民に対して権力がアドホックに作用していたとの解釈が一般化したのである。

しかし、次の池田の問題提起は重い。ロシア帝国・ソ連・現代ロシアの体制の違いを前提とした歴史理解を問題視し、ロシア国家・社会には、体制の相違を超えた構造的特性が貫通しているとの理解を示したのである。[*11] つまり、現代ロシアをも帝国論の射程に入れつつ、その意味での帝国論がはらむ問題性を指摘するのである。「ロシアのウクライナへの対処があまりにも激越で暴力的にすぎ、またウクライナ人に対する民族差別的な言説が目を覆わんばかりに増長している状況のなかで、どうも帝国論は権力中枢がはらむ暴力性を過小評価する傾向があったのではないか。〔……〕植民地を支配する側の視点に、研究者は同化してしまっていたのではないか」。[*12] そのうえで池田は帝国論の批判的な継承を試みる。「ウクライナの国家としての一体性を否定するプーチンの姿勢は、ソ連の指導者よりはロシア帝国の皇帝たちに近いといってよい〔……〕。ロシアの侵攻によってバラバラにされていくウクライナの地図は、帝政期の地図と二重写しになる」。[*13] つまり、ウクライナをクリミア、ドネツク、ルガンスク、ノヴォロシアなどにばらして、ロシアがこれを組み立て直すというプーチンの思考は、まさしく強力な中央権力が個々の地域を併合していくという帝政期およびソ連期の実践に通じるという。[*14] これをもって、プーチンにおける「帝国的想像力」の存在をまず主張するのである。[*15]

何よりも池田は、かつてロシア帝国がロシア人・ウクライナ人・ベラルーシ人をはっきり区別してこなかったこと、キエフ・ルーシの頃からウクライナは三者を合わせたロシア文化の源流とみなされてきたこと、ゆえに現在のロシア人の多くはウクライナがロシア世界の内側にあるとの認識をもっているという事実を指摘したうえで、以下の三つの異なる角度からより精緻的に課題を提示した。[*16] ①ロシア人を中心に「兄弟民族」が団結して強国を建設するというピョートル・ストルイピンの手法と、ウクライナ侵攻を巨大なロシア的空間の一部に対する介入と考えるプーチンの手法とが類似しているという点。これに加え、②現代ロシアで第二次世界大戦の戦勝の記憶が重要な意義をもっているという点。つまり、プーチンにおいてソ連の強大な政治軍事指導者像が理想化され、戦争を国民統合の基礎に据えるとの考えが強固に根づいているという。たとえば、ソ連がナチとの戦いで東ガリツィアを占領したことで、ウクライナがソ連側に「正当に」組み入れられたという権力政治の発想である。以上をふまえると、③帝国主義的な経済的利益とは異なる歴史的記憶に根差した〈情念〉が、戦勝の記憶と相まって、プーチンらを駆り立てているということになる。ソ連を含む大国ロシアの伝統を作り直せるという自負が今次の侵攻に大きな影響を及ぼしていたというのである。

さて、以上のうち、①③の視点は、プーチンの「帝国的想像力」を解析する際に現れた、池田による帝国論の批判的継承の試みである。既述のように池田は、ロシア帝国・ソ連・現代ロシアの体制の違いを前提とした歴史理解を問題視し、ロシア国家や社会には、体制の相違を超えた構造的特性が貫通しているとの理解をもつ。そのうえで、この三つの「帝国」的権力の中枢がはらむ暴力性を見逃さず、権力と抑圧のモメントを抽出しようとするのである。それどころか、②③に見るように、歴史的記憶が果たす役割を帝国論に導入し、ナショナリズム論への接合を試みているのである。

ここで注視したいのは、ドイツ現代史の板橋拓己である。板橋は、著書『分断の克服1898−1990──統一をめぐる西ドイツ外交の挑戦』において、「完全な主権」をもちNATOに帰属する統一ドイツという目標を達成することにおいて、ハンス＝ディートリヒ・ゲンシャー西独外相が多大な貢献をしていたことを実証した。同著の結論部で板橋は、ゲンシャーが東西融和／和解の冷戦終焉ビジョンを唱えつづけることで、結果的に勝敗区分型の冷戦終焉に貢献したことや、東西ドイツと東西ヨーロッパという二重の東西分断を克服しようと模索し、前者には成功するも後者は未完であったことを指摘した。[*17]秩序構築のほかの可能性の存在をも示唆したのである。

これと関連して板橋は、巨大な帝国が解体したあとに帝国意識が残存したという点を重視し、現在のロシアは戦間期ドイツのヴァイマル共和国に類似していると主張する。[*18]一九二〇年代のハイパーインフレ後にナチが台頭しアドルフ・ヒトラーが出現したこと、一九九〇年代のソ連崩壊後の経済混乱を経験したあとにプーチンが強大な権力の掌握に成功したことを、アナロジーの関係で見ている。しかし板橋が最も重視するのは、第一次世界大戦・冷戦のいずれの戦後も、「秩序構築に失敗した」という点である。[*19]ヴェルサイユ体制は勝者の論理で構築された世界秩序であったため、日独伊という現状打破をめざす勢力の挑戦を受けざるをえなかった。一方、冷戦後は、西側の秩序構造に手をつけないままNATOとEUがそのまま東方に拡大した。したがって、社会主義圏には著しい敗北感と屈辱感を与えてしまい、これがプーチンのような政治家を生み出す遠因になったのだという。つまり板橋は、今次の戦争を、冷戦後の秩序構築の「失敗の産物」として捉えているのである。

池田と板橋の共通点は、それぞれの専門的見地から、現代国家における旧体制の残存を主張する点である。旧体制とはドイツ帝国でありロシア帝国であり、また、ソ連帝国でもある。旧体制としての帝国の遺産（ときには残滓）が出現する一部始終を、今般、私たちはプーチンを通じて目撃したということになる。とするならば、ロシア・ウクライナ戦争後の歴史学、少なくとも独露を含む西洋史学には、帝国の遺産が生み出され可視化される機制を分析する視点や方法の精緻化が求められるはずである。それは、ロシア帝国を諸民族の「牢獄」ではなく「共存」の〈場〉として実証の範囲を越え強調しすぎることで、プーチンが描く拡張的国家観に歴史的正当性を与え、その政策を下支えしてしまうような帝国論であってはならない。

そのためにも、今後の歴史学には、一つには、一九一八年、一九四五年、一九八九年／一九九一年前後の「軍事的勝敗を超えた連続性」という視点のみならず、その前後の「体制転換を超えた連続性」をも冷徹に分析する視点が必要となるはずである。[*20] 革命や体制転換に関する歴史研究には早急な見直しが期待されるのである。言説やイデオロギー、さらには現実政治のうえでも、断絶を意識する革命や体制転換はそれ自身を位置づけるための連続性が必要となる局面が散見される。革命後であるからこそ垣間見ることのできる連続、たとえば、イデオロギーや国家・政体・秩序観念・非常時の大権／独裁権のほか、両時期を経験した一般の人びとや特定の知識人・政治家の行動について、いま一度、再検討する必要があるだろう。[*21]

2　主権再編論と破砕帯論の架橋——認識・方法・課題の変化Ⅱ

ロシア・ウクライナ戦争を受けて、第一次・第二次世界大戦ほか冷戦後の国際秩序構築が再び歴史研究の対象になることは確実である。とりわけ、主権再編や主権国家体制全般に関する議論が活況を呈するであろう。その際、主権国家の再考が主流となっている近世史研究と国民国家の相対化が進む近代史研究との接続が急務になると思われる。

近世史研究では、二〇世紀末に、ヘルムート・G・ケーニヒスバーガの複合国家論、ジョン・H・エリオットの複合君主政論、ハラルド・グスタフソンの礫岩国家論が提起され、従来の絶対主義的な近世主権国家像が批判の俎上に載せられていた。[*22] つまり、君主が複数の国家や地域の合従連衡のうえに緩やかに君臨していたとする近世国家像が提示されたのである。この延長線上に、二〇〇〇年にステファヌ・ボーラック、二〇〇四年にはアンドレアス・オシアンダーによって、国際関係史における「ウェストファリアの神話化」のプロセスさえ検証されることになった。[*23] 古谷大輔・近藤和彦編『礫岩のようなヨーロッパ』の提起をもふまえるならば、ウェストファリア神話解体の骨子は、一つには「主権不分割原則」が相対化されたことにあるだろう。特に、伝統的な①「対内・対外主権の至高性・絶対性」に対して、②「対内主権の重層性」、③「対外主権の可塑性」が確認されたことは大きい。[*24]

ここでまず前提として確認しておかなければならないのは、こうした新しい歴史学が登場すると、当然ながら、旧来の強固な近世主権国家認識を前提に近代国家（国民国家／帝国主義国家）を検証してきた近現代史研究も相応に変容せざるをえないということである。というのも、かつてのヴラジーミル・レーニンやジョン・A・ホブスンの研究では、植民地化に見るような無制限の拡大を伴う近現代の独占資本主義国家の支配域が帝国と把握されてきた。[*25] さらに、主権は、ジャン・ボダン型の絶対主義的主権国家から市民革命と国民国家形成を経て、帝国主義への移行が説明されることで、一八世紀末〜二〇世紀前半の間に絶頂に達するとさえ考えられた。[*26] ここでは明らかに、上述の複合国家論・複合君主政論・礫岩国家論が想定する主権国家像／帝国論が欠落していたのである。いうまでもなく、前節で言及した帝国論は、複合国家論、特に上記②の「対内主権の重層性」という論点との親和性が高い。一方、後述する破砕帯論は礫岩国家論、とりわけ上記③の「対外主権の可塑性」という視点との関係性が強い。

以上との関連でいえば、近現代の主権国家を理解する際に、次のような三つの次元を想定することができるであろう。すなわち、A帝国内部の諸勢力間の関係を調整する権力秩序の次元、B帝国本国と植民地世界とでそれぞれ異なる主権が行使され調整される次元、[*27] 最後に、C主権を有すると自認する国家群と、そのような認識をもたない国家や地域または集団とが接触・交渉・参照し合う次元である。Aの次元は上記②の「対内主権の重層性」を表すのであり、既述の帝国論そのものの視点である。他方でBの次元は上記①の「対内・対外主権の至高性と絶対性」と②の「対内主権の重層性」の双方をあわせもっており、帝国と植民地の歴史的紐帯のみならず、植民地が宗主国から独立したあとの両国関係を検証する際にも有益である。

一例をあげたい。一八四八年革命を経た一九世紀の西欧諸国は、本国と植民地とにおいて、それぞれ福祉国家と植民地統治という異なる仕方で主権を編成した。本国では、君主・貴族・議会の主権以外に、国民／民族・人民・労働者・地域といった新たな主権者が登場し、対内主権が重層化する一方で、国外では商品作物を強制栽培させる植民地体制をも築いていた。植民地経営に協力する都市部の上層市民には参政権が付与されることもあったが、従属民にはいまだ原住民法による支配が行なわれた。つまり、本国の福祉国家と植民地支配において、主権は正反対の異なる精緻化を見せたのである。実際に、トーマス・B・ハンセンとフィン・ステプタットは、暴力を伴う植民地支配が西欧の主権国家の形成に内在したと主張し、むしろ西欧主権国家の起源を「植民地世界」のなかに見たのである。[*28] つまり、複合国家論によって相対化された近世国家の絶対的主権とその統治は、ヨーロッパにではなく植民地世界にこそ存在したということになる。

このとき注目すべきは、ウクライナを含む東欧である。まさに東欧は、Cの次元の特性たる上記③の「対外主権の可塑性」を内包し、主権を有すると自認する国家群と、そのような認識をもたない国家や地域ないしは集団とが接触・交渉・参照し合う次元を体現している。いうまでもなくネオマルクス主義の世界システム論／従属論では、近世以降のエルベ川以東の東欧は西欧に原料を供給するだけの後背地、すなわち中核たる西欧に対して周辺（periphery）として位置づけられた。労働形態は資本主義内での「換金作物栽培のための強制労働制」にもとづく農場領主制であり、「再版農奴制」とも称された。[*29] 重要なのは、世界システム論は従来の帝国論が批判した支配と被支配、つまり再版農奴制をもつ東欧の帝国について「諸民族の牢獄」型の伝統的理解をもっている点である。ハンセンとステプタットの主権論は結果的に世界システム論にも牢獄論にも共振するだけでなく、その有効性すら示唆している。ではどうするかであるが、本章はこの主権論を直視することこそ、歴史学が先述の帝国論を批判的に継承する際のもう一つの手がかりになると考える。

確かに主権論では、ヨーロッパ世界（＝西欧）と植民地世界という主権の二方向の展開が重点的に論じられた。その一方で、「破砕帯」「危険地帯」「流血地帯」「火薬庫」などと称され、ヨーロッパの「正常」から逸脱していた東欧は、従来の西欧で展開される主権論からも植民地世界で行使される主権論からも明らかに欠落していたのである。破砕帯とは本来、地質学用語であり、断層運動によって砕かれた岩石が帯状に分布した部分のことである。歴史学においてこの語は一般に、諸帝国の衝突が激しく、異なる帝国による支配が繰り返されることで、帝国周辺部で断片化されてきた被支配地域を指す。[*30] この意味においてウクライナは破砕帯の典型である。ウクライナをふまえれば、帝国周辺部に顕著に現れる「対外主権の可塑性」とは、礫岩の破砕→礫の集塊→破砕→集塊→……という円環の周期が早く、かつ、無限に繰り返されるため、各国家の主権がまるで塑性をもつかのように見える状態のことである。つまり、植民地とは異なるものの植民地さながらに、ヨーロッパ内でハプスブルク、ロシア、オスマン、ナチ・ドイツ、ソ連の各

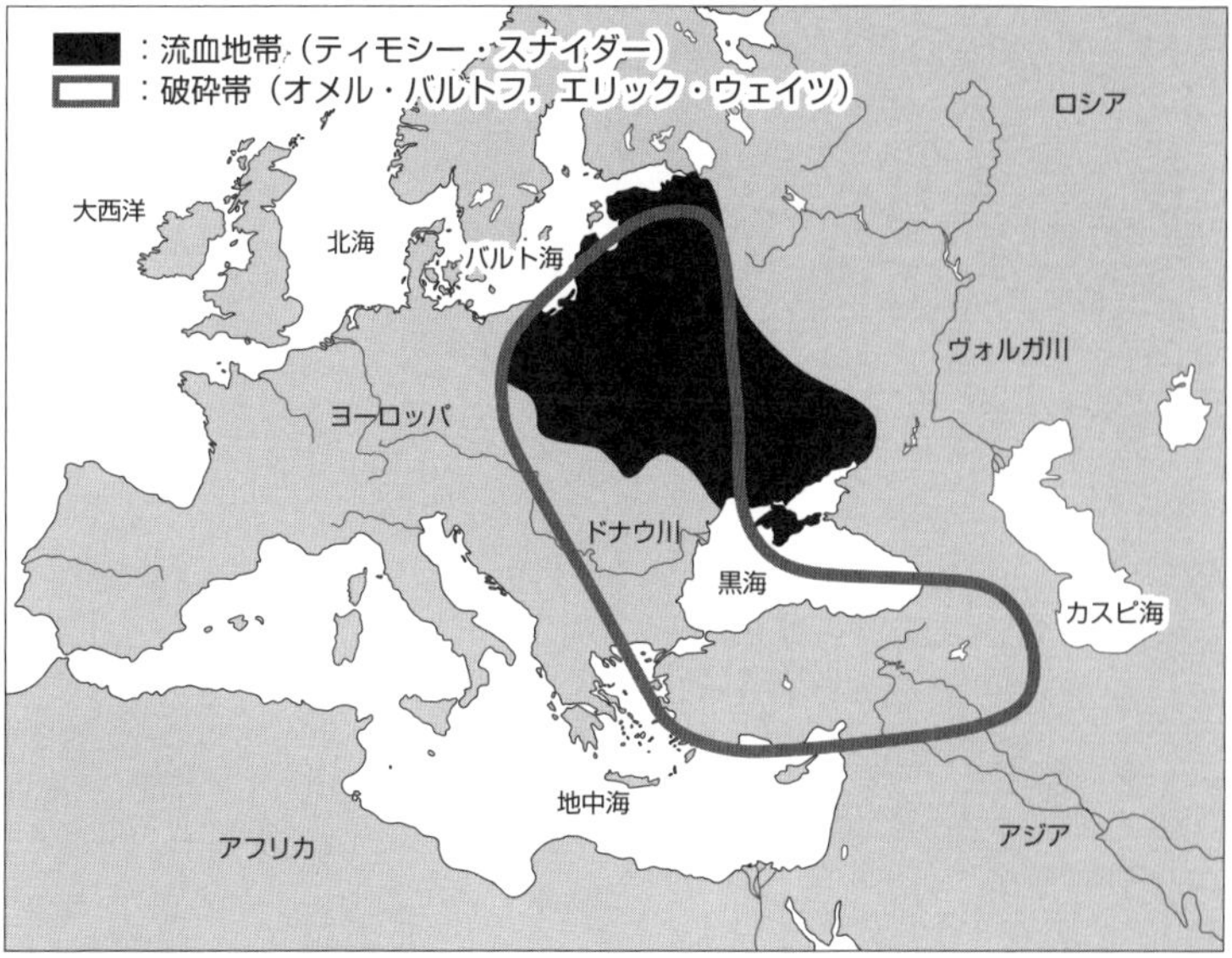

図　「流血地帯」と「破砕帯」
出典：https://laviedesidees.fr/Le-fracas-des-frontieres（2023年10月8日閲覧）

主権が行使され、激しく衝突しつづけた〈場〉であった。[*31] 同じく破砕帯に位置するのが、近隣のポーランド、リトアニア、スロヴァキアのほか、ルーマニアやモルドヴァなどのバルカン半島を経てアナトリア東部に至る広大な地域であった（図参照）。植民地とも異なるヨーロッパの内なる破砕との自覚があるがゆえに、この地域の人びとは西の宥和傾向に敏感に反応するのである。

新旧の帝国の主権再編論と破砕帯論は以上のように架橋されるのであり、この文脈における双方の研究の活性化が期待される。つまり、③の主権を有すると自認する国家群と、そのような認識をもたない国家や地域ないしは集団とが接触・交渉・参照し合う「破砕帯」の次元を、主権論のなかに創出する必要性、そのためには、近世史研究の知見と近現代史研究の知見とが連動する必要性があることをいま一度強調したい。

3　ナショナリズム研究の変容——認識・方法・課題の変化Ⅲ

以上のⅠ「帝国論の批判的継承」とⅡ「主権再編論・破砕帯論の架橋」をふまえたとき、ナショナリズム研究は今後いかに変容していくだろうか。あるいは、すでに生じている変化は何だろうか。特にここで着目したいのは、アーネスト・ゲルナー、エリック・ホブズボーム、ベネディクト・アンダーソン以来の近代論・構築主義説、いわゆる国民国家論がいかなる問題点を露呈したか、そして、今後、ナショナリズム研究のみならず、ナショナリズム自体がどう変容するか、である。

すでに二〇一七年に筆者は、伝統的な近代論系構築主義の問題を指摘し、前近代論系構築主義（社会構成主義）の登場をふまえて、構築主義の〈歴史化〉の必要性を提言したことがある。[*32]その時点で想定していなかったのは、コロナ・パンデミックである。

これに対して、二〇二〇年一二月の『コロナの時代の歴史学』刊行の時点では、おもに以下の二点がナショナリズムを考えるうえでの現代歴史学の課題として認識された。[*33]①感染症による国民国家の変質・復活、②感染症による政治と社会の分断・緊張（人種問題・労働問題・ジェンダー問題の先鋭的な可視化）、である。この文脈で小沢弘明は、ナオミ・クラインの惨事便乗資本主義論に依拠しつつ、[*34]「パンデミック資本主義」という形態をとった新自由主義の拡大に警鐘を鳴らした。[*35]つまり、先述の問いは、パンデミック資本主義の出現によって始まっていた国家・社会の変容に、ロシア・ウクライナ戦争の危機が加わることで、ナショナリズムのみならずナショナリズム研究がどう変容したのか、という問い立てと言い換えることが可能である。

上記①は、パンデミックに際してEUのような超国家機関がうまく機能しなかったのに対して、国民国家が緊急の対策にあたってきた状況を重視し、その復権の側面を検討するものである。[*36] 一方、②の論点のなかでもナショナリズム研究で重要視されたのが、パンデミックの副作用として顕在化した「感染症の人種化」という現象である。[*37] これは、疫病の蔓延とともに被差別者と疫病とが同一視されることで、潜在する差別意識が急激に表出するレイシズムのことである。こうした傾向が欧米諸国で強まっているところで勃発したロシアによるウクライナ侵攻は、潜在する歴史意識が国民の境界の再定義ならびにその恣意的な変更を引き起こしてしまう極致のような展開を見せた。

なお、ここで注視すべきは、現代東欧史学における戦間期東欧ナショナリズム研究の顕著な増大である。スペイン風邪とコロナ、第一次世界大戦とロシア・ウクライナ戦争、帝国からの独立後の少数民族・移民の激増とウクライナ難民、などのアナロジーから戦間期への注目が高まり、ナショナリズム研究が盛んになった。しかも、二〇二〇年以降、英語で発信する研究が極端に増えたことが特徴である。[*38]

以上を受けて、ナショナリズム研究の課題を検討したい。冒頭で述べたように、池田嘉郎は、経済的利益とは異なる歴史的記憶に根差した〈情念〉が戦勝の記憶と相まってプーチンらを駆り立てている、という理解を提起した。これは、ネイションの形成やネイション間の対立や戦争の根源を、産業資本主義・帝国主義・新自由主義などの資本主義システムの変容や不均等発展のなかに見出してきた近代論系構築主義に自省を迫るものである。つまり、帝国論への記憶論の導入が、ナショナリズム研究にも影響を及ぼすことになるのである。その際、前近代論系構築主義あるいは社会構築主義（パトリック・ギアリ、フローリン・カールタ、アンソニー・マークス）が再評価されるであろう。特にギアリは、従来、近代ネイションに先行するネイションの起源と考えられてきた「エトノス」が前近代の段階ですでに構築されていたこと、また、構築されたエトノスが近代ネイションの資源として利用されてきたことを実証した。[*39] プーチンの歴史的記憶にかかわる言説とその思考回路を理解しようとするとき、また、その言説を効果的に批判しようとするとき、ギアリの前近代をふまえた社会構築主義は有効であろう。

さらに今次の戦争では、西側の宥和傾向と並行して、一八世紀の啓蒙期以来、西欧諸国がもつ東欧やロシアに対するある種の偏見も増強された感がある。[*40] ラリー・ウォルフによれば、一八世紀啓蒙期に西欧の対概念として、つまり、西側の文明を拡大する対象として、「東欧」概念が構築された。[*41] 当地の人びとをかつてフリードリヒ・エンゲルスは「歴史なき民」と称し、歴史の進歩に参画する意思も資格もない「反動的民族」と定義したことがある。[*42]「破砕帯」の語はより客観的であるが、西側が名づけた東欧の別名「危険地帯」「火薬庫」が今回の危機に際しても使用される現実には、ヨーロッパがもつある種の根深い構造的問題を感じざるをえない。マリア・トドロヴァやマーク・マゾワーの著作はそうした東欧に対する西欧史上の先入観を問題視するものであるが、[*43] 今次の戦争下でこそアクチュアリティを発揮している。パンデミックとロシア・ウクライナ戦争で可視化された、社会や国家が潜在的にもつ差別意識が排外的ナショナリズムに転化する契機について、ロシアだけでなく、中・東欧、そして特に西欧に対しても、現代歴史学は注意を払う必要がある。

最後に言及するのが、ナショナリズム研究における「国民の社会史」の変容の可能性である。現在のナショナリズム研究の最新の学説が、タラ・ザーラのナショナル・インディファレンス論である。ザーラは、人びとがナショナル・アイデンティティを選択するうえでの日和見主義やネイション帰属の使い分けを検証し、〈ネイションであることへのアンビヴァレント〉な態度の存在を指摘している。[*44] 今次の戦争は、ドローンの導入により戦術が一変した一方で、逃亡する兵士の心情がSNSを通じて拡散するなど、戦場の心理がリアルタイムで伝わってきたことに特徴がある。ネイションの一員であることや強いナショナル・アイデンティティをもつことが自明であると想定されてきたのが、まさに戦場の兵士である。今次の戦争では、ナショナル・アイデンティティの揺らぎやその境界をつくる機制が日々可視化されたわけである。この意味において、第二次世界大戦期の戦場の兵士の心情を手紙から分析した小野寺拓也のアプローチは、今次の戦場の兵士の声を事例に、ナショナル・インディファレンス論を異なる角度から進展させる可能性を有するのである。[*45] また、多数の一般市民の犠牲、さらに戦争で子を失った親の存在も可視化されたことから、戦後に引き継がれる犠牲者意識は従来と異なるものになることが予想される。その点で、林志弦の『犠牲者意識ナショナリズム』は注視すべき研究である。[*46] 戦後、おそらく国家レベルで自国の戦争遂行の正当性を主張するために、被害のほうを過度に強調し、加害行為を極小化ないし忘却しようとする「犠牲者意識ナショナリズム」が拡大しないかどうか、歴史上の幾多の事例を知る歴史研究は常に注視しつづけていく責務があるだろう。

おわりに

「帝国」「主権」「ナショナリズム」は、ロシア・ウクライナ戦争を経て浮き彫りとなった、現代歴史学が緊急に取り組むべき諸課題である。以上をふまえて、最後に近年の史学史にこの問題を置き直してみたい。

二〇〇〇年代以降の現代歴史学は新自由主義を構造的に把握したうえで、これを効果的に批判するための歴史学であった。[*47] その試みは二〇一〇年代にも着実に積み重ねられてきたが、二〇二〇年の歴史学研究会大会全体会「『生きづらさ』の歴史を問う」は、従来の問題関心にもとづきつつも、新自由主義期を含む人びとの〈生きづらさ〉の「実態」を捉えようとする方向に舵を切った。[*48] この年にコロナ・パンデミックを迎えていたことから、おもに人種、マイノリティ、エスニシティ、ジェンダーを通じて、〈生きづらさ〉の実態とその本質を問うことの重要性があらためて痛感されたのである。

この歴史認識が広く共有されるなかで二〇二二年に勃発したのが、ロシア・ウクライナ戦争である。この戦争は、あらためて戦時下の〈生きづらさ〉を現代の人びとに再認識させると同時に、近現代史において最もハードなキー概念である「帝国」「主権」「ナショナリズム」のかたちを少しずつ溶解させ、新たに質の異なるものへと固結化させようとしている。何より、この固結化に際しては、欧米の各地で地域的偏差が生じるはずである。変動の強弱に応じて、〈生きづらさ〉の性質も各地で異なるものになるであろう。コロナ・パンデミックとロシア・ウクライナ戦争を目撃した現代歴史学には、いま眼前で生じつつあるわずかな変化をも見逃さずに、日々観察していく責務があるといえよう。歴史学ほど根底において現状認識と深くかかわる学問はないからである。

〔注〕

＊1 https://denikn.cz/minuta/822054/; https://www.idnes.cz/zpravy/domaci/stream-demonstrace-milion-chvilek-vaclavske namesti-valka-na-ukrajine.A220227_092531_praha zpravy_bse（本稿のＵＲＬはすべて二〇二三年一〇月八日最終閲覧）。

＊2 https://ct24.ceskatelevize.cz/domaci/3455152-fialaspolecne-s-premiery-polska-a-slovinska-navstivi-kyjev

＊3 二〇二二年のウクライナ危機と一九三八年のチェコスロヴァキア危機との類似性、ならびに宥和政策の回避の必要性を主張する中・東欧史家ティモシー・スナイダーによる論考が、二〇二二年九月に雑誌 *Foreign Affairs* に掲載された。Tymothy Snyder, "Ukraine Holds the Future: The War Between Democracy and Nihilism", *Foreign Affairs*, 101 (5) (https://www.foreignaffairs.com/ukraine/ukraine-war-democracy-nihilism-timothy snyder). チェコのメディアはこれに反応し、同年一二月にスナイダー論文をチェコ語に翻訳して掲載した。Tymothy Snyder, "Ukrajina drží klíč k budoucnosti", *iROZHLAS* (https://www.irozhlas.cz/zpravy-svet/vinohradska-12-foreign affairs-ukrajina-klic-k-budoucnosti_ 2212300600_mkl.) スロヴァキアの現代史家ヤクブ・ドラービクも二〇二二年六月の時点で、一九三〇年代と現在とでは本質的には状況は異なるものの、今般の欧米の多くの政治家の態度を宥和政策と理解することに抵抗感はないと述べた。そのうえで「日和見主義」を捨て、民主主義の価値観にもとづく意思決定に回帰するよう要求した。Jakub

Drábik, "Čím viac budeme autokratom ustupovať, tým väčší bude ich apetít", *Akutality.sk* (https://www.aktuality.sk/clanok/xbasf2N/historik-drabik-cim-viac-budeme-autokratom-ustupovat-tym-vacsi-bude-ich-apetit/). 同様の見解は歴史家やジャーナリストにおいて事欠かない。Ondřej Šmigol, "Mala by Ukrajina pri rokovaniach s Ruskom pristúpiť na ústupky?", *Štandard* (https://standard.sk/218938/mala-by-ukrajina-pri-rokovaniach-s-ruskom-pristupit-na-ustupky/); Andrej Beňuš, "Zmení konflikt na Ukrajine zahranično-bezpečnostnú politiku Nemecka?", *Európsky Dialóg* (https://europskydialog.eu/2022/07/19/zmeni-konflikt-na-ukrajine-zahranicno-bezpecnostnu-politiku-nemecka/).

＊4 https://www.bbc.com/news/world-europe-64402928; https://time.com/6249710/germany-leopard-2-tanks-ukraine/; https://www.nikkei.com/article/DGXZQOGR20DA60Q3A120C2000000/

＊5 Ivan Kalmar, *White but Not Quite: Central Europe's Illiberal Revolt*, Bristol: Bristol University Press, April, 2022; Peter Visnovitz and Erin K. Jenne (eds.), "Populist Argumentation in Foreign Policy: the Case of Hungary under Viktor Orbán, 2010-2020", *Comparative European Politics*, 19, September, 2021, pp. 683–702; Zoltán Ádám and Iván Csaba (eds.), "Populism Unrestrained: Policy Responses of the Orbán Regime to the Pandemic in 2020–2021", *European Policy Analysis*, 8 (3), August, 2022, pp. 277–296; Czesław Kulesza and Gavin Rae (eds.), "The Law and Justice Party and Poland's Turn to the Right", *Transform! Europe*, January, 2017, pp. 3–8; Agnieszka Kasińska-Metryka and Rafał Dudała (eds.), "Nationalism and populism in Poland: new threats, old fears", in Simona Kukovič and Petr Just (eds.), *The Rise of Populism in Central and Eastern Europe*, Cheltenham: Edward Elgar, September, 2022, pp. 128–143; Bartek Pytlas, *Radical Right Parties in Central and Eastern Europe: Mainstream Party Competition and Electoral Fortune*, New York: Routledge, October, 2015; 平田武「ハンガリーにおけるデモクラシーのバックスライディング」『体制転換／非転換の比較政治』日本比較政治学会年報第一六号、ミネルヴァ書房、二〇一四年六月、一〇一－一二七頁、仙石学「ポーランド政治の変容——リベラルからポピュ

リズムへ?」『西南学院大学法学論集』第四九巻第二・三号、二〇一七年二月、一二三—一五四頁。

*6 「対談 池田嘉郎×中澤達哉 歴史学は〈戦争〉とどう向き合うか——ロシア・ウクライナ戦争開戦一年を控えて」『週刊読書人』二〇二三年二月一〇日付、一面。本章は本対談の発言を軸にしつつも大幅に加筆修正を加えている。

*7 ハプスブルク帝国史研究にはピーター・ジャドソンの帝国論がある。彼は、従来の帝国主義論や国民形成論を批判して、帝国下の諸ネイション構築と帝国統治システムの近代化とが双方向的な依存関係にあったと論証した。ロシア帝国論と一定の対応関係がある。Pieter Judson, *The Habsburg Empire: A New History*, Cambridge, Massachusetts-London: Belknap Press of Harvard University Press, 2016.

*8 青島陽子「帝政ロシア史研究における『帝国論的転回』——ロシア帝国西部境界地域を中心に」『史学雑誌』第一三一編第七号、二〇二二年七月、六〇—八〇頁、Andreas Kappeler, *The Russian Empire: A Multi-ethnic History*, Abingdon, Oxon: Routledge, 2001.

*9 青島「帝政ロシア史研究における『帝国論的転回』」六〇頁。

*10 同右。

*11 二〇二二年五月一四日に開催された早稲田大学ナショナリズム・エスニシティ研究所シンポジウム「ロシア・ウクライナ戦争と歴史学」における池田嘉郎報告レジュメ「ロシア・ウクライナ戦争と日本のロシア史研究の省察」より引用(https://drive.google.com/drive/folders/1MhoWtyFzwv92RtMu3SD8ofEIxh9rlBdP?usp=sharing)。

*12 「対談 池田嘉郎×中澤達哉」一頁。池田の視点はデイン・ケネディの視点と連動するが、詳細は注31で論じる。デイン・ケネディ(長田紀之訳)『脱植民地化——帝国・暴力・国民国家の世界史』白水社、二〇二三年。

*13 池田嘉郎「ロシア皇帝と重なるプーチンの姿勢——よみがえる帝国地図——ロシア・ウクライナ戦争」『中央公論』二〇二二年七月号、四三頁。

＊14　青島陽子も池田嘉郎と同様、現在のロシアを前体制の帝国と関連づけている。「ロシア帝国（王朝原理）もソ連（社会主義）も民族を超えた統治原則に基づく多民族国家であり、現在のロシア連邦でも憲法の冒頭で多民族国家であると宣言されているように、ロシア国家とロシア民族主義とは歴史的にも現在においても容易に合致しない」（青島陽子「ウクライナ戦争の歴史的位相」スラブ・ユーラシア研究センターウェブサイト、二〇二二年、（https://src-h.slav.hokudai.ac.jp/center/essay/PDF/20220411.pdf）一頁。

＊15　池田「ロシア皇帝と重なるプーチンの姿勢」三七頁。

＊16　池田嘉郎「ロシア『帝国』の幻影復活――相克のウクライナ近現代史」『日本経済新聞』二〇二二年三月一日付WEB版（https://www.nikkei.com/article/DGXZQOUD2587R0V20C22A2000000/）。

＊17　板橋拓己『分断の克服1989～1990――統一をめぐる西ドイツ外交の挑戦』中央公論新社、二〇二二年、二二〇頁。

＊18　板橋拓己「不安が人を右傾化させる　敗者を取り残さぬ秩序を」『朝日新聞』二〇二三年一月四日付朝刊、九面。

＊19　同右。

＊20　すでにこの視点を打ち出し検討している著書として以下を参照。池田嘉郎編『第一次世界大戦と帝国の遺産』山川出版社、二〇一四年、拙編著『王のいる共和政――ジャコバン再考』岩波書店、二〇二二年など。

＊21　Richard Pipes, *Russia under the Old Regime*, New York: Penguin Books, 1974; 池田嘉郎「帝国、国民国家、そして共和制の帝国」『Quadrante: クァドランテ』第一四号、二〇一二年三月、八一－九九頁、池田嘉郎『革命ロシアの共和国とネイション』山川出版社、二〇〇七年、拙著『近代スロヴァキア国民形成思想史研究――「歴史なき民」の近代国民法人説』刀水書房、二〇〇九年。

＊22　学説の詳細は以下を参照。古谷大輔・近藤和彦編『礫岩のようなヨーロッパ』山川出版社、二〇一六年、拙稿「『複合国家』『複合王政』『礫岩国家』――主権国家の相対化」『第一八回日韓歴史家会議報告書・国際関係――その歴史的考察』二〇一九年、三五－四七頁。

＊23 Stéphane Beaulac, *The Power of Language in the Making of International Law: The Word Sovereignty in Bodin and Vattel and the Myth of Westphalia*, Leiden-Boston: Martinus Nijhoff Publishers, 2004; Andreas Osiander, "Sovereignty, International Relations, and the Westphalian Myth", *International Organization*, 55 (2), 2001, pp. 251-287.

＊24 拙稿「近世帝国と近代国民国家の相互浸潤」『歴史学研究』第一〇一五号、二〇二一年一〇月増刊、一七五－一七八頁。

＊25 レーニン（宇高基輔訳）『帝国主義論』岩波文庫、一九五六年（原著初版一九一七年）、ホブスン（矢内原忠雄訳）『帝国主義論　上下』岩波文庫、一九五一－五二年（原著初版一九〇二年）。

＊26 拙稿「近世帝国と近代国民国家の相互浸潤」一七五－一七八頁。

＊27 拙稿「一八四八年革命論」『岩波講座世界歴史　第一六巻　国民国家と帝国　一九世紀』岩波書店、二〇二三年、二〇一－二二二頁。

＊28 Thomas B. Hansen and Finn Stepputat (eds.), *Sovereign Bodies: Citizens, Migrants, and States in the Postcolonial World*, Princeton: Princeton University Press, 2005, pp. 1-36; 近年の人種資本主義の議論は歴史学における主権国家論の文脈でも理解することができる。Destin Jenkins and Justin Leroy (eds.), *Histories of Racial Capitalism*, New York: Columbia University Press, 2021.

＊29 イマニュエル・ウォーラーステイン（川北稔訳）『近代世界システム　一――農業資本主義と「ヨーロッパ世界経済」の成立』名古屋大学出版会、二〇一三年、九六－一〇〇頁。

＊30 Omer Bartov and Eric D. Weitz (eds.), *Shatterzone of Empires: Coexistence and Violence in the German, Habsburg, Russian, and Ottoman Borderlands*, Bloomington: Indiana University Press, 2013.

＊31 ケネディの『脱植民地化』は、近代の諸帝国が崩壊したとしても、その多くは新しい形式へと自己を再編したにすぎないと指摘した。この論点は帝国論の見地から高く評価しうる。しかし、その議論の射程は本章が論じたBの次元（帝国本国と植民地世界とでそれぞれ異なる主権が行使され調整される次元）にとどまっ

ている。先述のCの次元（主権を有すると自認する国家群と、そのような認識をもたない国家や地域または集団とが接触・交渉・参照し合う次元）にある、東欧のような半植民地型地域については、破砕帯論も援用することによって、脱植民地化論をさらに分節化する議論が必要である。

＊32　拙稿「国民国家論以後の国家史／社会史研究――構築主義の動態化／歴史化に向けて」歴史学研究会編『第四次 現代歴史学の成果と課題 第二巻　世界史像の再構成』績文堂出版、二〇一七年、八二―九八頁。

＊33　拙稿「序 問題提起――新型コロナウイルス感染症が歴史に問いかけるもの」歴史学研究会編（中澤達哉・三枝暁子監修）『コロナの時代の歴史学』績文堂出版、二〇二〇年、三―六頁。

＊34　ナオミ・クライン（幾島幸子・村上由見子訳）『ショック・ドクトリン――惨事便乗型資本主義の正体を暴く　上下』岩波書店、二〇一一年。

＊35　小沢弘明「新自由主義下のCOVID-19」歴史学研究会編『コロナの時代の歴史学』三二一―三三三頁。

＊36　Antonina B. Engelbrekt, Karin Leijon, Anna Michalski, Lars Oxelheim, et.al., *The European Union and the Return of the Nation State*, Cham: Palgrave Macmillan, 2022; Jan Zielonka, “Has the coronavirus brought back the nation-state?”, *Social Europe*（https://www.socialeurope.eu/has-the-coronavirus-brought-back-the-nation-state）; Gideon Rachman, “Nationalism is a side effect of coronavirus”, *Financial Times*, March 23, 2020（https://www.ft.com/content/644fd920-6cea-11ea-9bca-bf503995cd6f）.

＊37　拙稿「新型コロナウイルスの副作用――『感染症の人種化（racialization）』」歴史学研究会編『コロナの時代の歴史学』四八―五八頁、Andi Haxhiu, “Renewed scapegoating: Political rhetoric and the other in a time of pandemic”, *Nationalism Studies*, Jun 8, 2020（https://nationalism-studies.sps.ed.ac.uk/2020/06/08/renewed-scapegoating-political-rhetoric-and-the-other-in-times-of-pandemic/）.

＊38　Ian D. Armour, *A History of Eastern Europe 1918 to the Present: Modernisation, Ideology and Nationality*, London: Bloomsbury Academic, 2021; Johanna Chovanec and Olof Heilo（eds.）, *Narrated Empires: Perceptions of Late Habsburg and Ottoman Multinationalism*, London: Palgrave Macmillan, 2021;

Robert C. Austin, *A History of Central Europe: Nations and State since 1848*, London: Palgrave McMillan, 2021; John Connelly, *From Peoples into Nation: A History of Eastern Europe*, Princeton: Princeton University Press, 2022; Dagnosław Demski and Dominika Czarnecka,（eds.）, *Staged Otherness: Ethnic Shows in Central and Eastern Europe, 1850-1939*, Budapest: Central European University Press, 2022; Pasi Ihalainen and Antero Holmila（eds.）, *Nationalism and Internationalism Intertwined: A European History of Concepts beyond the Nation-State*, New York: Berghahn, 2022; Maciej Krotofil und Dorota Michaluk（Hrsg.）, *Nationen und Grenzen: Bildung neuer Staaten in Ost- und Mitteleuropa nach dem Ersten Weltkrieg*, Göttingen: Vandenhöck & Ruprecht Verlage, 2022; Dimitris Stamatopoulos, *Imagined Empires: Tracing Imperial Nationalism in Eastern and Southeastern Europe*, Budapest: Central European University Press, 2021; László Szárka and Attila Pók（eds.）, *Nationalism in Action: The Great War and its Aftermath in East Central Europe*, Komárno: J. Selye University, 2023.

＊39　パトリック・J・ギアリ（鈴木道也ほか訳）『ネイションという神話――ヨーロッパ諸国家の中世的起源』白水社、二〇〇八年。

＊40　Aleksandra Lewicki, "East-west Inequalities and the Ambiguous Racialisation of 'Eastern Europeans'", *Journal of Ethnic and Migration Studies*, 49(6), January, 2022, pp. 1481-1499; Dominika Blachnicka-Ciacek and Irma Budginaite-Mackine（eds.）, "The Ambiguous Lives of 'the Other Whites': Class and Racialisation of Eastern European Migrants in the UK", *The Sociological Review*, 70(6), September, 2022, pp. 1081-1099.

＊41　Larry Wolff, *Inventing Eastern Europe: The Map of Civilization on the Mind of the Enlightenment*, Stanford, Calif.: Stanford University Press, 1994.

＊42　カール・マルクス／フリードリヒ・エンゲルス（大内兵衛・細川嘉六監訳）『マルクス＝エンゲルス全集』第六巻、大月書店、一九六一年、二七〇頁。

＊43　マーク・マゾワー（中田瑞穂・網谷龍介訳）『暗黒の大陸――ヨーロッパの二〇世紀』未来社、二〇一五

年、マーク・マゾワー（井上廣美訳）『バルカン――「ヨーロッパの火薬庫」の歴史』中公新書、二〇一七年、Maria Todorova, *Imagining the Balkans*, Oxford: Oxford University Press, 2009.

＊44 Tara Zahra, "Imagined Noncommunities: National Indifference as a Category of Analysis", *Slavic Review*, 69(1), March, 2010, pp. 93–119.

＊45 小野寺拓也『野戦郵便から読み解く「ふつうのドイツ兵」――第二次世界大戦末期におけるイデオロギーと「主体性」』山川出版社、二〇一二年。

＊46 林志弦著（澤田克己訳）『犠牲者意識ナショナリズム――国境を超える「記憶」の戦争』東洋経済新報社、二〇二二年。

＊47 小沢弘明「新自由主義の時代と歴史学の課題Ⅰ」歴史学研究会編『第四次 現代歴史学の成果と課題　第一巻 新自由主義時代の歴史学』績文堂出版、二〇一七年、一八―三一頁。

＊48 二〇二〇年度歴史学研究会全体会主旨説明文「『生きづらさ』の歴史を問う」(http://rekiken.jp/meeting/2020-2/)。

第9章　私にとってのロシア・ウクライナ戦争
――ロシア史研究者として

池田嘉郎

はじめに

ロシアによるウクライナの侵略は、私にとってまずは個人的な経験であった。最も強い印象を受けたのは、親しくしているモスクワの友だちが「私はこの戦争には反対だ」と公然と意思表示したことであった。それから七か月たったときに、その友だちとの交流に使っているSNSがロシア人には使えなくなるという話になり、慌ただしく挨拶を交わしたりしたのであった。実際には彼らはぽつぽつとSNSに戻ってきて、いまも連絡はとれているのであるが、さようならの挨拶を交わしたときには言葉の調子も含めて、騒然とした雰囲気のなかでのやりとりであった。

もとよりモスクワはロシア軍が破壊を繰り広げる戦場ではない。戦場はウクライナである。まして私は何の危険もない日本にいる。だから、私は感傷に耽っているだけだともいえる。とはいえ、結局のところ自分の感覚抜きには何もできないのであり、二〇二二年二月末の恐ろしい戦争が始まってしまったという心細い気持ちや、友だちの意志表明を見て「これは自分も黙っていることはできない」と悟った気持ちはいまだに自分のなかでかなりの程度までそのまま残っている。私は二〇二二年二月二四日一二時四六分（日本時間）以来のその友だちの、またそのほかのロシアの友人たちのSNSでの発言を今日まで記録しているのだが——二〇二三年三月くらいまではまめにとっていて、その頃から少し漏れもでてきた——それは一つにはそうした書き込みはいつ消えてしまうのかわからないから記録にとどめねばならないという考えによるのだが、根本のところではその人にまたそれ以外の友人たちにも恥ずかしくないようにしなければいけないという自分にとってのよりどころとして、写しをとっているわけである。

このようなわけであるので、私にとってロシア・ウクライナ戦争という出来事は距離をおくことが難しいものとして今日まで来ている。歴史研究者としてこの事件を対象化したいという気持ちは当然湧いてくるので、純粋に学術的な考察を行ない、論文を書くという行為を怠っているわけではない。ただ、本稿に関していえば、具体的な主題を決めて専門的な分析を行なうことをねらいとしているわけではなく、ロシア・ウクライナ戦争をめぐってこの二年弱の間に私が想起した諸論点をかなりランダムに綴ることを目的としている。ロシア・ウクライナ戦争は私の日常に多面的にかかわっているので、まずはランダムに書くしかないわけである。そのような場合、私としては自分とこの戦争との基本的な関係について明確にしておくべきであろうと思い、このような「はじめに」を記したのだった。その点を明確にすること抜きには、私はこの戦争について論じ出すことができないのである。

1　パブリックな言葉について

私の仕事はものを考えて書くことであるので、この戦争が始まってからもいろいろなかたちで文章を書いてきた。この書くということ、言葉を使うことに関して、最近読んだオレーグ・ハルホルジン『ロシアの共和主義』のなかに興味深い一節があった。ハルホルジンはペテルブルク・ヨーロッパ大学の政治学者で、ロシアにおける「公共性」のあり方について歴史的展望のなかで論じている人である。ロシア史を通じてパブリックなものが弱く、ソーシャルなものが圧倒的であったというのが彼の議論である。おおざっぱにいえば、個の内的自治を土台にして開ける空間がパブリックであるのに対して、そうした自治が想定されず、個をまずは全体の一部として想定する空間がソーシャルである。規範たらんとする権力が個々人の言動を規制するソ連時代の秩序だけが、この議論にあてはまるわけではない。一九八〇年代後半のペレストロイカ期、および二一世紀初頭におけるレニングラード／ペテルブルクの市民団体にもそれがあてはまるとハルホルジンはいう。彼が検討しているのは古い建築物の保護などを目的とする市民団体なのだが、そのメンバーが用いている言葉は、情報や知見を共有している仲間同士の閉じられたものや感情がむき出しになっているもの、あるいはお役所的な説明文のいずれかだというのである。いずれも新たな個の参入に対して開かれた、パブリックなものではないわけである。[*1]

似たようなことを、ソ連・現代ロシア哲学研究者の乗松亨平も書いている。彼が紹介する現代ロシアの哲学者ミハイル・ルイクリンの議論によれば、ロシア語では猥雑な表現が豊かであるが、これは個が解放されていることを意味しない。むしろ、性が個ではなく集団的身体に属するがゆえに、（複数の人間の間での）おおっぴらな言葉のやりとりのなかに性が表出される。ここで性的身体は、仮構の集団的身体においてのみ存在が許されている。猥雑な言葉が政治家の公的な発言のなかに浸透しているのも同じ理屈による。プーチンが猥雑な言葉や罵倒語を記者会見などで多用するのはその典型である。先ほどのハルホルジンの概念（これはハンナ・アーレントに由来する）を使えば、集団が個に先行するソーシャルな空間を、プーチンの言葉は構成しているのである。[*2]

ハルホルジンやルイクリンの基準に照らして、私のロシアの友人たちのSNSでの言葉はどのようなものとして映るだろう。私はそれはパブリックなものであったと思う。「公開」であるとか「友人のみ」であるとかいったSNSでの共有範囲の設定が、それ自体で質の違いを生み出すわけではない。泥水と澄んだ水との仕切りがないインターネットでは、そこに投ぜられる言葉は総体として等価でもあれば、実社会から切り離された閉鎖的な性格を帯びてもいるからである。しかしながら、監視国家である今日のロシア、それも戦時のロシアにおいて、「私はこの戦争には反対だ」という言葉を「公開」するという行為は、文字通りのパブリックな意味を帯びていたと私は思う。

私はSNSも使うがデジタルネイティヴではないので、手書きや活字の言葉がもつ呪術力を信ずるものである。その力とはつまるところ、残るということである。だからロシア・ウクライナ戦争に関することについては、どこに何をもって書く場合でも、残るということを意識してきた。一番望ましいのは紙媒体に掲載されることであるが、そうでない場合でも、それが残った場合、後年の人が読んでも意味が通じるように、できるだけ論理的に書こうと心がけてきた。科学技術振興機構の提供になるresearchmapに組み込まれている「研究ブログ」を使っているのもそのためで、長い文章を書けるし、原則として誰でも読める。

歴史研究者である自分は、過去の人が書いた言葉に依拠してものを考えている。そうであれば、私自身もなるべく文章は残すようにするのが、理にかなっている。自分はこの戦争についてどのように考え、どのような立場をとるのかを、明示しておきたいわけである。そうしておけば、今日またのちになって第三者が私の言葉を批判することも可能になる。それにまた、広い読み手に対して、論理的な言葉で書けば、私の立場と、それとは異なる立場とを比較考量することも容易になる。そのような観点からいって、私は和田春樹が自身の観点を書物のかたちで世に問うたことは、とてもよかったと思っている。和田の『ウクライナ戦争即時停戦論』には私の文章に対する言及が二度出てくるが、お互いに文章を書いたことで、後年になって第三者が私たちの議論をあらためて評価する可能性が開けたことになる。私たちは二人とも、歴史家として然るべく振る舞ったのである。[*3]

2　ナショナリズム批判で見落とされるもの

開戦後、ウクライナ政府側の発言には、遡及主義的な歴史観がしばしば見られた。たとえば、九世紀に成立したキエフ・ルーシの頃までさかのぼり、今日のウクライナとその時代とのつながりを強調し、翻ってその時代にはモスクワなど影も形もなかったではないかというものである。歴史学的常識の観点から、こうした遡及主義的アプローチを批判するのは容易である。ある地域の住民が政治的国民としてのアイデンティティを共有している状態は、近代以降に生じたものだといってよいであろう。

しかし、こうした遡及主義批判が、ウクライナ側だけに対して向けられるのであれば、バランスが悪いことになる。第一に、自己の起源をキエフ・ルーシにまでさかのぼる歴史像は、ロシアにおいても根を下ろしているからである。今日存在するロシアという政体の起点をどこにおくことができるのかという問題は、ウクライナについてと同様、単純ではない。キエフ・ルーシやモスクワ公国の時代に、今日見られるようなナショナル・アイデンティティを共有する国民が存在しなかったことはいうまでもない。一八世紀初頭に始まるロシア帝国もまた、臣民は身分や信仰によって分かたれており、共通の「ロシア人」意識をもっているわけではなかった。

なお、日本語はこの点でミスリードしやすい。モスクワ公「国」、ロシア帝「国」、ロシア・ソヴィエト連邦社会主義共和「国」と、体制の変化を超えて「国」が継承されてきたかに見える。実際にはクニャージェストヴォ、インペリア、レスプブリカなのであるから、概念上の連続性はないのである。

また、ヴラジーミル・プーチン・ロシア大統領は、今日のウクライナの領域が歴史的に形成されてきたものであることを好んで指摘する。*4 レーニンのもとで創出されたウクライナ・ソヴィエト社会主義共和国の領域に、スターリンが西ウクライナを付け足し、フルシチョフがクリミアを付け足しというようにして、歴代のソ連指導者が構築してきたものがウクライナであるのだから、その国境線には堅固な正統性があるわけではないと論じるのである。

だが、同様のことは今日のロシアにもあてはまる。ポーランドやコーカサスやトルキスタンなど多様な地域を含み込むロシア帝国において、「大ロシア」だけを区切る行政上の境界線は存在しなかった。革命後の内戦期に、旧帝国周縁部に成立した非ソヴィエト系諸政権が赤軍により打倒されたのちに、ウクライナ・ソヴィエト社会主義共和国のようなソヴィエト共和国ができていった結果、いわゆる「大ロシア」、つまりロシア・ソヴィエト連邦社会主義共和国の国境線が確定されたのであった。したがって、今日のロシアの国境線も、今日のウクライナと同程度には、二〇世紀になってボリシェヴィキによって構築されたものなのである。

つまるところ、今日のロシアの起点をどこに定めうるかは、ウクライナについてと同様に、自明のことではない。あるいは、正解はない。もとよりそのことはロシア史研究者みながわかっている。しかし我々は「ロシア史」という概念を、キエフ・ルーシから現代ロシアまでを含むものとして普通に使う。一〇〇〇年以上にわたり通時的に存在する「ロシア」なるエンティティがあるという仮構が、「ロシア史」という概念の無言の前提である。私は「ロシア史」研究者として、この概念を放棄すべきだといっているのではない。「ロシア史」概念を無言の前提として受け入れる一方で、ウクライナ史の遡及的アプローチのみを批判するのはバランスが悪いと考えているのである。

第二に、我々はウクライナにおける遡及史観を批判する際に、自分たちが立っている視座はしばしば視野の外においている。私がいっている視座とは日本のことである。我々は「日本史」という概念を普通に使う。もちろん現代日本の起点をどこに求めるのかに単一の答えなどないことは歴史家であればみなわかっている。それでも先ほどの「ロシア史」と同様に、「日本」の通時的存続を前提とする「日本史」という概念を使っているのである。確かに個々の歴史家は、「日本列島に暮らす人びとの歴史」といった見方をとることによって、遡及史観から距離をおくことに努めている。それでも、「ロシア史」「日本史」「フランス史」などの語彙が、根底のところで遡及史観的要素を含んでいることは否定できない。

　日本という視座に関してはさらに、次のことを記したい。ウクライナ史学における遡及的アプローチが批判されるのは、もっぱらそこにナショナリズムが作用しているからであると思われる。近代以降の形成物であるにすぎないネイションを、ずっと古くから存在してきたかのように描き出すことは、ナショナリズムにもとづいた政治的な議論であるとして批判されるわけである。この批判自体は間違ってはいない。私自身、ウクライナ史であれロシア史であれ、遡及史観にもとづいた叙述は基本的には行なわない（それでもなお、遡及主義的要素とかかわりの深い「ロシア史」概念からは逃れられないわけであるが）。

　ただ、そもそも私たちは、もちろん英語やロシア語で書くこともあるが、おおむね日本語で文章を書いている。言葉はナショナル・アイデンティティを支える最も基本的な要素の一つである。そうであれば日本語で書くということは、日本ネイションを再生産する基本的な行為の一つである。私たちがこのことを忘れがちなのは、日本語の使用が禁止されるということが、近代日本語が成立してから今日まで、仮にあったとしても例外的な事態でしかなかったからである。[*5]

ここでナショナリズムを、ネイション（「主権をもつと主張する共同体」としておく）を土台として組織された政治秩序を受け容れる思考の枠組みと考えるならば、日本語で書くということは、日本ナショナリズムの発現形態である。[*6] そうであれば、日本語の文章を書くことで、ウクライナ・ナショナリズムの発現を批判することは、それ自体、矛盾をはらんでいるように私には思われる。もちろん、世の中から矛盾をなくすことはできないので、日本語でウクライナ、また所与のネイションのナショナリズムについて、批判することをやめるべきだとは私は思わない。それでも、矛盾が潜んでいるということは、意識すべきだろう。

3　「背景」について

歴史研究者がロシア・ウクライナ戦争について論じる際にしばしば用いるのが「背景」という言葉である。ロシアがこのような侵略戦争を始め、このような破壊を繰り広げているのはなぜか、その背景を理解しなければならない、といった文章においてこの言葉は使われている。歴史研究者がこの語を好む理由はわかる。現在起こっている戦争を理解するためにはそこに至る経緯、あるいは当事者の状況認識を知る必要があるというのは正論であり、多くの場合この経緯や状況認識のことが「背景」という言葉で表されているように思う。二〇二二年三月二五日に行なわれたオンライン・シンポジウム「ウクライナ戦争の背景とその波紋――我々はいまどこにいるのか」はその好例である。そこでの報告をもとにした青島陽子の論考「ウクライナ戦争の歴史的位相」は、ソ連という帝国的空間が解体したのちのロシアのアイデンティティ・クライシスに焦点をあててロシア・ウクライナ関係を論じている。これはロシアの歴史的な軌跡に即して、プーチン政権がウクライナ侵攻に乗り出す契機を分析した意欲的な論考であった。[*7]

私も開戦に至ったプーチンの動機を歴史に即して説明したインタビューのなかで、「背景」という語を用いている。「帝政時代からソ連時代に至る大国ロシアの伝統をつくり直せるのは我々だけだという自負が、今回の侵攻を決断した背景にあるのは間違いない」というようにである。[*8] おそらく私は今後もこの語を使うだろう。

ただ、その一方で私は、この言葉に関して、徐々にいくつかの点に注意するようになった。まず、ロシア側の「背景」について語られる機会は、対応するウクライナ側に関する説明と比べて、より多いように思われるということである。プーチン政権の歴史観、ウクライナ観、冷戦後の国際秩序観（たとえばNATO東方拡大から受けた脅威感）は、多くの専門家が論じてきた。それに対して、歴代ウクライナ政権の歴史観、ロシア観、国際秩序感（たとえば二〇一四年のクリミア併合ならびにドンバスへのロシア介入から受けた脅威感）は、同じ頻度で説明の機会が与えられているようには見えない。一例をあげると『歴史評論』（二〇二三年一〇月号）は「ロシア・ウクライナ戦争から考える」という特集を組んでいるが、編集委員会があげる課題には「ロシア・ウクライナ戦争を歴史的な文脈で理解する前提として、ロシアが主張する歴史観・ウクライナとの関係史を概観する」がある一方、対応する「ウクライナが主張する歴史観・ロシアとの関係史を概観する」はない。[*9]

こうした状況が生じているのは、直接にはロシア研究者の数がウクライナ研究者の数をかなり上回っているからであろう。しかし、それだけが理由であるようにも思えない。これは明確な根拠なしに書くのだが、ウクライナの視点を同国を支援するアメリカ合衆国の視点と同一視したうえで、アメリカのヘゲモニーに対抗しているがゆえに、相対的弱者たるロシアの視点にも耳を傾けねばならないという機制がどこかに働いているのではないだろうか。もしそうだとすれば、結局そこで聞くことが求められるロシアの声は、反アメリカという枠組みにアプリオリに規定される可能性が高まるわけである。

とりわけ、しばしば「背景」として言及されるNATO東方拡大についていえば、開戦後にプーチン政権から発せられる言葉において、それが占める比重は低いように見える。むしろNATO東方拡大一般ではなく、プーチン政権が死活的利害をもつとみなしたウクライナがロシアの影響圏から離れてゆくことが、プーチンを開戦へと後押ししたのであろう。だとすればそこにあるのは、歴史的レトリックをまとった領土的野心にすぎない。[*10]

次に、「背景」の説明に重きをおくあまりに、本題であるロシア・ウクライナ戦争そのものの説明がおろそかになってはいけないと思う。ナチス体制によるユダヤ人迫害に関して、ドイツ出身の作家W・G・ゼーバルトが、やはりドイツの作家であるジャン・アメリーの仕事について、次のように書いている。アメリーは、「究極のところ重要なのは、テロルの原因をもっともらしく解明することであるよりは、締め出され、迫害され、殺される犠牲者にされるというのがいかなることかを理解することだと、しぶとく指摘したのである」と。[*11] ロシア史研究者にとっても示唆するところの多い言葉である。

また、これはロシア・ウクライナ戦争の背景でもあれば本質的要素でもあるのだが、プーチン政権そのものの分析がもっとなされるべきだと考える。たとえばロシア軍による戦場での暴力との関連でいえば、プーチン政権の性質自体がそうした暴力を生み出しているのではないか、という点をより検討していくべきだろう。また、プーチン政権におけるエリートの再生産の仕組みを検討することも必要だろう。[*12]

銃後の社会もまた、ロシア・ウクライナ戦争の背景というよりは構成要素となろう。私はロシア研究者《ルシスト》であるからウクライナではなくロシアの銃後のみを語ることにするが、世論調査では今日までおおむね八割ほどの回答者がプーチン政権の戦争を支持している。このマジョリティがいかに生活し、どのように政治また戦争遂行とかかわっているのかを知ることは、ロシア史研究者の重要な課題となる。[*13]

他方、プーチン政権および、それを支持する八割の住民をもって、「ロシア」と同一視することはできない。ロシアに暮らす人びとの見解や生き方は多様である。私は野党ヤブロコについて、開戦後の彼らの活動を中心にして短い文章を書いた。[*14] 二〇一四年のクリミア併合に反対したロシアの政党があり、それが今日も戦争反対の立場で活動を続けていることを紹介したかったのである。もとより少数派を引き合いに出して、そこに自身の願望を投影するようなことがあってはならない。

ロシア社会の現状に関して、私が大きな興味をもって学んでいるのは文学研究者の仕事である。プーチン政権の権威主義的な姿勢は、かえってロシアにおける創作者のエネルギーを引き出している。その現況を、文学研究者はさまざまな角度から記録し分析している。沼野恭子[*15]、高柳聡子[*16]、松下隆志[*17]、上田洋子[*18]の仕事をここではあげておきたい。

4　ロシア史研究のこれから

私はロシア史研究者であるので、ロシア・ウクライナ戦争について基本的にロシア側で何が起こっているのかを論じてきた。ただし、「ロシア」とは輪郭を定めるのが難しい範疇である。現代のロシアも内部にいくつもの「共和国」を抱える連邦国家である。まして過去に目を向ければ、「ロシア史」はロシア帝国またソ連全域を指す言葉であり、これらの巨大国家のうちの大ロシア人部分だけを指すということは普通はない。つまり「ロシア史」といえば、そこには今日のウクライナやジョージアやカザフスタンなどにあたる地域の歴史も含まれるのである。したがって、ロシア史研究者である私が、ウクライナの歴史・現在に関心をもつとすれば、それは元来の専門の一部をなすのであるから当然なことである。

実際、私はこの間、少しずつであるがウクライナ語を勉強し、ウクライナ語で書かれた文献も、まずは短い事典項目を中心にして、若干ではあるが使っている。上田洋子が「我々ロシア文学者も、少しずつでもウクライナ語を勉強し、戦争になってしまった国の人々がどのような文化を育み、またロシアに対してどのような感情を抱いているのか、知る努力をするべきだとの思いを新たにしました」と語っているが、これはよくわかる。[*19] かつてアメリカの歴史家マーク・フォン゠ハーゲンは、上田がいっていることと似た努力について、半ば冗談で「自己ウクライナ化」と呼んだ。[*20] もちろん私にとってはウクライナ化ではなく、ロシア史研究者として少しでもより豊かな視野をもちたいということにほかならない。

だが、「ロシア史」にはウクライナ史やジョージア史なども含まれるという見方が唯一の見方であるかといえば、そうでもない。ロシアのウクライナ侵攻をきっかけにして、ロシア研究の「脱植民地化」を推進すべきだという声が、アメリカの学界を中心にして起こっている。[*21] ペテルブルクやモスクワといった帝国の中心に視座を据えて、被征服地域に対する中枢からの働きかけ――暴力的なものも、制度的なものも含めて――を追うというアプローチが、批判の対象となっている。また、「近代化」「文明化」といった作用だけではなく、被征服地が受けた暴力的変容の深さをあらためて論じねばならないという議論もある。さらに、ロシア史との関係においてウクライナ史やジョージア史などを論じるという語り方自体が、見直しを求められている。[*22] 個別の歴史としてのウクライナ史がある、という見方である。

私の考えでは、今日ロシア政府が行なっているウクライナでの破壊と殺戮を、そのまま過去に投影して帝国史の見直しを行なうことはできない。また、ロシア史研究者の立場からいえば、ロシア帝国史やソ連史から、ウクライナ史やジョージア史を切り離すことは難しい。なぜならば歴史的事実として、「ロシア」という範疇は狭い意味での「大ロシア」に収斂するものではないからである。

他方において、帝国支配がもつ強制性や暴力性に対して、ロシア史研究者の側に過小評価がなかったかどうかは、あらためて検討すべき点である。また、ペテルブルクやモスクワ中心の視角がもたらすバイアス（バイアス自体はいかなる視角のもとでも生じる）についてあらためて認識し、その相対化の方法を検討することも必要であろう。ただし、過去三〇年ほどの研究において、ロシア史研究は「帝国」という枠組みに着目して、ダイナミックな多元的空間としての帝国の諸相を明らかにしてきた。[*23] その像自体が過度に中央政府に甘かったというのであれば、認識に修正が必要ではあるが、帝国論の成果そのものを放棄する必要はない。

では、ロシア史研究は今後、どのようにあるべきなのか。私の考えでは、一方においてウクライナ史やジョージア史も含むロシア史という観点をとりつつ、他方においてロシア史から分離された個別の地域の歴史という観点をも尊重するのがよいのではなかろうか。私は後者の観点によって書かれた研究成果から、大いに学びたく思う。

実際私はこの間、ロシア史とは異なる視点に立つ研究者との交流の機会を増やしてきた。まず、二〇二三年一〇月一九日、アメリカのスラブ東欧ユーラシア学会（ASEEES）年次大会において、スラブ研究の脱植民地化に関するパネルにオンライン参加した。このパネルは中井杏奈（チェコ思想）の組織になるもので、Recontextualizing Slavic, East European, and Eurasian Studies in Japan: Disciplinary Challenges and Responses to 'Decolonization' といい、神原ゆうこ（スロヴァキア政治人類学）、加藤美保子（ロシア外交）、五月女颯（ジョージア文学）、私が報告者であった。私は「脱植民地化」という問題に正面から取り組む準備がなかったので、"Imperialist or Global Understanding of History? Asia, Europe and Russia in Lectures on World History (Tokyo, 1944)" という題で、京都学派の「世界史」における日本帝国像の諸特徴を示し、それらを理解することがソ連史研究（およびその「脱植民地化」）にどう資するかを論じた。この報告はまだ端緒的なものであるが、ロシア史とは異なる諸分野の研究者と同じパネルに参加できたことは、自身の認識を相対化するうえで大変に啓発的であった。

もう一つは、より早く、二〇二三年六月一〇日に東京大学本郷キャンパスで行なわれたセミナー「ロシア・ウクライナ戦争——歴史の回帰」に司会として参加した。これは北海道大学スラブ・ユーラシア研究センター（SRC）の主催になり、セルヒー・プロヒー（ハーヴァード大学ウクライナ研究所）とオレーシャ・フロメイチュク（ロンドン・ウクライナ研究所）が報告者を務めた。セミナーを組織したのはSRCのディヴィッド・ウルフと青島陽子で、私は二人の努力に応えるべく、東京大学文学部西洋史学研究室が共催に名を連ねるように手配した（他の共催はウクライナ研究会、東欧史研究会、ロシア史研究会）。西洋史学研究室が共催となることで、文学部事務を通じた広報が可能になるのである。コロナと戦争とで研究対象地域とのつながりが希薄となってしまっているだけに、私はなるべく多くの学生たちにこの企画を知らせたかった。

プロヒーは長期的なウクライナ史の通史について話し、フロメイチュクは二〇世紀により焦点をあてた通史を話した。フロメイチュクのほうはロシア帝国・ソ連・ロシアに対する犠牲者としてのウクライナという観点が前面に出ており、歴史叙述の方法として共感はしなかったが、現代ウクライナ学界の動向に接することはできた。プロヒーのほうは地域としてのウクライナが古代以来、諸エスニック集団の行き交う場となってきたという話であり、ウクライナ人中心史観から意識的に距離をおいていることがうかがわれた。むろん、ウクライナ史をどう捉えるかという幅は、この二人だけで代表されるわけではない。それでも、従来ロシア語文献を通して、ロシアとの関係を基準にしてウクライナについて考えてきた私は、個別の地域としてのウクライナ史像を、ウクライナ人研究者から直接に聞くことができて、強い刺激を受けた。

このセミナーについては、青島陽子が『ロシア史研究会ニューズレター』に報告を書いている。[*24] いわく、「近年、帝国研究は民族的多様性を焦点化してきたが、実際に諸民族の主体性にどれだけ関心を払おうとしてきただろうか。ウクライナの自律性や分離を強調する論者を過激な民族主義者のように捉えて、真面目に耳を傾けないということはなかっただろうか。その傾向は、国民国家史観が廃れた方法論であるという見方や、ロシア研究が欧米中心主義的な価値へのカウンターパートを強調しようとしたことによっても助長されはしなかっただろうか」。このマニフェストは、ロシア・ウクライナ戦争を受けて日本のロシア史研究者が書いたもののうち、数少ない自己批判的な文書であり、それゆえ最も重要なものの一つである。

おわりに

この戦争はどこかの時点である程度明確なかたちで終わりを迎えるのかもしれないし、延々と戦闘が続くか、あるいは凍結されるのかもしれない。どのようになるにしても、私はこの戦争のことを追いつづけるだろう。歴史研究者である私が、現在起こっていることにとらわれすぎるのはよくないのかもしれない。しかし、つまるところ研究は個人のものなのだから、私がやりたいようにやればそれでいいのだと思う。私はロシア史研究者として、これからもこの戦争について考え、文章を書いてゆきたい。

〔注〕

＊1　Oleg Kharkhordin, *Republicanism in Russia: Community Before and After Communism*, Cambridge: Harvard University Press, 2018, pp. 77-78, 105, 114-115.

＊2　乗松亨平『ロシアあるいは対立の亡霊——「第二世界」のポストモダン』講談社選書メチエ、二〇一五年、一五四－一五六頁。

＊3　和田春樹『ウクライナ戦争即時停戦論』平凡社新書、二〇二三年、九四－九五、一四六－一四七頁。

＊4　https://tass.ru/politika/13791307（最終閲覧日二〇二四年三月二二日、以下同）。

＊5　ここで日本語といっているのは標準語のことである。日本国民が、自身の親が慣れ親しんだ言葉の使用を制約されるという事例は、もちろん「方言」に対する規制としてしばしば見られた。

＊6　リア・グリーンフェルドはナショナリズムと国民主権をおおむね互換的に用いているようだが、私もその理解を共有する。リア・グリーンフェルド（小坂恵理訳）『ナショナリズム入門』慶應義塾大学出版会、二〇二三年。私の同書に対する紹介は、『日本経済新聞』二〇二四年一月一三日号、三二面。

＊7　青島陽子「ウクライナ戦争の歴史的位相」スラブ・ユーラシア研究センターウェブサイト、二〇二二年（https://src-h.slav.hokudai.ac.jp/center/essay/PDF/20220411.pdf）。

＊8　池田嘉郎（インタビュー）「〈ウクライナ　相克の近現代史〉（上）——ロシア『帝国』の幻影　復活」『日本経済新聞』二〇二二年三月三日、第四八面。

＊9　編集委員会「特集にあたって」『歴史評論』第八八二号、二〇二三年一〇月、一頁。

＊10　なお、ソ連崩壊後、ロシアがアメリカ合衆国を中心とする先進諸国から周縁的な位置をあてがわれたこと、それによってロシア国民の劣等感が刺激されたことは明らかである。ただし、私はそのことから直線的に、欧米側がロシアの処遇の仕方を誤ったことがロシア・ウクライナ戦争の主要な「背景」であるとは考えない。

冷戦後のロシアの国際的劣位についてどのような時代像を描くべきかは、歴史研究上の興味深い課題である。この点に関して、平松潤奈が文化史家アレクサンドル・エトキントによる資源国家としてのロシア論を、グローバルな能力主義競争の文脈に位置づけ直し、スケールの大きな議論を展開している。平松潤奈「【書評】気候危機時代の戦争、あるいは資源国家ロシアの運をめぐって—— Alexander Etkind『Russia against Modernity』評」web ゲンロン、二〇二三年六月二九日（https://webgenron.com/articles/bookreview_020）。

＊11 W・G・ゼーバルト（鈴木仁子訳）『空襲と文学』（新装版）白水社、二〇二一年、一三五—一三六頁。

＊12 プーチン政権の構造に関する私自身の考察について、エッセイであるが、池田嘉郎「プーチンの戦争、プーチンの身体」『白水社の本棚』二〇二三年夏号、参照。現代ロシアに関するいくつかの個別的な論考を現在準備中である。

＊13 私は現在のロシアで起こっていることも「現在史」として歴史学の検討対象に含めたいと考えている。現在起こっていることを、生成される歴史として捉えるのが「現在史」である。これは私が、歴史研究者としてプーチン政権またロシア・ウクライナ戦争に向き合うために、自分自身の構えとして設定した枠組みである。似た言葉に「同時代史」があるが、これは「現代史」よりも新しい時期を指す、つまり時代区分のための言葉ではないだろうか。それに対して「現在史」は時代区分のための言葉ではなく、「いま」を歴史学の対象として取り込むための範疇である。したがって、「現在史」は「いま」を起点として、「いま」の理解に資するかぎりにおいてどこまでさかのぼってもかまわない。この概念については池田嘉郎「ロシア＝ウクライナ戦争とロシア史研究」『歴史学研究』、第一〇三七号、二〇二三年七月、五—六頁、参照。

＊14 池田嘉郎「戦時下のロシア野党ヤブロコ」ピープルズ・プラン研究所ウェブサイト、二〇二三年一一月三〇日（https://www.peoples-plan.org/index.php/2023/11/30/post-833/）。

＊15 沼野恭子「リアルワールド」『Kyodo Weekly』第一四号、二〇二三年四月三日。以後、今日まで連載中。

＊16 高柳聡子「いまロシア語で詩を書く人たち」『民主文学』二〇二三年八月号。あわせてダリア・セレンコ（高柳聡子訳）『女の子たちと公的機関——ロシアのフェミニストが目覚めるとき』エトセトラブックス、二〇二三年も参照。

＊17　松下隆志「ロシアをレペゼンするのは誰か――プーチン時代の政治とラップ」『ゲンロン』、第一四号、二〇二三年三月。

＊18　上田洋子「ネットとストリートの戦争と平和――ロシアの反戦アクティヴィズムについて」『ゲンロン』第一四号、二〇二三年三月。

＊19　上田洋子「二〇二三年度　日本ロシア文学会大賞　受賞のことば」日本ロシア文学会ウェブサイト、二〇二三年一一月。

＊20　Mark von Hagen, *War in a European Borderland: Occupations and Occupation Plans in Galicia and Ukraine, 1914-1918*, Seattle: Herbert J. Ellison Center for Russian, East European, and Central Asian Studies, University of Washington, 2007, p. vi.

＊21　Todd Prince, 'Moscow's Invasion Of Ukraine Triggers 'Soul-Searching' At Western Universities As Scholars Rethink Russian Studies', Radio Free Europe/Radio Liberty, January 1, 2023（https://www.rferl.org/a/russia-war-ukraine-western-academia/32201630.html).

＊22　ロシアとの関係を基準として個々の地域を語ることの問題性を意識した最新の研究として、五月女颯『ジョージア近代文学のポストコロニアル・環境批評』成文社、二〇二三年をあげたい。

＊23　青島陽子「帝政ロシア史研究における『帝国論的転回』――ロシア帝国西部境界地域を中心に」『史学雑誌』第一三一編第七号、二〇二二年七月、参照。

＊24　青島陽子「【国際セミナーレポート】ロシア・ウクライナ戦争――歴史の回帰 The Russo-Ukrainian War: The Return of History」『ロシア史研究会ニューズレター』第一三〇号、二〇二三年七月、四－六頁（引用は六頁）（https://www.roshiashi.com/_files/ugd/0f1b8f_ba3911f582e341d2ad8e83aca833a08f.pdf)。さらに、青島陽子「『ウクライナ・イニシアティヴ』――ウクライナ専門家の招へい」『スラブ・ユーラシア研究センターニュース』第一六九号、二〇二三年九月、五－九頁、も参照のこと。

あとがき

　ロシアがウクライナに侵攻した直後から、各出版メディアは特集を組み、さまざまな分析を行なった。筆者が編集長を務めていた『歴史学研究』でも、誌面での対応を検討し、二〇二二年六月号から二〇二三年四月号まで「連続時評　ウクライナ危機」というシリーズで九本の論考を掲載した。これと同時に、今般の事態を歴史学の立場から考える特集号の企画も進め、二〇二三年六月号・七月号の特集「歴史から考えるウクライナ危機」で一五本の論文を掲載した。ここでは、①第二次世界大戦後の国際秩序の変化とウクライナ問題、②戦争をとりまく歴史、③他の地域研究からの視点、④ウクライナ危機と歴史学の四カテゴリーで執筆陣を選んだ。本書と関連するのは④であり池田嘉郎、石野裕子、篠原琢、中澤達哉、松里公孝が寄稿している。

　なぜ「歴史学」を問題とするのかについては、特集を企画しているさなかの二〇二二年五月一四日に、中澤が所長を務める「早稲田大学ナショナリズム・エスニシティ研究所（ＷＩＮＥ）」が開催したオンライン・シンポジウム「ロシア・ウクライナ戦争と歴史学」での議論に触発されたことが一因であった。ここでの池田の報告「ロシア・ウクライナ戦争と日本のロシア史研究の省察」は、戦争の歴史学への影響から始まり、それを背景としたこれまでのロシア研究の問い直し、さらには歴史家の立場性までを問題とするもので、青島陽子と篠原のコメントも今般の事態をもとに歴史学のあり方に再考を迫るものであった。

そのため、『歴史学研究』の特集の一部には歴史学そのものへの問題提起を盛り込もうとした。

こうして、特集号の執筆が進んでいた二〇二三年一月末に、五月に開催される「第七三回 日本西洋史学会大会」の準備委員会（名古屋大学）より、予定していた小シンポジウムの一つがやむをえない事情により開催できなくなったので、代替企画を立てられないかとの打診があった。準備委員会は筆者が主宰していた別の共同研究企画を念頭においていたが、ちょうど『歴史学研究』特集号の執筆が進んでいたため、その執筆者を中心とした企画を考えた。内容に関しては、大規模な学会でのシンポジウムなので、個別的な話よりは多くの参加者が興味をもてるものがよいと考え、上記特集④の「歴史学」の問題を扱った「ロシア・ウクライナ戦争と歴史学」という企画を提案し、準備委員会の了解を得た。具体的な構成については、特集号の企画のうちで最もこのテーマに関係が深い池田と中澤に相談をし、両名の登壇とともに、『歴史学研究』特集号には執筆してはいない板橋拓己に報告を、宮崎悠にコメントをお願いした。名古屋大学での西洋史学会は、コロナ禍後初めての対面開催の学会で、小シンポジウムには多くの方が参加され、時間的制約はあったが、久々にライブでの討論ができた。

西洋史学会のプログラムが公開されるとすぐに、大月書店の編集者から、小シンポジウムの内容を書籍化しないかとの打診があった。そこで、『歴史学研究』での特集（この時点ではまだ刊行されていなかった）の一部も含めるということで了解をいただき、歴史学研究会編として企画がスタートした。執筆者としては、小シンポの関連の四名と特集号執筆者の三名（池田と中澤は重複）に加え、青島と小山哲に新たに執筆をお願いして九名の執筆陣が揃った。

現実世界で事態が進行していることもあり、『歴史学研究』の論考との関係はさまざまである。石野、篠原、中澤の三論考はオリジナルに修正を施したものとなっているが、池田と松里はまったくの新規原稿である（池田のものは西洋史学会報告とも重複していない）。現在進行形の事態と歴史学との関係について、自身の立ち位置を含めて語ることは難しかっただろうし、無理なお願いをした面もあった。しかし、執筆者は本企画の趣旨をよく理解してくださり、他のウクライナ企画とは異なる、オリジナリティの高い論集ができたと自負している。

最後に大月書店の角田三佳さんに感謝したい。鋭い嗅覚で本企画の可能性を嗅ぎつけ、いろいろと大変な状況のなか、内容の企画や出版への作業などに尽力いただいた角田さんには、編集者の存在意義をあらためて気づかされた。

二〇二四年四月
佐々木　真

人名索引

事項索引

ワ

略号

佐々木真（ささき まこと） 1961年生まれ
駒澤大学文学部教授
主要著作：『歴史と軍隊——軍事史の新しい地平』（共著，創元社，2010年），『ルイ14世期の戦争と芸術——生みだされる王権のイメージ』（作品社，2016年），『図説　フランスの歴史』（増補2版，河出書房新社，2022年）

篠原　琢（しのはら　たく） 1964年生まれ
東京外国語大学総合国際学研究院教授
主要著作：『国民国家と市民——包摂と排除の諸相』（共編著，山川出版社，2009年），『ハプスブルク帝国政治文化史——継承される正統性』（共編著，昭和堂，2012年），『岩波講座　世界歴史21　二つの大戦と帝国主義 II』（共著，岩波書店，2023年）

中澤達哉（なかざわ　たつや） 1971年生まれ
早稲田大学文学学術院教授
主要著作：『近代スロヴァキア国民形成思想史研究——「歴史なき民」の近代国民法人説』（刀水書房，2009年），『ハプスブルク政治文化史——継承される正統性』（共編著，昭和堂，2012年），『王のいる共和政——ジャコバン再考』（共編著，岩波書店，2022年）

松里公孝（まつさと　きみたか） 1960年生まれ
東京大学大学院法学政治学研究科教授
主要著作：“Politics around Universal Education in Right-bank Ukraine in the Late Tsarist Period,” Darius Staliunas and Yoko Aoshima (eds.), *The Tsar, the Empire, and the Nation: Dilemmas of Nationalization In Russia's Western Borderlands, 1905-1915* (Budapest: Central European University Press, 2021)『ウクライナ動乱——ソ連解体から露ウ戦争まで』（ちくま新書，2023年），「ルーシの歴史とウクライナ」（塩川伸明編『ロシア・ウクライナ戦争——歴史，民族，政治から考える』東京堂書店，2023年）

宮崎　悠（みやざき　はるか）
成蹊大学法学部教授
主要業績：「アイザイア・バーリン『二つの自由概念』の歴史的背景——ロシア革命とユダヤ人問題」（『現代思想』2017年10月），『ポーランド問題とドモフスキ——国民的独立のパトスとロゴス』（北海道大学出版会，2010年），『戦勝記念碑とピアニスト——一九一〇年七月一五日演説にみるパデレフスキの政治思想』（群像社，2022年）

執筆者

青島陽子（あおしま　ようこ）1973年生まれ
北海道大学スラブ・ユーラシア研究センター教授
主要著作：「帝政ロシア史研究における『帝国論的転回』――ロシア帝国西部境界地域を中心に」（『史学雑誌』第131編第7号，2022年7月），Darius Staliūnas and Yoko Aoshima（eds.），*The Tsar, the Empire, and the Nation: Dilemmas of Nationalization in Russia's Western Borderlands, 1905-1915* (Budapest: Central European University Press, 2021)，Yoko Aoshima（ed.），*Entangled Interactions between Religion and National Consciousness in Central and Eastern Europe* (Boston, MA: Academic Studies Press, 2020).

池田嘉郎（いけだ　よしろう）1971年生まれ
東京大学大学院人文社会系研究科教授
主要著作：『革命ロシアの共和国とネイション』（山川出版社，2007年），『ロシア革命――破局の8か月』（岩波新書，2017年），アンドレイ・プラトーノフ（池田嘉郎訳）『幸福なモスクワ』（白水社，2023年）

石野裕子（いしの　ゆうこ）1974年生まれ
国士舘大学文学部教授
主要著作：『「大フィンランド」思想の誕生と変遷――叙事詩カレワラと知識人』（岩波書店，2012年），『物語フィンランドの歴史――北欧先進国「バルト海の乙女」の800年』中公新書，2017年），「フィンランドから見たウクライナ戦争」（『中央公論』2023年7月号）

板橋拓己（いたばし　たくみ）1978年生まれ
東京大学大学院法学政治学研究科教授
主要著作：『中欧の模索――ドイツ・ナショナリズムの一系譜』（創文社，2010年），『アデナウアー――現代ドイツを創った政治家』（中公新書，2014年），『黒いヨーロッパ――ドイツにおけるキリスト教保守派の「西洋」主義，1925～1965年』（吉田書店，2016年）

小山　哲（こやま　さとし）1961年生まれ
京都大学大学院文学研究科教授
主要著作：『ワルシャワ連盟協約（一五七三年）』（東洋書店，2013年），『中学生から知りたいウクライナのこと』（共著，ミシマ社，2022年），『王のいる共和政――ジャコバン再考』（共著，岩波書店，2022年）

編者
歴史学研究会
1932年に設立された歴史学研究会は，学歴・学閥などの古い権威にとらわれず，「民主主義的な，世界史的な立場」に立って，「科学的な歴史学」を発展させることを目的に活動している全国的な学術団体。会は誰にでも開かれており，さまざまな時代や地域を研究する委員によって運営されている。おもな活動は，大会や各種研究会の開催などの研究活動と会誌『歴史学研究』の発行で，『歴史学研究』は歴史の総合学術誌として学会での評価も高い。

装幀　鈴木衛（東京図鑑）

ロシア・ウクライナ戦争と歴史学

2024年５月22日　第１刷発行

定価はカバーに
表示してあります

編　者　歴史学研究会
発行者　中川　進

〒113-0033　東京都文京区本郷 2-27-16
発行所　株式会社　大　月　書　店
印刷　太平印刷社
製本　プロケード
電話（代表）03-3813-4651　FAX 03-3813-4656　振替 00130-7-16387
http://www.otsukishoten.co.jp/

ISBN 978-4-272-51016-0　C0022　Printed in Japan